检察机关新进人员培训讲堂

刘林呐 著

中国检察出版社

图书在版编目（CIP）数据

检察机关新进人员培训讲堂/刘林呐著 .—北京：中国检察出版社，2013.11
ISBN 978－7－5102－1019－8

Ⅰ.①检… Ⅱ.①刘… Ⅲ.①检察机关－法律工作者－业务培训－教材 Ⅳ.①D926.3

中国版本图书馆 CIP 数据核字（2013）第 236897 号

检察机关新进人员培训讲堂

刘林呐 著

出版发行：	中国检察出版社
社　　址：	北京市石景山区香山南路 111 号（100144）
网　　址：	中国检察出版社（www.zgjccbs.com）
电　　话：	（010）88685314（编辑）　68650015（发行）　68636518（门市）
经　　销：	新华书店
印　　刷：	三河市西华印务有限公司
开　　本：	720 mm×960 mm　16 开
印　　张：	18.75 印张
字　　数：	315 千字
版　　次：	2013 年 11 月第一版　2013 年 11 月第一次印刷
书　　号：	ISBN 978－7－5102－1019－8
定　　价：	39.00 元

检察版图书，版权所有，侵权必究
如遇图书印装质量问题本社负责调换

目 录

第一讲 世界各国检察制度概述 （1）
一、检察制度起源与历史发展 （1）
二、大陆法系检察制度概述 （5）
三、英美法系检察制度概述 （7）
四、苏联社会主义检察制度概述 （9）

第二讲 中国特色社会主义检察制度概述 （12）
一、我国社会主义检察制度的形成与发展 （12）
二、我国检察制度的特色 （17）
三、我国检察机关与中共党委的关系 （18）
四、我国检察机关与人大的关系 （20）
五、我国检察机关与公安机关、审判机关和司法行政机关的关系 （21）

第三讲 我国检察机关及其职权 （24）
一、我国检察机关的性质、任务及机构设置 （24）
二、我国检察机关的职权 （31）

第四讲 我国检察官制度概述 （49）
一、检察官与检察长的任免条件和程序 （49）
二、检察官的职权 （53）
三、检察官的奖惩机制 （58）
四、检察官申诉、控告权的行使 （66）
五、检察官违纪、违法、犯罪的处理 （67）
六、检察官职业道德和职业纪律 （72）

第五讲 检察司法职能 （74）
一、检察机关办案范围 （74）
二、检察机关的侦查活动 （84）
三、检察机关的公诉活动 （127）
四、犯罪嫌疑人、被告人及其辩护人的诉讼权利和义务 （141）

五、检察机关在刑事特别程序中的活动 …………………………（149）
第六讲　检察法律监督职能 ………………………………………（168）
　　一、检察法律监督理论基础 ………………………………………（168）
　　二、检察机关的诉讼法律监督 ……………………………………（170）
　　三、检察机关预防职务犯罪法律监督 ……………………………（188）
　　四、检察机关刑事申诉法律监督 …………………………………（195）
第七讲　检察管理 …………………………………………………（204）
　　一、检察人员管理 …………………………………………………（204）
　　二、检察技术管理 …………………………………………………（206）
　　三、检察教育管理 …………………………………………………（208）
　　四、检察行政管理 …………………………………………………（209）
　　五、检察文书管理 …………………………………………………（219）
第八讲　检察改革 …………………………………………………（246）
　　一、检察改革的总体目标、任务及改革措施 ……………………（246）
　　二、检察改革的制度构建 …………………………………………（251）
　　三、新一轮检察改革的基本思路 …………………………………（267）
第九讲　检察工作理念 ……………………………………………（270）
　　一、中国特色社会主义理论体系最新成果——科学发展观理念 …（270）
　　二、社会主义法治理念 ……………………………………………（274）
　　三、政法干警核心价值观理念 ……………………………………（287）
　　四、中国特色社会主义检察制度发展理念和执法理念 …………（292）

第一讲　世界各国检察制度概述

本讲重点提示：

　　现代检察官制度起源于18世纪末法国大革命时期，当今世界各国检察制度大体可划分为大陆法系检察制度与英美法系检察制度，前者检察官职权比较广泛，在审前侦查环节负有监督职责，地位较高，与法官同属司法官；后者检察官通常只承担刑事案件检控工作，不负责对警察进行监督，也不具有司法官身份。

一、检察制度起源与历史发展

　　检察制度是国家的一项重要的法律制度。它是人类社会发展到一定阶段的产物，是一定时期政治、经济、文化、法律的反映，是掌握国家权力的统治阶级以法律的形式规定的关于检察机关的地位、性质、任务、职权、活动原则、机构、人员和工作程序等法律制度的总称。检察制度是法制的产物，有法制才有检察制度，没有法制就没有检察制度。

　　检察制度不是从来就有的，也不是永恒存在的，它是人类社会发展到一定历史阶段的产物。

　　原始社会由于生产力水平很低，没有私有制，没有阶级，没有国家，也没有法，人们之间的各种纠纷依照以牙还牙，以眼还眼，血亲复仇等习惯处理，这些都是个人报复，不是国家惩罚。因此，原始社会中没有法院审理案件，也没有监督审判的检察机关，也就没有检察制度。

　　奴隶制社会，出现私有制，有了阶级，也有了维护阶级统治的国家。奴隶制国家主要是靠人治，很少有法治，即使制定了一些法律，也很简单，虽然国家设立了专门处理斗讼案件的审判机关，但还没有出现监督审判的检察机关，也没有检察制度。

　　封建社会，国家机构开始完备，生产力发展较快，阶级斗争激烈，法律制度开始建立，国家不但设立了专门审理案件的法院，随后又出现了代表封建国家监督国王的法律、法令、政令实施的检察人员和检察机关，形成了封建检察制度。

资本主义社会，检察机关成为国家的公诉机关，并建立了一整套检察法律制度。

无产阶级推翻资产阶级统治后，在建立社会主义国家制度时，把检察制度作为国家制度的重要组成部分，把检察机关作为专门的法律监督机关。

可见，检察制度虽然是国家制度的重要组成部分，但它不是与国家制度同时产生的，它的产生除有国家的条件外，还必须有法律制度发展到一定阶段的条件。

据考证，检察制度产生于封建社会。最早建立检察制度的是封建社会时期的法国。早在公元12世纪，法国就出现了代表国王参加诸侯国法院诉讼的代理人，监督王室法律的执行，维护王室的利益。经过300多年的历史演变和发展，到公元14世纪法国国王将原来国王的诉讼代理人改称为"检察官"，检察官一方面以国家公诉人的身份对刑事犯罪案件进行侦查，批准对被告人的起诉，参与法院的审讯；另一方面代表国王对地方行政当局进行监督，成为国王在地方的耳目。人们普遍认为，封建时期法国建立的检察制度，是现代检察制度的开端。

与此同时，封建制时期的英国、德国等国家也相继建立了类似法国的封建检察制度。欧洲资产阶级革命以后，法国、英国、德国、美国、日本等资产阶级国家也相继建立了资产阶级检察制度。

苏联十月社会主义革命胜利后，在苏联首先建立社会主义检察制度，中国等社会主义国家借鉴苏联的经验，也相继建立起社会主义检察制度。古今中外各国检察制度产生的历史背景、政权性质不同，检察制度的地位、性质、内容也有所不同。但以检察制度的阶级性和社会作用为标准，人类社会的检察制度可分为：封建社会检察制度、资本主义检察制度和社会主义检察制度。

（一）封建社会检察制度

封建社会检察制度的共同特点是：（1）检察人员是封建国王的代理人或者法律顾问、律师；（2）没有单独设立检察机关，一般只是在法院内设有检察官；（3）其职责是保护国王颁布的法律的实施，多数是调查刑事犯罪案件。

封建检察制度最早产生于封建社会的法国。公元11世纪，法国是封建割据的社会。各封建领主、教会领地和城市都分别设有法院，对领地居民行使司法权，国王领地的法院只能管辖王室领地的案件受理。为维护王室的利益，从12世纪以后，国王在地方各领主法院内设置国王的代理人，代表国王参加诉讼活动，维护王室的利益。公元13世纪，法国国王进行司法改革，将领主的司法权置于王室法院的管辖之下，对教会法院和城市法院的审判权也作了一定限制，并在巴黎成立了最高法院，称为"巴利门"，它是重大案件的第一审法院，是普通法院的最高审级。随着领地归并改制为省后，在诉讼方式上也一改过去的诉讼制度，即由弹劾主义诉讼，也称控告主义诉讼（原告只能是受害人或其近亲属，其他人不能充当原告，没有原告，控告法院不主动追究，不告不理）改为纠问主义诉讼（即一切案件不必经过当事人，而由国家有关部门主动侦查、起诉，追究犯罪，也称职权主义诉讼）。与此相适应，公元14世纪，国王将原来国王的诉讼代理人改称为"检察官"，检察官一方面以国家公诉人的身份对刑事犯罪案件进行侦查，批准对被告人的起诉，参与法院的审讯；另一方面代表国王对地方行政当局进行监督，成为国王在地方的耳目。法国建立的检察制度，是封建检察制度的开端。同时，英国、德国等封建国家也相继建立了类似法国的封建检察制度。

中国封建社会检察制度是源于中国封建社会的监察制度。中国封建社会的监察制度，又称御史制度。中国监察制度有法律规定，监察机构健全、职责明确，它不是一般的行政纪律监察机关，而是一种法律实施的监督机关，其包括了现代意义的检察制度的内容，是我国现代检察制度的渊源之一。

（二）资本主义检察制度

资本主义检察制度是在封建检察制度的基础上发展起来的。资本主义检察制度的特点有三：（1）国家设立检察机关；（2）检察机关不是独立的机关，多数设在行政机关内部，少数仍设在审判机关内；（3）检察机关的主要任务是刑事侦查、提起公诉。由于各国政治、经济、文化、法律发展情况不同，各国检察机关在资产阶级国家政权体系中的地位、职权范围和起的作用各不相同。例如，美国是联邦制国家，各州的法律制度不完全相同，但其有以下共同的特点：（1）美国的检察机关都属于行政机关，是行政机关的组成部分，美国检察机关是司法部的一个组成部分。（2）美国最高检察机关的总检察长就是司法部部长，联邦总检察长向总统提供法律咨询，代表政府处理有关联邦法律问题，出席最高法院的审判活动，指令联邦检察官、助理检察官认真履行职责。联邦总检察长由总统征得参议院的同意任命，为内阁成员。联邦检察官由总检察长推荐，联邦总统任命。（3）美国检察机关的主要职责是提起公诉，重罪由检察官起诉，轻罪由律师起诉，不存在自诉。美国没有单独设置中央检察机关，而是在司法部中设置了名为联邦检察官的机关，联邦检察官分别在联邦各司法管辖区，依照案件管辖范围履行职责。凡是触犯联邦刑法的一般刑事案件由联邦检察官向联邦司法区法院起诉。大陪审团审查起诉案件时，联邦检察官有权提供证据和法律咨询，大陪审团决定起诉的案件，由联邦检察官制作起诉书、出席法庭、提供证据。

半封建半殖民时期的中国检察制度属于大陆法系的资本主义检察制度。清朝末期，1906年清朝政府决定，在大理院下面设置各级审判厅，在审判厅内设检察局，负责对刑事案件提起公诉、监督审判活动、监督判决的执行。这是中国第一次审判权与检察监督权相分离。从此，我国有了近代意义的检察制度。清政府于1909年颁布法律规定，全国法院分为四级，即大理院、高等法院、地方法院和初级法院，实行四级三审制。在各级法院内附设检察厅，检察厅也分为四级，即总检察厅、高等检察厅、地方检察厅、初级检察厅。地方各级法院和检察厅都受各省提法使监督，全国各级法院和检察厅都受司法部的监督。

（三）社会主义检察制度

社会主义检察制度与封建社会、资本主义检察制度有本质的不同。社会主义检察制度的共同特点是：（1）检察机关是国家的法律监督机关；（2）检察机关直接隶属于国家权力机关，同政府、法院处于平等地位；（3）检察机关依法独立行使检察权。例如，苏联的检察机关是在苏维埃主席团下设的独立检察机关，实行垂直领导和集中统一领导的检察长一长制，全国各级检察机关都在总检察长领导下，检察机关独立行使检察权，不受任何地方的干涉。苏联检察机关的职权分为两部分：一般违法检察监督和司法检察法律监督。

中华人民共和国的检察制度属于社会主义检察制度。它是在人民民主专政理论和列宁法律监督思想的指导下，在继承了民主革命时期检察工作的优良传统，发扬中国古代御史制度的精华，吸取了国外，特别是苏联社会主义检察制度建设经验的基础上，结合我国社会主义革命和社会主义建设的实际情况而创建、发展起来的具有中国特色的社会主义检察制度。

二、大陆法系检察制度概述

大陆法系检察制度，是以法国、德国、日本等为代表的资本主义检察制度的总称。大陆法系检察制度是相对英美法系检察制度和社会主义检察制度而言的。当代世界各国都根据本国的实际情况进行检察制度改革，互相取长补短，使法系特点不再明显。但是，由于各国在发展过程中政治、经济、文化、立法习惯不同，各国所建立的检察制度也有些差异。综观大陆法系检察制度，有以下共同特点：（1）检察机关的地位、性质、职权和行使职权的人员及程序都由法律明确规定；（2）检察机关是国家行政机关的一部分，其内部实行垂直领导；（3）检察机关主要是实行刑事诉讼职权；（4）检察机关对审判机关的刑事审判有一定的制约和监督功能。现仅以法国、日本等资本主义检察制度为例。

（一）法国资本主义检察制度

法国资产阶级革命后，建立起资产阶级检察制度。从1790年开始，法律规定检察官驻在各级法院内，以后法律虽然多次修改，但检察官的地位和职权没有根本的变化。法国刑事司法体系中，普通法院分为三级，即大审法院、上诉法院、最高法院。大审法院、上诉法院和最高法院均设置检察院。驻最高法院检察长虽然是受驻最高法院总检察院的领导，但对驻上诉法院检察长和驻大审法院的共和国检察官并无任何领导权，后者直属司法部部长领导。同时，驻最高法院总检察院在履行检察职权时是完全独立的，司法部部长对其不享有任何指令权。各级检察官均由总统根据司法部部长的推荐予以任命。

法国检察机关的职权主要有：

1. 对刑事案件进行侦查、起诉，并且有终止追究刑事责任的权力。检察官指挥司法警察进行初步调查，并且决定是否作为重罪案件移送预审法官进行侦查。法国实行职权主义的刑事诉讼，采取以公诉为主，自诉例外的诉讼原则，除少数轻微刑事案件允许被害人提起自诉外，其余的均由检察机关以国家的名义提起公诉。检察官可以决定不起诉或者撤销案件。近年来，对已经承认自己犯罪，主刑当处罚金或刑期在5年以下监禁刑的犯罪人，检察官可以决定采取刑事和解程序以替代刑事追诉措施。

2. 出庭公诉，监督审判活动。在审判过程中，检察官可以传唤证人，调取证据，有权直接对被告人、证人提出任何问题；有权对证人证言失实和适用法律不当的判决提出上诉、申请复审或者对某些违背法律的判决宣布无效。追诉已经启动后，认为不再具有进行追诉理由的，检察官不能撤回追诉，只能够要求法院对被告人无罪释放。

3. 负责司法判决的执行。每个检察院都建立"刑罚执行记录表"，以便能随时得知刑罚执行情况以及刑罚尚未执行的原因。检察院对被扣押物品是否返还有管辖权。检察官如果认为对刑罚适用法官的决定有错误的，可以提起上诉，上诉具有中止执行的效力。检察官还需要定期视察监狱，检查囚犯入狱登记表。

4. 以国家利益代表的身份参与民事诉讼。对于法院受理的民事案件，检察官可以调阅其卷宗，可以以书面形式向法院提出意见，也可以以附属当事人的身份参与民事诉讼。

（二）日本资本主义检察制度

日本明治维新以后，仿效法国建立了资本主义检察制度，1872年的法律规定，在各级审判厅内设置检察官，专司检察。1890年又参照德国检察制度，在法院中设置"检事局"。1947年以后，法律规定检察机关单独设置，与法院设置相对应，分别设置各级检察厅，从此，日本检察机关从法院体系中完全独立出来，结束了审检合署的历史。日本检察机关的设置与法院设置相对应，分为四级，即最高检察厅、高等检察厅、地方检察厅、区检察厅。在国家体制上，检察厅隶属于"法务省"。法务省有权指导、监督检察厅的工作，但不得干涉案件的处理，检察厅有相对的独立性，检察厅的业务工作，由检察长统一指挥。日本检察人员的职务有：检察总长、检察副总长、正检察官、副检察官、检察事务官等，统称为"检察官"。

日本检察机关的职权，主要有：

1. 审查侦查机关移送的刑事案件，决定起诉或者不起诉。日本实行"诉讼垄断主义"，所有刑事案件一律由检察机关提起公诉，不允许被害人自诉，法院也不受理自诉案件。对于罪犯能否起诉和追究刑事责任，日本检察官具有广泛的裁决权。日本刑事诉讼法规定：根据犯人的性格、年龄、境遇、犯罪轻重和犯罪后的表现等情况，没有必要追究刑事责任时，检察官可以决定不起诉；对于提起公诉的案件，在作出第一审判决以前，检察官也可以撤诉。

2. 对直接受理的案件，经过侦查后决定起诉、不起诉或者暂缓起诉。在侦查刑事案件中，如果检察官认为必要，可以要求管辖区域内的司法警察机关协助，必要时，可以作一般指示。在紧急情况下，来不及请求审判官签发逮捕证时，检察官也可以逮捕案犯。

3. 起诉案件，出庭支持公诉。日本检察官可互相代替出庭支持公诉，在法庭审理过程中，可以对被告人进行讯问和出示证据。在法庭上，律师和检察官辩论后，审判官宣布判决。检察官有权监督法庭审判活动，认定判决不当的案件可以提出上诉。

4. 指挥和监督判决的执行。日本法律规定，判决由相应的检察机关执行。死刑案件则应当在检察官、监狱长和其他代理人在场的情况下执行。

5. 作为公共利益的代表参加民事诉讼。

（三）半封建半殖民地中国的检察制度

半封建半殖民地时期的中国检察制度属于大陆法系的资本主义检察制度。清朝末期，1906年清朝政府决定，在大理院下面设置各级审判厅，在审判厅内设检察局，负责对刑事案件提起公诉、监督审判活动、监督判决的执行。这是中国第一次审判权与检察监督权相分离。从此，我国有了近代意义的检察制度。

清朝检察机关的职权，主要有：

1. 对刑事案件提起公诉。凡是刑事案件，不论是被害者告诉、他人告发、警察官移送或者检察官自行发觉的案件，都一律由检察官提起公诉。但须亲告的事件，如妨碍安全、信用、名誉及秘密罪、奸非罪等不在此限。

2. 收受诉状，请求预审及公判，监督审判。

3. 指挥司法警察逮捕犯罪者。

4. 调查事实，搜集证据。

5. 民事保护公益陈述意见。

6. 监视判决之执行等。

三、英美法系检察制度概述

英美法系检察制度是以英国、美国、加拿大、澳大利亚等英语国家资本主义检察制度为代表的检察制度的总称。英美法系检察制度是相对大陆法系检察制度和社会主义检察制度而言。英美法系检察制度的共同特点，主要有：(1) 检察机关隶属于行政机关是行政机关的组成部分；(2) 检察机关的主要任务是提起公诉；(3) 检察长充当国家或者政府的法律顾问。这里仅以英国、美国资本主义检察制度为例。

（一）英国资本主义检察制度

英国资本主义检察制度虽然创建比较早，但由于资产阶级革命不彻底，发展得比较缓慢，直到20世纪80年代现代资本主义检察制度才建立起来。

英国资本主义国家检察机关的设置与法院相对应。法院设三级或者四级，检察机关也设三级或者四级，最高检察机关在很长时期内称作"法律事务部"，后改称"总检察署"，由总检察长和副总检察长领导。总检察长和副总检察长的人选和政府其他大臣一样，由英政府首相从执政党的议员中提名任命。地方检察机关长期称为"公诉处"，内设处长和助手若干人，由内政大臣任命，受总检察长领导。

英国检察机关的职权主要有：

1. 重大刑事案件的侦查、起诉。英国刑事案件，绝大部分由司法警察侦查，由警察向法院起诉，少数轻微刑事犯罪案件在警察机关支持下实行自诉。国家机关和企业、事业单位也可以充当刑事案件的公诉人，直接向法院起诉。所以，英国刑事诉讼基本上实行当事人主义。英国中央检察机关和地方检察机关有不同的分工，总检察长代表政府追诉某些重大刑事犯罪案件，如叛国案、重大违宪案、涉及国家秩序、国家秘密、民族关系的案件。总检察长认为追诉不当的案件，有权终止诉讼活动。地方检察机关行使下列职权：指使司法警察对刑事案件进行侦查并监督其侦查活动；对重大刑事案件提起公诉；直接立案侦查重大刑事案件，充当公诉人；审查警察机关的起诉报告，并决定是否由检察机关起诉。

2. 出庭公诉，监督审判活动。总检察长有权出席有关王权利益案件的审判。地方检察官可以授权律师出席法庭公诉。检察官有权监督审判，对判决中适用法律错误的有权要求原审法院复议。

3. 维护公益，参与部分民事诉讼。总检察长有权代表政府参与民事诉讼。

4. 充当法律顾问。英国的总检察长、副总检察长是英王和政府的法律顾问、皇室的首席法务官，参加内阁，有权向政府各部提供法律咨询意见。以报告人的身份在议院对所有法律性质的问题发表意见，或者代表政府向议员答复有关法律方面的咨询。

（二）美国资本主义检察制度

美国模仿英国模式建立了具有自己特色的检察制度。美国是联邦制国家，各州的法律制度不完全相同，但其有以下共同的特点：（1）美国的检察机关都属于行政机关，是行政机关的组成部分，美国检察机关是司法部的一个组成部分。（2）美国最高检察机关的总检察长就是司法部部长，联邦总检察长向总统提供法律咨询，代表政府处理有关联邦法律问题，出席最高法院的审判活动，指令联邦检察官、助理检察官认真履行职责。联邦总检察长由总统征得参议院的同意任命，为内阁成员。联邦检察官由总检察长推荐，联邦总统任命。（3）美国检察机关的主要职责是提起公诉，重罪由检察官起诉，轻罪由律师起诉，不存在自诉、抗诉的区别。

美国没有单独设置中央检察机关，而是在司法部中设置了名为联邦检察官的机关，联邦检察官分别在联邦各司法管辖区，依照案件管辖范围履行职责。凡是触犯联邦刑法的一般刑事案件由联邦检察官向联邦司法区法院起诉。大陪审团审查起诉案件时，联邦检察官有权提供证据和法律咨询，大陪审团决定起诉的案件，由联邦检察官制作起诉书、出席法庭、提供证据。

美国各州检察机关的名称很不一致，有的叫"法律部"，有的叫"法务局"，主要官员名称，一般称"检察官"，也有的称"法律顾问"。州、市检察长有的是选举产生，有的是行政长官任命，各州、市检察长的职权也不相同。

美国各州、市以下地方检察机构，一般称为"检察官事务所"，设首席检察官和助理检察官，主要职责是刑事案件的侦查、提起公诉、出席法庭出示证据。

美国联邦总检察长与各州、市检察长之间没有隶属关系，各州、市检察长与地方检察长之间除少数有隶属关系外，多数是协调、指导关系。

四、苏联社会主义检察制度概述

苏联社会主义检察制度，是1917年10月苏联社会主义革命胜利后，在列宁法律监督思想的指导下，在苏维埃社会主义共和国建立的社会主义检察制度。苏联社会主义检察制度与封建检察制度、资本主义检察制度不但在阶级本质上有所不同，而且在内容和形式上都有许多不同之处。苏联检察制度对罗马尼亚、朝鲜、越南、中国等社会主义国家检察制度的形成起着重要的借鉴作用。

苏联的检察机关是独立的国家机关。苏联的检察机关是在苏维埃主席团下设的独立检察机关，既不隶属于审判机关，也不隶属于行政机关，而是与国家行政机关、审判机关平行的单独的国家机关，它是国家权力机关领导下的独立国家机关。苏联检察机关独立行使检察权,不受任何地方的干涉。苏联总检察长对最高苏维埃主席团负责,主席团可以撤销总检察长的命令。

苏联检察机关实行一长制的垂直领导。检察机关实行垂直领导和集中统一领导下的检察长一长制,检察权力集中于检察长,下级检察长服从上级检察长,全国各级检察机关都在总检察长的领导下,检察机关独立行使检察权,不受任何地方的干涉,只服从地方检察长和苏联总检察长。苏联总检察长对最高苏维埃主席团负责,主席团可以撤销总检察长的命令。

苏联检察机关是法律监督机关。苏联检察机关的性质是法律监督机关,其检察长的职责就是监督国家法律的统一和正确实施。苏联检察机关的职责就是对一般违法行为实行检察法律监督和司法检察法律监督。

一般违法检察法律监督,是指检察机关代表国家对政府机关、社会组织及其从事公务的人员和公民的行为是否合法实行法律监督。例如《苏联检察院组织法》规定,苏联总检察长和他领导下的各级检察长对各部、委和主管部门、企业、机关和组织、地方各级苏维埃执行和管理机关、集体农庄、合作社组织和其他社会团体、公职人员和公民执行法律的情况实施监督。对于同法律、决议相抵触的文件,检察长应当向发布该项文件、决议的机关或上级机关提出抗议。对公职人员的不合法行为或文件,可向其所在机关提出抗议,有关机关和公职人员10天内必须进行审议,并将审议结果通知检察长。有权向消除违法现象的机关、社会团体和公职人员提出申请书,有关部门和人员必须立即审议,采取具体措施在1个月内就消除违法现象、违法原因和违法条件,并将结果通知检察长。

司法检察法律监督,是指检察机关对公安机关的侦查、逮捕和审判机关的审判、裁决执行是否合法实行监督。《苏联检察院组织法》规定,苏联检察总长和各级检察长,对侦查机关和调查机关活动中的违法行为,有权采取措施直接加以纠正;可以撤销、变更侦查人员、预审人员所作的违法和无根据的决定,可以就侦查犯罪选择、变更或者撤销强制措施,认定罪名、进行个别侦查行为和通缉、发布书面指示等。对于不合法和无根据的民事判决、刑事判决、裁定和审判员的决定提出抗议。有权立即释放被非法监禁、拘留、羁押、强行医疗、强制教育的人,有权停止执行与法律相相抵触的各机关的命令、指示和决定,并提出抗议。

1922年《苏联检察条例》中规定检察机关的具体职权有:

1. 以对犯罪人追究刑事责任,对违法决议提出抗议的方式,代表国家对一切政权机关、经济机关、社会团体、私人组织以及私人的行为是否合法，实行监督；

2. 直接监督侦查机关和调查机关在揭发犯罪方面的工作，并直接监督国家政治保卫局各机关的活动；

3. 在法庭上支持控诉；

4. 监督对犯罪人的羁押是否正当。

可见，苏联检察机关是实行刑事、民事、行政诉讼活动全面检察法律监督的国家机关，其职权比封建社会检察制度、资本主义检察制度的职权范围都大得多。

第二讲　中国特色社会主义检察制度概述

> **本讲重点提示：**
>
> 1. 中国社会主义检察制度具有自身鲜明特色，由我国社会主义性质特别是中国共产党的领导和人民代表大会制度所决定，与我国社会主义初级阶段的基本国情相适应。
> 2. 党的领导是检察工作的政治保障，是社会主义检察制度的政治优势和本质特征。
> 3. 检察机关承担的国家法律监督职能经国家权力机关授权，是人民代表大会监督权力的专门化和具体化。
> 4. 检察机关与公安机关、人民法院等司法行政机关在办理刑事案件中分工负责、互相配合、互相制约，共同服务于惩罚犯罪与保障人权的终极目标。

一、我国社会主义检察制度的形成与发展

我国社会主义检察制度是指中华人民共和国的检察制度。它是在人民民主专政理论和列宁法律监督思想的指导下，在继承了民主革命时期检察工作的优良传统，发扬中国古代御史制度的精华，吸取了国外，特别是苏联社会主义检察制度建设经验的基础上，结合我国社会主义革命和社会主义建设的实际情况而创建、发展起来的具有中国特色的社会主义检察制度。我国社会主义检察制度从初创到自成体系，大体上经历了以下四个历史发展阶段。

（一）社会主义检察制度的创建时期

社会主义检察制度创建时期又可分为初创时期和初建时期。

1. 初创时期

1949年9月，中国人民政治协商会议第一届全体会议通过的《共同纲领》和《中华人民共和国中央人民政府组织法》为创建人民检察制度奠定

了法律基础。《共同纲领》规定"要建立人民司法制度"。《中央人民政府组织法》规定中央人民政府"组织最高人民法院和最高人民检察署,作为国家的最高审判机关及检察机关",并规定:"最高人民检察署对政府机关公务人员和全国国民之严格遵守法律,负最高检察责任。"1949 年 10 月 1 月,中央人民政府任命罗荣桓为最高人民检察署检察长;同月 19 日又任命李六如、蓝公武为最高人民检察署副检察长;罗瑞卿等 11 人为委员;10 月 22 日,最高人民检察署成立。1949 年 12 月 20 日,经中央人民政府批准颁布了《中央人民政府最高人民检察署试行组织条例》(以下简称《条例》)。这个《条例》是新中国第一部关于检察制度的单行法规,它确立了我国检察制度的基本内容,为我国社会主义检察制度的创建奠定了法律基础。

初创时我国检察制度的主要内容:(1) 我国检察机关是保障国家法律得以严格遵守的法律监督机关。《条例》规定:人民检察署行使下列职权:检查全国各级政府机关及公务人员和全国国民是否严格遵守人民政协共同纲领及人民政府的政策方针与法律、法令;对各级司法机关之违法判决提起抗议;对刑事案件实行侦查、提起公诉;检察全国司法与公安机关犯人改造及监管所之违法措施;对于全国社会与劳动人民利益有关之民事案件及一切行政诉讼,均得代表国家公益参与之;处理人民不服下级检察署不起诉处分之声请复议的事项。规定上述内容的实质是保障国家法律统一和严格实施,起到法律监督的职能作用。(2) 我国检察机关是独立于行政机关和审判机关之外国家机关。《条例》规定:"全国各级人民检察署均独立行使职权,不受地方机关干涉,只服从最高人民检察署指挥。"各级检察机关实行垂直领导,不受地方行政机关的干涉。但 1951 年 9 月 3 日,最高人民检察署提请,中央人民政府审议通过,将人民检察署的垂直领导改为双重领导体制,即各级地方人民检察署,既受上级人民检察署的领导,同时又是同级人民政府的组成部分,受同级人民政府的领导。(3) 检察机关内部实行与检察委员会会议相结合的检察长负责制。《条例》规定:各级检察署设置检察委员会会议,由检察长、副检察长和委员组成,以检察长为主席,决定有关检察之政策方针及其他重要事项,委员会意见不一致时,取决于检察长。这是把民主制与检察长负责制结合起来的检察长负责制。

2. 初建时期

1954 年 9 月,中华人民共和国第一届全国人民代表大会通过了我国第一部宪法。宪法第二章第六节对人民检察院的设置、职权、领导关系和活动原则等作了规定。同届会议又通过了《中华人民共和国人民检察院组织法》，规定了人民检察院的性质、地位、设置、职权、行使职权的程序、组织和活动原则及人民检察院人员的任免等检察制度的基本内容。这两个法律确立了我国社会主义检察制度的基本内容，标志着我国社会主义检察制度的建立。

与初创时期的检察制度相比，初建时期我国检察制度在内容上有以下变动：(1) 提高了检察机关在国家机关中的地位。将各级检察"署"改为检察"院"，形成了在全国人民代表大会及其常委会的领导下的国务院、最高人民法院、最高人民检察院的"三院"体制。(2) 重新确定了检察机关垂直领导体制。1954年宪法和人民检察院组织法又重新确定了垂直领导体制。即全国各级人民检察院独立行使职权，不受地方国家机关的干涉，地方各级人民检察院和专门人民检察院在上级人民检察院的领导下，并且一律在最高人民检察院的统一领导下进行工作。(3) 确定了人民检察院的机构。撤销了最高人民检察署在各大行政区的分署机构。同时，增加了专门人民检察院的设置。(4) 调整了检察机关的内部领导体制。将创建初期的"检察委员会会议"改为"检察委员会"，检察委员会委员由外部成员组成改变为由检察院内部人员组成。检察委员在检察长的领导下，负责处理有关检察工作的重大问题。明确了在检察委员会中实行合议制和检察长一长制相结合的制度。(5) 调整了检察机关的职权。取消了检察机关参与行政诉讼的职权；取消了检察机关"处理人民不服下级检察署不起诉处分之声请复议事项"的职权；增加了对侦查活动是否合法实行侦查监督权；增加了对刑事判决执行的执行监督权；明确规定了检察机关行使职权的程序和对检察人员的任免程序。

宪法和人民检察院组织法颁布实施后，我国检察制度很快建立起来：1955年全国各级检察机关已基本上建立起来；1956年全国铁路、军事等专门人民检察院也基本上建立起来。全面开展检察业务工作。这一时期各级人民检察院运用政策法律同反革命分子和其他刑事犯罪分子作斗争。到1956年为止，各级人民检察院已全部承担起审查批捕、审查起诉工作，对审判监督和刑事判决执行监督的工作也有所进展。对全国监所、劳改机关进行普查，有的地方建立了定期检查制度。

(二) 社会主义检察制度发展中的波折时期

从1957年下半年开始，在"左"的思想指导下，我国社会主义检察制度受到严重阻碍，成为我国社会主义检察制度的波折时期。

1. 法律虚无主义严重冲击法律监督的实施。1957年下半年开始扩大的反右斗争中，"左"的思想膨胀，表现在法制问题上，就是轻视法律和法制建设的法律虚无主义严重泛滥。在法律虚无主义思想的指导下，把宪法和人民检察院组织法规定的检察机关的法律监督职能认为是"矛头对内"；把独立行使检察权和垂直接领导斥为"向党闹独立"、"凌驾于党政之上"，而予以错误地批判。

2. 瞎指挥冲击检察机关发挥职能作用。1958年的"大跃进"中的瞎指挥，冲击法制建设和检察机关职能的发挥。当时，在政法工作中，提倡"公、检、法"三机关联合办案，实行"一长代三长"、"一员代三员"，"下去一把抓，回来再分家。"抛弃了"公、检、法"三机关分工负责、互相配合、互相制约的原则，破坏了刑事诉讼的程序，使检察机关名存实亡。

3. 检察业务受到削弱，检察机关形同虚设，无法发挥法律监督职能。1960年在"左"倾思想的指导下，从中央到地方刮起了一股检察机关"取消风"。由于最高人民检察院代表广大检察干警向中央反映了意见，中央重新考虑，刹住了"取消风"，检察机关才保存下来，检察业务也有所恢复。

4. 纠正"左"倾错误，我国检察制度又有起色。1962年1月，中共中央召开扩大会议，开始纠正"左"倾错误，法律虚无主义受到批判，明确我国社会主义建设要有法律，要有法制，不但要有刑法还要有民法。虽然从1957年以来，检察机关的组织建设和业务工作遭受严重挫折，但由于各级检察机关及其干部的努力，仍进行了大量的工作。

（三）社会主义检察制度的中断时期

从1966年5月"文化大革命"开始，到1976年粉碎"四人帮"，是我国检察制度的中断时期，检察机关被撤销，人员被遣散，检察业务实际上被取消。

（四）社会主义检察制度重建和发展时期

1976年10月，结束了长达10年的"文化大革命"。我国社会主义检察制度开始了新生。1978年3月5日，第五届全国人民代表大会第一次会议通过第三部宪法。叶剑英委员长在关于修改宪法的报告中指出："鉴于同各种违法乱纪行为斗争的极大重要性，宪法修改草案规定设置人民检察院。国家的各级检察机关按照宪法和法律规定的范围，对于国家机关、国家机关工作人员和公民是否遵守宪法和法律，行使检察权。在加强党的统一领导和依靠群众的前提下，充分发挥公安机关、检察机关、人民法院这些专政机关的作用，使它们互相配合又互相制约，这对保护人民、打击敌人，是很重要的。"这说明，人们从"文革"中取消检察机关的沉痛教训中，认识到恢复检察机关同违法犯罪作斗争的重要性。1978年宪法第43条对检察机关的职权和领导关系作了原则规定。1979年9月第五届人大二次会议通过了修订的人民检察院组织法，从此，标志我国社会主义检察制度进入重建和发展时期。重建的检察制度是在1954年检察制度的基础上，结合30多年检察工作经验教训的基础上修改的。

具体修改和增加的内容有：

1. 进一步明确我国检察机关的性质是国家的法律监督机关。1978年宪法明确规定，我国检察机关是法律监督机关，在全国人民代表大会及其常委会领导下，最高人民检察院、最高人民法院、国务院都是处于相同地位的国家机关，它的任务是通过实施法律监督，保障国家法律的统一和正确实施。

2. 检察机关独立行使检察权。重建的检察机关依法独立行使检察权，不受行政机关、社会团体和个人的干涉。是独立于行政机关和审判机关的法律监督机关，有利于对行政执法和审判执法进行监督。

3. 重建的人民检察院机关的机构设置。重建的人民检察院，设最高人民检察院、地方各级人民检察院和专门人民检察院。

4. 改垂直领导为双重领导。初创检察制度是垂直领导；1951年改为双重领导；1954年改为垂直领导；1978年宪法又规定为双重领导；最高人民检察院领导地方各级人民检察院和专门人民检察院的工作，上级人民检察院领导下级人民检察院的工作。

5. 重建检察院的职权有：对叛国、分裂国家案以及严重破坏国家的政策、法律、法令、政令统一实施的重大犯罪案件，行使检察权。对于直接受理的刑事案件进行立案侦查。对公安机关侦查的案件进行补充侦查，决定是否逮捕、起诉或者免诉，对公安机关的侦查活动是否合法实行监督。对刑事案件提起公诉、支持公诉。对刑事审判活动是否合法实行监督。对刑事案件的判决、裁定的执行和监狱、看守所、劳动改造机关和劳动教养机关的活动是否合法实行监督。

6. 改检察长一长制为民主集中制。检察机关内部实行民主集中制原则。

根据宪法和人民检察院组织法的规定，又重建我国检察机关，到1979年年底全国各级检察院基本上建立起来，并正式开展各项业务工作。我国检察制度又发展壮大起来，并且逐步形成具有中国特色的社会主义检察制度。

二、我国检察制度的特色

作为现代检察制度的一个类型，中国检察制度其特殊性既源自社会主义政治制度，也源自中国特殊的文化传统和社会环境，是检察制度适应中国国情的历史性选择。中国检察制度的特色主要体现在以下几个方面：

（一）检察机关是人民代表大会制度下与政府、法院平行的国家机关，具有较高的法律地位

在奉行"三权分立"原则的宪政制度下，国家权力三分为立法权、行政权和司法权，检察权是作为国家行政权力的一个组成部分加以设置的。国外除少数检察机关是司法行政机关合一以外，绝大多数都是隶属于政府的司法行政部门，也有个别隶属于法院系统。我国宪法规定，一切国家权力属于人民。在人民代表大会制度不可分的国家权力结构中，国家行政机关、审判机关、检察机关平行设置，都由人民代表大会产生，对它负责，受它监督。检察机关这种独立的、较高的宪法地位，表明检察制度是中国政治法律制度的一个十分重要的组成部分。

（二）检察机关是国家的法律监督机关，通过履行职务犯罪侦查、公诉和诉讼监督等职能，维护国家法制的统一

根据我国宪法和人民检察院组织法的规定，人民检察院是国家的法律监督机关，依法对国家法律的统一正确实施进行专门的法律监督。法律监督是我国检察机关的法律属性，是一切检察职权活动的出发点和归宿。检察机关通过职务犯罪案件侦查、公诉和诉讼监督等职能活动实现法律监督的宪法职责。

（三）检察机关实行检察长负责和检察委员会集体领导相结合，上级检察院领导下级检察院的领导体制

检察一体在我国有特殊的表现形式。我国检察机关内部实行的不是单一的检察长负责制，而是检察长负责和检察委员会集体领导相结合的内部工作机制和决策方式。检察长和检察委员会都是检察机关的领导机构，检察长作为检察机关的首长统一领导检察院的工作，检察委员会是实行集体领导的组织形式，讨论决定重大案件和检察工作中其他重大问题，按少数服从多数的原则作出决定，由检察长组织贯彻执行。这是宪法规定的国家机构实行民主集中制原则的体现。同时，检察体系中，实行上级检察机关领导下级检察机

关的工作,最高人民检察院领导地方各级人民检察院工作的体制。

(四)检察机关依法独立行使检察权与坚持党的领导、接受人大监督相统一

我国宪法明确规定检察机关依法独立行使检察权,不受任何机关团体和个人的干涉。这是检察权行使的内在规律性要求。同时,作为国家政治制度的重要组成部分,党的领导和人大的监督既是检察工作必须坚持的一项重要原则,也是检察权独立行使的重要保障。

(五)检察机关与公安机关、人民法院办理刑事案件分工负责、互相配合、互相制约

刑事诉讼是检察机关传统的职能领域,其中的检警关系、检法关系是司法制度的重要内容之一。分工负责、互相配合、互相制约原则作为一项刑事诉讼活动原则,体现了我国检察机关与公安机关,特别是人民法院之间在履行具体的诉讼职能过程中的特殊要求。

三、我国检察机关与中共党委的关系

我国各级检察机关与中国共产党各级党委之间的关系是被领导与领导和被监督与监督之间的关系。

我国宪法序言中规定:"中国各族人民将继续在中国共产党的领导下,……把我国建设成为富强、民主、文明的社会主义国家。"宪法明确规定,在我国,各族人民,各行各业,各个机关、团体和公民都应在中国共产党的领导下进行工作、劳动、学习和生活。检察机关是国家的法律监督机关,其必须在共产党的领导下行使检察权力,在行使检察权力时要接受中共各级党组织的法律监督。

(一)中国共产党对检察机关的领导是政治权力的领导,包括检察机关的组织人事权力和行使检察业务权力的领导

中国共产党对检察业务权力的领导主要是通过党的方针、政策进行领导,使检察机关沿着党的方针、政策、路线行使检察业务权力。为此,中国共产党在检察机关中开展党的活动,宣传、贯彻、执行党的路线、方针、政策,对模范执行党纪国法的检察机关和检察工作人员进行表彰奖励,对违纪违法的检察机关和工作人员进行批评教育和处分。中国共产党对检察机关的组织人事领导,是通过在检察机关中设置党的组织机构,确定检察机关、人员编制和对检察人员的培养教育,对检察人员任免提名推荐等领导方式,保

证检察队伍的政治素质和业务素质。特别是党在不同时期的方针、政策对检察执法活动和法律监督活动有重要的指导作用。全国各级检察机关应当自觉地接受中国共产党中央和地方同级党委的领导，主动地向同级党委汇报工作，接受党组织的指导，特别是在查办党员领导干部的违法犯罪案件时，应当及时向上级党委和同级党委请示、汇报，取得党组织的支持和指导。在检察机关的业务活动中需要同其他司法机关协作时，中国共产党各级政法委员会有权进行协调，各级检察机关应接受和执行政法委员会的协调意见。

（二）中国共产党对检察机关行使检察权力实行法律监督

中国共产党各级党委对检察机关及其工作人员行使检察权可以进行法律监督，可以通过口头的和书面的形式提出纠正意见。对于违法违纪的党员检察工作人员有调查处理的权力，涉嫌犯罪的，党纪委有权向检察机关报案。对于中共各级党委提出的法律监督意见，检察机关应依法处理，并将处理的结果通知报案的党委。

（三）各级检察机关应妥善处理接受中共各级党委的领导与独立行使检察权之间的关系

我国宪法明确规定，"人民检察院依照法律规定独立行使检察权，不受行政机关、社会团体和个人的干涉。"这里首先必须明确：检察机关是一个独立的执法机关，其行使法律授予的检察权时不受行政机关、社会团体和个人的干涉；其次还必须明确：检察机关独立行使检察权不是不受任何干涉，同时也要受到一定的权力制约、权力监督和法律监督：

1. 检察机关必须依法行使检察权，依照法律规定的权力和程序开展检察工作，法律没有规定的权力和程序不能滥用检察权力，检察机关滥用检察权力也要受到社会各方面的法律监督。

2. 检察机关在刑事诉讼中与公安机关、审判机关实行分工负责、互相配合、互相制约，也要受到侦查、审判机关的权力制约。

3. 检察机关行使检察权力要受各级人民代表大会及其常委会的权力监督和法律监督。

4. 检察机关必须接受中国共产党的领导和法律监督，检察机关与中共各级党委之间不是独立行使权力的关系，而是被领导与领导、被监督与监督的关系。

因此，各级检察机关应自觉地接受中央和地方同级党委的领导和监督，建立和完善领导、监督工作制度，明确领导与被领导、监督与被监督的内容和实施程序,使领导与监督制度化和程序化。

四、我国检察机关与人大的关系

我国各级人大与检察机关的关系是监督与被监督的关系。人大授予检察机关行使检察权力,同时又对检察机关行使检察权力实行权力监督和法律监督。根据我国法律规定,全国各级人民代表大会及其常务委员会(以下简称人大)对检察机关实行权力监督和法律监督,主要内容有:

(一)检察机关的设置由人大决定,受各级人大监督

人民检察院组织法第2条第3款中规定:"省一级人民检察院和县一级人民检察院,根据工作需要,提请本级人民代表大会常务委员会批准,可以在工矿区、农垦区、林区等区域设置人民检察院,作为派出机构。"第4款规定:"专门人民检察院的设置、组织和职权由全国人民代表大会另行规定。"即是说,全国各级检察机关的设置、组织机构、职权和人员编制都必须由人大决定、批准和监督,这是人大对检察组织的权力行使权力监督。

(二)检察人员由人大任免,受各级人大监督

我国宪法第62条中规定全国人民代表大会"选举最高人民检察院检察长";第67条中规定:全国人民代表大会常委员会"根据最高人民检察院检察长的提请,任免最高人民检察院副检察长、检察员、检察委员会委员和军事检察院检察长,并且批准省、自治区、直辖市的人民检察院检察长的任免"。上述法律规定说明检察机关的人事任免权力,受各级人大的权力监督。

(三)检察机关的工作,受各级人大监督

宪法第133条规定:"最高人民检察院对全国人民代表大会和全国人民代表大会常务委员会负责。地方各级人民检察院对产生它的国家权力机关和上级人民检察院负责。"这是各级人大对检察工作的权力监督。

(四)检察工作中的特定问题,受各级人大质询监督

我国人大代表法第14条规定:"全国人民代表大会会议期间,一个代表团或者30名以上的代表联名,有权书面提出对……最高人民检察院的质询。"这是人大代表以提出质询方式对检察工作特定问题进行权力监督和法律监督。

(五)检察机关执法权,受各级人大检查监督

我国宪法第71条第1款规定:"全国人民代表大会和全国人民代表大会

常务委员会认为必要的时候，可以组织关于特定问题的调查委员会，并且根据调查委员会的报告，作出相应的决议。"例如，全国人大对检察机关执行刑事诉讼法进行的调查，这是人大对检察执法的权力监督。

（六）检察机关办理的重大犯罪案件，受各级人大的监督

人大及其常委会对人大代表提出的检察机关办理的重大违法犯罪案件进行个案监督，提出纠正意见。

（七）检察长提交的重要事项由人大决定，受各级人大监督

人民检察院组织法第3条规定："如果检察长在重大问题上不同意多数人的决定，可以报请本级人民代表大会常务委员会决定。"在这种情况下，同级人大常委会对检察院的重大问题实行权力监督。

（八）特殊情况下案件延期审理由人大决定，受各级人大监督

根据刑事诉讼法第155条规定："因为特殊原因，在较长时间内不宜交付审判的特别重大复杂的案件，由最高人民检察院报请全国人民代表大会常务委员会批准延期审理。"这是人大对检察特殊延期审理权力行使的权力监督。

（九）最高人民检察院的司法解释权，受全国人大常委会监督

全国人大常委会《关于加强法律解释工作的决议》规定，最高人民检察院作出的司法解释必须报全国人大常委会备案，接受人大常委会监督。

（十）检察机关行使检察权力，受各级人大法律监督

法律监督权力是人大及其常务委员会的权力。人大对检察机关行使检察权力实施权力监督的同时也可以并用或者单用法律监督权力，监督检察权力依法正确有效行使。

五、我国检察机关与公安机关、审判机关和司法行政机关的关系

检察机关与公安机关、审判和司法行政机关的关系都是权力制约和法律监督的关系。我国宪法第131条规定："人民检察院依照法律规定独立行使检察权，不受行政机关、社会团体和个人的干涉。"第135条规定："人民法院、人民检察院和公安机关办理刑事案件，应当分工负责、互相配合、互相制约，以保证准确有效地执行法律。"刑事诉讼法第8条规定："人民检察院对刑事诉讼实行法律监督。"根据上述法律规定，检察机关与行政机关、审判机关在国家政权中处于平等地位，它们在各自行使职权时存在权力制约和法律监督的关系，具体有：

(一) 检察机关与公安机关之间是权力制约和法律监督关系

公安机关还包括国家安全机关、军事机关保卫部门，它们之中具有刑事侦查权的部门又是司法机关的一部分。公安机关立案侦查刑事案件受检察机关法律监督；公安机关逮捕犯罪嫌疑人受检察机关不批准逮捕权的制约；公安机关提出起诉的案件受检察机关不起诉权的制约。同样，检察机关的不批准逮捕、不起权也受公安机关提出复议、复核权力的制约。

(二) 检察机关与司法行政机关之间是权力制约和法律监督关系

我国司法行政机关是国家的行政机关，其中有监管职责的机关是司法机关的一部分，即监狱、拘役所、劳动改造场所等，特别是监狱，依照我国刑事诉讼法第290条第2款规定，"对罪犯在监狱内犯罪的案件由监狱进行侦查"。因此，在我国，检察机关对监狱提请逮捕权力和提起公诉意见的权力也有权力制约和法律监督。我国刑事诉讼法第262条规定："罪犯在服刑期间又犯罪的，或者发现了判决的时候没有发现的罪行，由执行机关移送人民检察处理"，这是检察机关对监狱侦查权的权力制约。如果人民检察院作出不批准逮捕或者不起诉的，监狱也可以依照刑事诉讼法第90条、第175条规定向检察机关提请复议和复核，以制约检察机关批捕、提起公诉权力的滥用。

(三) 检察机关与审判机关之间是权力制约和法律监督的关系

审判机关，在我国是指各级人民法院，是司法机关的重要组成部分。审判机关通过独立行使审判权和监督权对检察起诉权进行权力制约和监督；检察机关通过实施执法权和法律监督权，制约和监督人民法院依法审判，通过它们之间的相互制约和监督确保国家刑事、民事、行政诉讼依法进行。具体有以下几个方面：

1. 审判机关对检察刑事立案权力行使的权力制约监督。我国检察机关负责部分国家工作人员犯罪案件立案侦查。"对于被害人有证据证明对被告人侵犯自己人身、财产权利的行为应当依法追究刑事责任，而公安机关或者人民检察院不予追究被告人刑事责任的案件。"我国刑事诉讼法第204条规定，人民法院应当立案审理。这是人民法院审判权对检察机关立案权行使的制约监督。

2. 审判机关对检察刑事起诉权行使的制约监督。提起公诉权是检察机关的重要权力，检察机关行使公诉权受人民法院审判权的制约监督。例如，被害人对人民检察院不起诉决定不服的，我国刑事诉讼法第176条规定，

"被害人可以向人民法院起诉",人民法院受理案件后,人民检察院应当将有关案件材料移送人民法院。对于人民检察院提起公诉的刑事案件,人民法院认为,被告人无罪的或者证据不足不能认定被告人有罪的,刑事诉讼法第195条规定,人民法院"应当作出无罪判决"或者"应当作出证据不足,指控的犯罪不能成立的无罪判决",这是人民法院以审判权对检察起诉权行使的制约监督。

3. 审判机关对检察机关刑事、民事、行政案件抗诉权行使的制约监督。检察机关对刑事案件一审、终审判决认为确有错误的有抗诉权力,对民事、行政案件的终审生效判决有抗诉权力,这既是检察机关的司法执法权力也是检察法律监督权力,检察机关行使抗诉权力同样受人民法院审判权的制约。当人民法院认为检察机关抗诉的案件事实清楚、证据确实、充分,适用法律得当的,根据刑事诉讼法、民事诉讼法、行政诉讼法的规定作出"驳回抗诉,维持原判"的裁定。这是人民法院审判权对检察抗诉权力行使的制约监督。

第三讲　我国检察机关及其职权

本讲重点提示：

1. 我国检察机关的本质特征是法律监督机关，这是人民检察院区别于其他国家机关的重要标志，也是人民检察院开展各项检察工作的根本法律依据。

2. 我国检察机关的基本职权都是围绕着法律监督权展开的，主要包括职务犯罪侦查权，刑事公诉权，刑事诉讼、民事诉讼、行政诉讼活动监督权等内容。

一、我国检察机关的性质、任务及机构设置

（一）我国检察机关的性质和任务

我国检察机关是指中华人民共和国的各级人民检察院。我国检察机关是人民民主专政国家政权机构中的重要组成部分。我国检察机关由人民代表大会产生，对它负责、受它监督。

我国检察机关与国家行政机关、审判机关处于平等地位。人民检察院、人民法院和公安机关办理刑事案件，应当分工负责，互相配合、互相制约，以保证准确有效地执行法律。

中华人民共和国设立最高人民检察院、地方各级人民检察院和军事检察院等专门人民检察院。最高人民检察院是最高检察机关，最高人民检察院领导地方各级人民检察院和专门人民检察院的工作。最高人民检察院对全国人民代表大会和全国人民代表大会常务委员会负责。地方各级人民检察院对产生它的国家权力机关和上级人民检察院负责。

各级人民检察院设检察长1人，副检察长和检察员若干人，检察长统一领导检察院的工作。各级检察院设立检察委员会。检察委员会实行民主集中制，在检察长的主持下，讨论决定重大案件和其他重大问题。如果检察长在

重大问题上不同意多数人的决定,可以报请本级人民代表大会常务委员会决定。

我国检察机关是国家的法律监督机关。我国宪法第129条规定:"中华人民共和国人民检察院是国家的法律监督机关。"这是宪法对人民检察院性质的规定。它表明了人民检察院的本质特征,是人民检察院区别其他国家机关的重要标志,也是人民检察院开展各项检察工作的根本法律依据。

法律监督是法制的重要组成部分,法制包括立法、守法、执法和法律监督,即有法可依,有法必依、执法必严、违法必究。法律监督是国家机关、社会组织或者个人对立法、守法、执法活动的监察、督促,并对违法犯罪行为进行检举、处理的行为。法律监督是多方面、多渠道的监督,有国家权力机关和其他机关的法律监督,有社会组织和公民个人的法律监督,也有党群组织的法律监督。法律监督目的是保证国家法律的统一和正确实施。

检察机关法律监督与其他法律监督相比较,主要有以下4个特点:

1. 专门性。检察机关是国家专门的法律监督机关,其本职工作就是对国家法律的实施进行监督,一切检察工作都是为实施法律监督活动服务的。而其他机关、社会组织或者个人的法律监督都不是专职的,而是享有法律监督权利和应尽法律监督的义务。

2. 依法性。检察机关的法律监督是依照国家法律规定的范围和程序进行的,是法律行为,不允许离开法律规定进行法律监督,法律没有规定内容和程序的不能实施检察法律监督,而其他法律监督没有这样的严格要求。

3. 强制性。检察机关法律监督是以国家强制力保证实施的。国家法律规定检察机关有部分执法(包括司法)权力,保证法律监督权的有效实施,同时也可以限制不执法和不遵守法律的行为。

4. 普遍性。检察机关法律监督的范围相对广泛,依照宪法规定,凡是国家法律体系中的法律遵守和执行都可以实施法律监督。但是当前,根据有关部门法律规定,检察机关法律监督主要是在诉讼领域中的司法法律监督,其监督的方式是通过行使司法处分权和检察建议权进行法律监督。

我国检察机关是国家的法律监督机关,法律监督的目的是保证国家法律的统一正确实施。检察机关通行使检察权,完成法律规定的任务,达到法律监督的目的。

我国人民检察院组织法第4条规定:"人民检察院通过行使检察权,镇压一切叛国的、分裂国家的和其他反革命活动,打击反革命分子和其他犯罪分子，维护国家的统一，维护无产阶级专政制度，维护社会主义法制，维护社会秩序、生产秩序、工作秩序、教学科研秩序和人民群众生活秩序，保护社会主义的全民所有的财产和劳动群众集体所有的财产，保护公民私人所有的合法财产，保护公民的人身权利、民主权利和其他权利，保卫社会主义现代化建设的顺利进行。"

人民检察院上述任务的核心是通过依法行使检察权，打击、惩罚犯罪和保护人民。检察机关是通过惩罚犯罪的方法保护人民，惩罚犯罪的目的是保护人民，只有惩罚犯罪才能保护人民，惩罚犯罪和保护人民是同一任务的两个方面，两个方面同等重要，人民检察院都必须认真完成，不可偏废任何一个方面。

根据人民检察院组织法的规定，人民检察院的任务应包括以下5个具体方面：

1. 检察机关通过行使检察权，镇压一切叛国的、分裂国家的和其他危害国家安全的违法犯罪活动，维护社会主义法制，维护国家的统一，维护人民民主专政制度。国家的统一、人民民主专政制度的巩固、社会主义的法律制度的执行是建设社会主义事业的基本保证。维护上述政治、法律制度的巩固和发展是检察机关法律监督的首要任务。

2. 检察机关通过行使检察权，保护国有财产、劳动群众集体所有财产和公民私人所有的合法财产，积极同破坏社会主义经济秩序、侵犯财产、贪污贿赂等财产违法犯罪进行斗争，维护社会主义市场经济秩序，保护社会主义物质基础，保障社会主义现代化建设顺利进行。保护以上物质财产不受侵犯是检察机关法律监督的重要任务。

3. 检察机关通过行使检察权，保护公民的人身权利、民主权利和其他合法权益的正确行使不受侵犯。公民的人身权利和民主权利是公民的基本权利，公民权利的正确行使，体现了公民在国家政治、经济、社会生活中的地位和作用。人民检察院通过行使检察权，监督国家法律严格执行，依法惩治不遵守法律、侵犯公民人身权利、民主权利的犯罪，对遵纪守法的公民给予保护，使其权利不被侵犯，就是尊重公民的人身权利和保障公民的合法权益。惩罚犯罪保护公民的合法权利的行使是检察机关法律监督必须完成的基本任务。

4. 检察机关通过行使检察权，维护社会秩序，为建设和谐稳定社会提供良好社会保障。社会主义社会秩序，包括生产秩序、工作秩序、教学科研秩序和人民群众生活秩序是建设社会主义事业的基本保障，检察机关通过对严重扰乱社会秩序的犯罪分子提起公诉，要求人民法院对其追究刑事责任，保持良好的有条不紊的社会秩序，使人民群众安居乐业，社会主义建设事业才能顺利进行。保障和谐、稳定的社会主义秩序是人民检察机关法律监督义不容辞的任务。

5. 检察机关通过行使检察权，教育公民忠于社会主义祖国，自觉地遵守宪法和法律，积极同违法犯罪作斗争。一方面，检察机关通过办案结合实际案例进行法制宣传，使广大人民群众和国家工作人员知法懂法，明确什么行为是合法，什么行为是违法，严格依法办事。另一方面，检察机关通过揭露和惩罚犯罪，教育群众认清违法犯罪的社会危害性，积极同犯罪作斗争，达到减少犯罪和预防犯罪的目的。保证国家法律被严格遵守是检察机关法律监督的基础任务。

(二) 我国检察机关的机构设置

我国检察机关是国家机关的一部分，它的机构设置由法律规定。依照宪法、人民检察院组织法的规定，全国各级人民检察院的机构设置根据国家行政区划与国家各级行政机关、人民法院的机构设置相对应。

我国检察机关的设置，根据我国宪法第130条的规定："中华人民共和国设立最高人民检察院、地方各级人民检察院和军事检察院等专门人民检察院。"我国人民检察院组织法第2条第2款规定："地方各级人民检察院分为：(一) 省、自治区、直辖市人民检察院；(二) 省、自治区、直辖市人民检察院分院、自治州和省辖市人民检察院；(三) 县、市、自治县和市辖区人民检院。省一级人民检察院和县一级人民检察院，根据工作需要，提请本级人民代表大会常务委员会批准，可以在工矿区、农垦区、林区等区域设置人民检察院，作为派出机构。"

根据上述法律规定，我国检察机关分为：中央和地方两级，以及专门人民检察院，中央是最高人民检察院；地方包括：省、地 (市)、县 (市) 人民检察院；专门人民检察院包括军事检察院、铁路运输检察院。最高检察机关是最高人民检察院，基层检察机关是县级人民检察院。

各级人民检察院的关系，根据宪法第132条的规定："最高人民检察院是最高检察机关。最高人民检察院领导地方各级人民检察院和专门人民检察院的工作，上级人民检察院领导下级人民检察院的工作。"宪法第133条规定："最高人民检察院对全国人民代表会和全国人民代表会常务委员会负责。地方各级人民检察院对产生它的国家权力机关和上级人民检察院负责。"根据上述法律规定我国检察机关的领导关系是双重领导关系,一方面受中央的直接领导;另一方面又受地方的领导。

各级人民检察院内部关系,根据人民检察院组织法第 3 条的规定:"各级人民检察院设检察长 1 人,副检察长和检察员若干人。检察长统一领导检察院的工作。各级人民检察院设立检察委员会。检察委员会实行民主集中制,在检察长的主持下,讨论决定重大案件和其他重大问题。如果检察长在重大问题上不同意多数人的决定,可以报请本级人民代表大会常务委员会决定。"根据上述法律规定,在人民检察院内部实行的是检察长领导下的民主集中制的领导关系。

各级人民检察院由检察人员组成,根据人民检察院组织法规定,检察人员包括:检察长(含副检察长)、检察员、助理检察员、书记员、司法警察。检察长统一领导检察院的工作,并由副检察长分工负责,协助检察长工作。检察员具有侦查、起诉案件的资格,并指导助理检察员和书记员的工作。助理检察员协助检察员工作,经检察长批准可以代理检察员职务;书记员办理案件的记录工作和其他有关事项;司法警察担任提押、看管罪犯和犯罪嫌疑人,以及送达传票等工作。代理检察员、检察员、检察长、副检察长依法称为"检察官"。各级人民检察院检察长的任期和本级人民代表大会每届任期相同。

各级人民检察院的内设机构,根据人民检察院组织法第 20 条的规定:"最高人民检察院根据需要,设立若干检察厅和其他业务机构。地方各级人民检察院可以分别设立相应的检察处、科和其他业务机构。"根据上述法律规定,最高人民检察院内部设置的业务机构有:控告检察厅、刑事申诉检察厅、民行检察厅、侦查监督检察厅、公诉检察厅、贪污贿赂检察厅(反贪污贿赂犯罪侦查局)、渎职侵权检察厅(反渎职侵权犯罪侦查局)、监所检察厅、铁路运输检察厅、职务犯罪预防厅、法律政策研究室、纪检监察局等,其中反贪污贿赂局、反渎职侵权犯罪侦查局、监所检察厅、铁路运输检察厅都有侦查权力。地方各级人民检察院根据检察业务工作的需要设置与最高人民检察院相对应的内部机构。

专门人民检察院,不是按行政区划设置,而是在特定的组织系统内设置的具有专属管辖范围的人民检察院。目前我国设置的专门人民检察院有军事检察院和铁路运输检察院。军事检察院分为:中国人民解放军军事检察院;

大军区军事检察院、海军军事检察院、空军军事检察院、武装部队军事检察院；地区军事检察院、军区空军军事检察院、海军舰队军事检察院、武警部队地区军事检察院。铁路运输检察院曾经分为：全国铁路运输检察院；铁路运输检察院；铁路运输基层检察院；1987年改为：铁路运输检察分院和铁路运输基层检察院，作为其所在地省、自治区、直辖市人民检察的派出机构。

检察机关的宣传机构。检察机关的宣传，除各级人民检察院的检察长、检察委员会和检察机关中的党团组织、工会、妇联等机构依法进行宣传外，检察机关还设有专门机构负责检察宣传工作。具体有：

1. 专门宣传机构。最高人民检察院政治部下设宣传部，有理论处、文化处、新闻处，专门负责检察宣传工作。地方各级人民检察院和专门人民检察院也设有相应的宣传部、处、科等机构负责检察宣传工作。

2. 法律政策研究室。各级人民检察院设置法律政策研究室，主要任务是进行法律政策和其他检察业务工作方面的调查研究，发现、总结和分析检察实践中存在的法律、政策适用问题，提出对策性意见，进行法律解释，法律宣传，使人民检察院正确宣传、执行国家法律。

3. 中国检察理论研究所。最高人民检察院设立中国检察理论研究所，主要任务是总结检察工作的实践经验，进行检察理论研究，组织开展学术交流活动，为完善有中国特色的社会主义检察制度服务。中国检察理论研究所主办《检察理论研究》（季刊）于1998年1月改名为《中国刑事法杂志》，与中国检察官协会联合主办《中国检察论坛》。中国检察理论研究所内设检察理论研究室、编译室、《中国刑事法杂志》编辑部等机构。理论研究所成立学术委员会，负责制订研究规划、评定学术成果等工作。

4. 中国检察出版社。最高人民检察院于1989年成立了中国检察出版社，以宣传法制、服务社会为宗旨，通过自己的出版物教育公众学法、知法、懂法、守法，为司法机关执法、理解法律提供所需的图书资料。主要出版具有法律专业权威性的工具书、案例、案例评析、法律理论专著及国外法律译著等，该出版社还制作、发行法制宣传音像制品。该社内设有4个编辑室、音像中心等机构。

5. 检察日报社。最高人民检察院于1989年7月10日成立了检察日报社，立足检察工作，面向社会，宣传党的基本路线、基本理论，宣传反腐倡廉的方针政策；宣传社会主义民主与法制建设成果，弘扬人民检察官秉公执法刚正不阿的崇高品德；揭露各种违法犯罪现象，鞭挞丑恶行为；运用典型案例，以案说法，普及法律知识；抓住典型事件，进行舆论监督、追踪报道，伸张人间正义。该报已经由创刊时的周一刊4版，发展到每日8版、月末12版；并形成了一报三刊（《人民检察》、《最高人民检察院公报》和《方圆》）及影视中心、网站等多层次传媒宣传体系。

（三）我国上级检察机关与下级检察机关的关系

根据我国宪法第132条的规定，我国上级检察机关与下级检察机关的关系是："最高人民检察院是最高检察机关。最高人民检察院领导地方各级人民检察院和专门人民检察院的工作，上级人民检察院领导下级人民检察院的工作。"即地方各级人民检察和专门人民检察院既受最高人民检察院的领导，也受上级人民检察院的领导，上下级人民检察院之间是领导与被领导的关系。

我国上下级检察机关的领导关系经历了多次变革。新中国成立以后，1949年12月颁布的《中央人民政府最高人民检察署试行组织条例》第2条规定："全国各级检察署均独立行使职权，不受地方机关干涉，只服从最高人民检察署之指挥。"这说明，解放初期开始成立的我国检察机关上下级之间是垂直领导关系，全国各级人民检察署在最高人民检察署的领导下独立行使检察权。

1951年9月颁布的《各级人民检察署组织通则》将检察机关的上下级的垂直领导关系改为中央和地方双重领导关系，即地方各级人民检察署受上级人民检察署的领导，同时又是各级人民政府的组成部分，受同级人民政府委员会的领导。

1954年9月颁布的《中华人民共和国宪法》和《中华人民共和国人民检察院组织法》又规定，地方各级人民检察院独立行使职权，不受地方国家机关的干涉；地方各级人民检察院和专门人民检察院在上级人民检察的领导下，并且一律在最高人民检察院的统一领导下进行工作。这实际上又恢复了解放初期建立的各级检察机关实行垂直领导的关系。

"文革"期间，1975年1月17日，第四届全国人民代表大会第一次会议修改并通过的第二部《中华人民共和国宪法》第25条规定："检察机关的职权由各级公安机关行使。"全国各级检察机关被撤销，不存在上下级之间的关系问题。1978年3月，第五届全国人民代表大会第一次会议通过的《中华人民共和国宪法》第43条第3款规定："最高人民检察院监督地方各级人民检察院和专门人民检察的检察工作，上级人民检察院监督下级人民检察院的检察工作。""最高人民检察院对全国人民代表大会和全国人民代表大会常务委员会负责并报告工作。地方各级人民检察院对本级人民代表大会负责并报告工作。"这时的上下级检察机关的关系是上级检察机关监督下级检察机关，最高检察机关监督地方各级检察机关与地方权力机关领导同级检察机关相结合的领导关系。

1979年7月颁布的《中华人民共和国人民检察院组织法》第10条又规定："最高人民检察院对全国人民代表大会和全国人民代表大会常务委员会负责并报告工作。地方各级人民检察院对本级人民代表大会和本级人民代表大会常务委员会负责并报告工作。最高人民检察院领导地方各级人民检察院和专门人民检察院的工作，上级人民检察院领导下级人民检察院的工作。"将上下级检察机关的监督关系又改为领导关系。

1982年宪法再次确认了这种双重领导关系至今。

我国检察机关上下级的双重领导关系是根据我国的实际情况，不断总结经验教训而形成的，具有中国社会主义特色，基本适用我国检察工作的需要。但根据多年的实践经验和当前检察工作的实际情况，也有些需要完善的地方，综合起来，主要有以下3点：

1. 以地方领导为主的关系，不利于检察机关实行全国统一的法律监督。当前实行的双重领导关系，实际上是以地方领导为主，检察机关的人、财、物都受制于地方，当检察机关查办同级地方领导职务犯罪案件时，往往有所顾忌，不能充分发挥检察机关的法律监督作用。

2. 最高人民检察院和上级人民检察院对下级人民检察院的人事领导权只是程序上的权力，缺乏实质权力。地方各级检察院检察长的任命须经上级检察院的检察长提交同级人大常委会批准，这只是程序权力，起不到保证检察长合理人选的作用。

3. 检察机关办案经费由地方供给，由于各地经济发展不平衡，使一些地方检察机关办案经费严重不足，影响了检察业务工作的正常开展。

二、我国检察机关的职权

（一）宪法、法律赋予检察机关的职权

我国检察机关的职权是全国各级人民检察院依法履行职责院行使的各项权力。人民检察院的各项权力是国家权力机关在宪法、人民检察院组织法、检察官法、刑法、刑事诉讼法、民法、民事诉讼法、行政法、行政诉讼法等有关法律、法规中规定的人民检察院行使的权力。根据有关法律规定，人民检察院法律监督业务方面的职权，主要有：

1. 对叛国、分裂国家等重大案件行使检察监督权。我国人民检察院组织法第5条第（一）项规定："对于叛国案、分裂国家案以及严重破坏国家的政策、法令、政令统一实施的重大犯罪案件，行使检察权。"

2. 对直接受理的刑事案件行使立案、侦查权。刑事侦查权，是国家专门机关依照法律规定的程序，进行调查和采取强制措施的权力。人民检察院行使立案侦查权的情况有：（1）刑事诉讼法第18条规定："贪污贿赂犯罪，国家工作人员的渎职犯罪，国家机关工作人员利用职权实施的非法拘禁、刑讯逼供、报复陷害、非法搜查的侵犯公民人身权利的犯罪以及侵犯公民民主权利的犯罪，由人民检察院立案侦查。对于国家机关工作人员利用职权实施的其他重大的犯罪案件，需要由人民检察院直接受理的时候，经省级以上人民检察院决定，可以由人民检察院立案侦查。"（2）刑事诉讼法第132条规定："人民检察院在审查案件的时候，对公安机关的勘验、检查，认为需要复验、复查时，可以要求公安机关复验、复查，并且可以派检察人员参加。"（3）刑事诉讼法第171条第2款规定："人民检察院审查案件，对于需要补充侦查的，可以退回公安机关补充侦查，也可以自行侦查。"

3. 批准逮捕和决定逮捕权。我国刑事诉讼法第85条规定，公安机关要求逮捕犯罪嫌疑人的时候，由同级人民检察院批准，由公安机关执行；第163条规定，人民检察院直接受理的案件需要逮捕犯罪嫌疑人的，由人民检察院作出决定，由公安机关执行。

4. 刑事公诉权。决定起诉、不起诉、提起公诉、支持公诉权统称为"公诉权"。我国法律规定，公诉权由人民检察院代表国家统一行使。人民检察院组织法第5条第（三）、（四）项规定，人民检察院对刑事公诉案件决定起诉、不起诉、提起公诉、支持公诉。

5. 刑事案件立案、侦查、审判、判决、裁定执行监督权。人民检察院组织法第5条第（三）、（四）、（五）项规定，人民检察院对公安机关立案侦查案件的立案、侦查活动是否合法，实行监督；对人民法院的审判活动是否合法实行监督；对于刑事案件判决、裁定执行和监狱、看守所、劳动改造机关的活动是否合法，实行监督。

6. 对民事、行政诉讼法律监督权。我国民事诉讼法第14条规定："人民检察院有权对民事审判活动实行法律监督。"我国行政诉讼法第 10 条规定:"人民检察院有权对行政诉讼实行法律监督。"

7. 司法解释权。全国人大常委会《关于加强法律解释工作的决议》第 2 条规定:"凡属于检察院检察工作中具体应用法律、法令的问题,由最高人民检察进行解释。"

8. 对劳动教养活动实行法律监督权。我国劳动教养条例规定,人民检察院对劳动教养活动实行法律监督。

9. 宣传法律、预防犯罪权。

另外,根据有关法律规定,最高人民检察院有提出法律议案、审查引渡请求、办理司法协助等事务的权力。

(二)我国检察机关的派驻机构和职权

检察机关根据检察工作的需要可以设置派出机构和派驻机构。检察机关的派出机构,是根据人民检察院组织法第 2 条第 2 款的规定:"省一级人民检察院和县一级人民检察院,根据工作需要,提请本级人民代表大会常务委员会批准,可以在工矿区、农垦区、林区等区域设置人民检察院,作为派出机构。"各级派出检察机构行使派出它的人民检察院的职权。

检察机关的派驻机构,是基层人民检察院根据完成某项工作任务的需要在乡镇、大型企业、事业单位、监狱等单位内设置的检察室或者检察人员。我国 20 世纪 90 年代,有些地方检察院在国家税务机关设置"税务检察室",在大型企业中设置"经济检察室";有些地方检察院在乡镇机关、较大企业中设置兼职助理检察员,在人民检察院的领导下行使助理检察员的职权等试点,21 世纪初逐步撤销。根据 2001 年 9 月 3 日,最高人民检察院《关于监所检察工作若干问题的规定》第 5 条规定:"根据机构改革的规定,设置派出检察院,在监管场所设置派驻检察室。监管场所常年在押人员较少的,应实行巡回检察或派驻专职检察员。"

当前,在监所检察系统都设置地方人民检察院的派出检察院、派驻检察室。

根据《关于监所检察工作若干问题的规定》的规定,"派驻检察室由派出检察院、监管场所所在地的市、州检察院或者基层检察院派出。派驻检察室的人员中检察员的比例应当占三分之一以上。派驻检察室的主任应当由派出它的检察院的监所检察处、科的领导或者相当级别的检察官担任","派出检察院、派驻检察室受派出它的检察院领导,各项检察业务均由派出它的检察院监所检察处、科指导。派出检察院、派驻检察室应定期向派出它的检察院监所检察部门汇报业务工作。"对派出检察院、驻检察室负责人考察、年度考核时，监所检察处、科应派员参加。

根据《关于监所检察工作若干问题的规定》的规定，派驻检察室在派出它的检察院领导或者监所检察部门的指导下，依法履行监所检察职责。具体有：

1. 对监狱（包括未成年犯管教所，下同）、看守所、拘役所执行刑罚活动是否合法实行监督；

2. 对监狱、看守所、拘役所、劳动教养机关管理教育罪犯、劳教人员的活动是否合法实行监督，对公安机关管理教育监外罪犯的活动实行监督；

3. 对刑罚执行和监管改造中发生的虐待被监管人员案、私放在押人员案、失职致使在押人员脱逃案、徇私舞弊减刑、假释、暂予监外执行案进行立案侦查；

4. 对刑罚执行和监管改造过程中发生的司法人员贪污贿赂、渎职侵权案件进行初查；

5. 配合有关部门搞好职务犯罪预防；

6. 受理被监管人员及其亲属直接提出的控告和举报；

7. 对服刑罪犯又犯罪案件、劳教人员犯罪案件的侦查活动实行监督；

8. 对看守所超期羁押犯罪嫌疑人、被告人的情况进行监督；

9. 完成负责检察长、监所检察处、科交办的其他事项等。

派驻检察室的工作重点是刑罚执行监督，监督的主要对象是监狱，监督内容的重点是监管干部徇私舞弊减刑、假释、暂予监外执行的违法犯罪。

派驻检察室实行规范化管理，具体如下：

1. 派驻检察室应根据工作的需要配备人员，建立健全并认真落实各项工作制度，实行规范管理；

2. 派驻检察人员应当深入被监管人员的劳动、学习、生活三大现场，了解掌握监管改造情况，协助管理单位搞好安全防范检查，做好监管场所的稳定工作；

3. 派驻检察室如果发现违法行为需要书面纠正的，应提交监所检察处、科报检察长批准；

4. 发现监管干警职务犯罪案件线索，有关的派驻检察室应及时通过监所检察处、科向检察长报告，并及时组织侦查，需要立案的，由监所检察处、科报请检察长批准。派驻检察干警实行任职回避、异地交流制和院内轮岗制。

派驻检察人员在派驻场所有任职回避情形的，不得在当地派驻；派驻检察干警在同一监管场所工作满3年的，要交流到其他监管场所或者其他部门工作。

（三）检察委员会在检察机关中的地位和活动原则

人民检察院组织法第3条第2款规定："各级人民检察院设立检察委员会。检察委员会实行民主集中制，在检察长的主持下，讨论决定重大案件和其他重大问题。如果检察长在重大问题上不同意多数人的决定，可以报请本级人民代表大会常务委员会决定。"这是法律对检察委员会在检察机关中地位和活动原则的规定。

检察委员会是我国检察机关内部的决策机构。它是在检察长的主持下，讨论决定重大案件和其他重大问题的最重要的集体决策组织机构，是具有中国特色的检察制度的重要组成部分。根据我国多年检察委员会活动的实践经验，检察委员会应当讨论和决定以下问题：

1. 讨论决定在检察工作中如何贯彻执行党和国家有关法律、政策方面的重大问题；

2. 讨论本院直接办理的和下级人民检察院及军事检察院请示的重大案件、疑难案件和抗诉案件，并作相应决定；

3. 讨论检察长认为须要审议的下级人民检察院、专门人民检察院检察委员会作的决定，并作出相应的决定；

4. 讨论向同级人民代表大会及其常委会所作的工作报告和汇报；

5. 讨论通过各项检察工作条例、规定和工作制度；

6. 讨论检察长认为有必要提交检察委员会讨论的其他重大事项。最高人民检察院检察委员会还要讨论决定检察工作中具体应用法律问题的司法解释，讨论向全国人民代表大会及其常委会提出的立法建议等。

检察委员会的委员由本院检察人员组成，由本院检察长提请由同级人大常委会任免。通常由本院检察长、副检察长、部门机构的负责人员和少量的检察员担任。多数检察委员会委员是兼职的，也有专职的。检察委员会委员任职条件要高于普通的检察官，是从具有丰富检察工作经验的检察官中择优提出人选，以法定程序任免。

检察委员会讨论决定重大问题实行民主集中制。检察委员会在检察长主持下讨论决定重大问题,实行少数服从多数,检察长也只有一票权,如果检察长的意见是少数人的意见也要服从多数人的意见。如果检察长在重大问题上不同意多数人的决定,可以报请本级人民代表大会常务委员会决定。这是把检察长负责制与检察委员会民主集中制结合起来的检察委员会工作制度。这种制度既能保证检察机关决策的民主性,防止个人独断专权,同时也能保证检察机关工作的全局性和先进性。

我国检察委员会制度在我国社会主义检察制度建设中具有重要的地位,多年来发挥了重要作用,但也应当进一步健全和完善。根据多年的检察实践经验,人们提出以下完善意见:

1. 提高检察委员会委员的政治素质和业务素质。检察委员会讨论决定重大案件和其他重大问题实行民主集中制,要求检察委员会的委员政治立场坚定,办事公道,检察业务精通,是检察工作的行家里手。防止一些不懂检察工作的人员进入检察委员会,滥竽充数,使检察委员会讨论决定重大问题流于形式或者偏离方向。

2. 增加检察业务指导工作。检察委员会往往讨论案件多,对重大检察业务事项讨论少,重具体案件研究,轻检察业务工作指导,往往陷于对具体案件的讨论中,而忽视各项检察业务整体水平的提高。

3. 完善检察委员会议事程序。检察委员会讨论决定问题应当进一步规范化、程序化。从讨论案件的回避到案情介绍以及表决都应依法定程序进行,防止随意性和走过场的形式主义。

4. 增强检察委员会议事的透明度。由于检察委员会的决议有权威性,有关检察机关和人员都必须遵照执行,因而检察委员会讨论的问题应事先公开,使参与讨论的委员在充分准备的情况下发表意见。委员对发表的意见应当负责,并在一定范围内公开,接受检察机关内外的监督,确保检察委员会的决定正确和有效实行。

(四)检察机关内设机构和职责

检察机关的内设机构是检察机关内部的办事主管部门,包括:领导决策机构、检察业务机构、检察管理机构及附属事业单位。

1. 领导决策机构

人民检察院组织法第3条规定:"各级人民检察院设检察长1人,副检察长和检察员若干人,检察长统一领导检察院的工作。各级人民检察院设立检察委员会。检察委员会实行民主集中制,在检察长的主持下,讨论决定重大案件和其他重大问题。如果检察长在重大问题上不同意多数人的决定，可以报请本级人民代表大会常务委员会决定。"

（1）检察长。检察长是检察院的首长，是检察机关的领导机构，统一领导检察机关的全面工作。检察院设检察长1人。

检察长的具体职责是：检察长统一领导检察院的工作；主持检察委员会讨论决定重大案件和其他重大问题；检察长在重大问题上不同意多数人的决定，有权提请本级人民代表大会常务委员会决定；检察长对本院立案侦查、逮捕犯罪嫌疑人、起诉、不起诉和检察人员回避等有决定权；检察长有提请或决定检察人员任免权；对外，检察长代表本检察院开展活动，代表本检察院向同级人大报告工作。各级人民检察院副检察长协助检察长分管某方面的检察工作。

（2）检察委员会。检察委员会是检察机关的决策机构。检察委员会的职责是在检察长的主持下讨论决定重大案件和其他重大问题。检察委员会讨论决定问题实行民主集中制，如果检察长在重大问题上不同意多数人的决定，可以报请本级人民代表大会常务委员会决定。

2. 检察业务机构

人民检察院组织法第20条规定："最高人民检察院根据需要，设立若干检察厅和其他业务机构。地方各级人民检察院可以分别设立相应的检察处、科和其他业务机构。"当前，我国各级检察院内设检察业务机构不完全一致，一般设有以下业务部门：

（1）控告、申诉检察机构。负责受理控告、申诉案件，处理来信、来访事务。具体办理受理、接待报案、控告和举报，接受犯罪人的自首；受理不服人民检察院不批准逮捕、不起诉、撤销案件及其他处理决定的申诉；受理不服人民法院已发生效力的刑事判决、裁定的申诉；受理人民检察院负有赔偿义务的刑事赔偿案件等工作。2000年，最高人民检察院将控告、申诉检察厅分为刑事控告检察厅和刑事申诉厅。

（2）贪污贿赂检察机构，即反贪污贿赂犯罪侦查局。主要负责对人民检察院直接立案侦查的贪污贿赂犯罪案件的侦查工作。

（3）渎职侵权检察机构，即反渎职侵权犯罪侦查局。主要负责国家机关工作人员的渎职犯罪和国家机关工作人员利用职权实施的非法拘禁、刑讯逼供、报复陷害、非法搜查、暴力取证、虐待被监管人员、破坏选举等犯罪的立案侦查工作。

（4）侦查监督机构。负责对公安机关、国家安全机关、监狱、军队保卫部门、海关缉私侦查部门和人民检察侦查部门提请批准逮捕、决定逮捕的案件审查决定是否逮捕；对公安等侦查部门立案侦查是否合法实行法律监督；对侦查部门提请延长侦查羁押期限的案件决定是否批准；对立案侦查部门应当立案侦查而不立案侦查的实行立案法律监督。

（5）刑事公诉机构。负责刑事案件审查起诉，决定起诉或不起诉；出庭支持公诉；对人民法院的刑事审判活动是否合法实施法律监督；对确有错误的刑事判决、裁定提起抗诉和出庭支持抗诉。

（6）监所检察机构。负责对刑事判决、裁定的执行和监管活动实行法律监督；对监狱内的犯罪直接立案侦查；对监外刑罚执行和劳改、劳教人员又犯罪案件审查批捕、提起公诉等工作。

（7）民事、行政检察机构。负责对人民法院的民事、行政案件审判是合法实施法律监督；对人民法院已发生法律效力的民事、行政判决、裁定确有错误或者违反法定程序可能影响案件正确判决、裁定的，依法提出抗诉等工作。

（8）职务犯罪预防机构。进行法律宣传，结合案件处理对可能发生犯罪的情况提出检察建议，指导有关单位开展预防职务犯罪工作。

（9）法律、政策研究机构。参与立法、修改法律工作；研究起草检察机关司法解释；协助检察长和检察委员会解决法律政策适用中的疑难和重大疑难案件等问题。

另外，在最高人民检察院还内设有铁路运输检察厅，负责对铁路运输检察分院和基层铁路运输检察院实行业务指导和依法办理全国铁路运输系统的犯罪案件。

3. 检察管理机构

检察管理机构是检察机关中检察业务机构以外的检察管理部门，负责人民检察院的人、财、物的管理工作。一般包括以下机构：

（1）政治人事部门。主要负责政治宣传、思想教育工作；党务工作；干部选拔、人事任免工作；工资福利工作；检察人员学习、培训工作；工会、共青团、社会组织工作；检察人员离、退休管理工作等。

（2）行政管理部门。负责检察院和检察长行政活动的组织、安排；负责起草综合材料，编发检察工作的信息、简报；负责文书处理、机要文件及信息处理、统计、档案、保密工作；负责对外联络和交流等工作。

（3）财、物管理部门。负责本院的财务计划、物资设备、交通工具、办公设施、通信设施、装备的购置配备和管理工作；负责经费的申请、核算和使用管理及赃款赃物的管理；负责本机关的使用的房产、基本建设、固定资产的管理等工作。

4. 检察机关附属事业单位

检察机关附属事业单位，是为检察机关服务的单位，虽然其不是检察机关的内设机构，但其是直接为检察机关服务的，是检察事业的组织部分。当前，最高人民检察院设立的附属事业单位主要有：

（1）检察理论研究所。负责检察理论研究，为检察事业的改革发展提供理论依据；负责检察机关的理论刊物的出版发行。

（2）检察技术信息研究中心。负责对犯罪证据技术检验、鉴定、复核；协助对有关案件的现场勘验、收集、固定和提取与案件有关的痕迹、物证并进行科学鉴定；协助有关业务部门对办理案件的技术问题进行审查和鉴定等工作。

（3）检察出版社。负责出版检察业务图书，检察理论图书、检察司法实务图书，法律理论专著及法律、法规、法律普及读物，制作、发行法制宣传音像制品。

（4）检察日报社。负责检察新闻、检察政策、检察理论、检察实务、检察文学、检察知识、检察案例的宣传和传播。

（5）国家检察官学院。负责培训各级检察长、晋升高级检察官和检察业务骨干；培养成人大专，本科学生；与有关院校合作培养法律在职硕士研究生、博士研究生；进行法学理论和法律实用研究等教学科研工作。

（6）机关服务中心。负责检察机关的文印、伙食、车辆、清扫、门卫、医疗招待等服务性工作。

地方各级人民检察院根据本地区的实际能力和需要，院内设有与最高人民检察院相应的附属事业单位，负责相对应的服务性工作。

（五）专门检察院内设机构和职责

人民检察院组织法第2条规定："中华人民共和国设立最高人民检察院、地方人民检察院和军事检察院等专门人民检察院。……专门人民检察院的设置、组织和职权由全国人民代表大会常务委员会另行规定。"

在我国，曾经准备设立中国人民解放军军事检察院、全国铁路运输检察院、全国水上运输检察院等专门人民检察院。20世纪80年代以后，军事检察院和铁路运输检察院相继成立，1987年，取消了全国铁路运输检察院，将全国铁路运输检察院改为最高人民检察院内设机构铁路运输检察厅，保留铁路运输检察分院和基层铁路运输检察院，分别归所在地地方人民检察院领导，作为其所在地省人民检察院的派出机构。最高人民检察院铁路运输检察厅领导铁路运输检察分院和基层铁路运输检察院的检察业务工作。2010年12月8日，最高人民法院、最高人民检察院、中央编办、财政部、人力资源和社会保障部、铁道部联合印发《关于铁路法院检察院管理体制改革若干问题的意见》，对铁路检察院管理体制改革后的干部管理、法律职务任免、业务管辖、资产移交、经费保障等作出了具体规定。2012年根据中央有关工作部署，全国17个铁路运输检察分院、59个基层铁路运输检察院已经全部分别移交给所在省（区、市）人民检察院。铁路检察院移交后，两级铁路检察院均作为省级院派出机构，由所在省级有关机构直接管理。省级检察院领导设置在本省（区、市）区域内的铁检分院或基层铁检院的人、财、物等管理工作，铁检分院领导设置在本省（区、市）区域内的基层铁检院，同时领导属于本铁路局域范围但设置在外省（区、市）区域内的基层铁检院业务工作。铁路检察院业务管辖范围、办案体制机制和司法程序等在新的法律、规定实施前暂时保持不变。移交省级检察院管理后，铁检机关是国家依法设置的专门检察院，行使对铁路交通领域的专门法律监督职责。

我国还没有制定军事检察院组织法，根据我国宪法、人民检察院组织法和中央军委有关文件的规定，我国设军事检察院作为专门人民检察院。军事检察院分3级：（1）中国人民解放军军事检察院；（2）大军区军事检察院、海军军事检察院、空军军事检察院、武警部队军事检察院；（3）地区军事检察院、军区空军军事检察院、海军舰队军事检察院、武警部队地区军事检察院等。军事检察院属于军队建制，是我国检察机关的重要组成部分，在最高人民检察院和解放军总政治部领导下开展检察工作。上下级军事检察院之间是领导与被领导关系。各级军事检察院实行中央与军队双重领导。中国人民解放军军事检察院的内设机构和职责主要有：

1. 领导决策机构

人民检察院组织法第3条规定："各级人民检察院设检察长1人，副检察长和检察员若干人，检察长统一领导检察院的工作。各级人民检察院设立检察委员会。检察委员会实行民主集中制，在检察长的主持下，讨论决定重大案件和其他重大问题。"

（1）检察长。各级军事检察院设检察长1人，检察长是军事检察院的首长，负责统一领导军事检察院的工作。检察长的具体职责是：检察长统一领导检察院的工作；主持检察委员会讨论决定重大案件和其他重大问题；检察长对本院立案侦查、逮捕犯罪嫌疑人、起诉、不起诉和军事检察人员回避等有决定权；检察长有提请或决定检察人员任免权；对外，检察长代表本检察院开展活动。各级军事检察院副检察长协助检察长分管某方面的检察工作。

（2）检察委员会。检察委员会是军事检察院的决策机构，在检察长的主持下，讨论重大案件和其他重大问题。各级军事检察院检察委员会委员由同级政治部批准。

2. 检察业务机构

我国目前还没有制定专门人民检察院机构设置、组织和职权的法律规定。各级军事法院参照相应的地方人民检察院的内设机构，根据本院的实际需要设置内设机构，授予相应职权。现还处在试行之中，一般设有以下业务部门：

（1）刑事案件检察部门。负责军内刑事案件审查起诉、提起公诉、支持公诉、刑事审判监督、军事法院刑事判决裁定确有错误的抗诉工作。主要是受理现役军人、军队文职人员和在编职工的犯罪案件。

（2）刑事侦查监督部门。负责对部队保卫部门立案法律监督；侦查法律监督；批准军队保卫部门提请逮捕犯罪嫌疑人和决定本检察院逮捕犯罪嫌疑人。

（3）贪污贿赂犯罪、渎职侵权犯罪、监所内犯罪的侦查部门。负责对经济犯罪、法纪犯罪、劳改劳教人员犯罪的侦查工作。主要是对其所管辖人员的贪污贿赂罪、渎职侵权犯罪以及利用职务实施的违反军人职责罪的具体犯罪实施立案侦查。

（4）民事、行政检察部门。负责对军事法院已生效的民事、行政判决、裁定确有错误的进行抗诉；对军事法院民事诉讼、行政诉讼活动是否合法实施法律监督。

3. 检察管理部门

军事检察管理机构是军事检察机关中检察业务机构以外的检察管理部门，负责军事检察院的人、财、物的管理工作。

铁路运输检察院分为2级：铁路运输检察分院、铁路运输基层检察院，是其所在地的省一级人民检察院的派出机构，受省人民检察院领导，负责铁路运输系统所辖区域内发生的各种犯罪的立案侦查监督、审查起诉、提起抗诉等检察职权，对铁路系统发生的贪污贿赂罪、渎职侵权犯罪负责立案侦查等。其内部机构设置与地方检察机关的机构设置基本相同。

（六）反贪污贿赂局的职责及其与纪检监察部门的关系

人民检察院是国家的法律监督机关，反贪污贿赂局是人民检察院下设的职能机构，专门对国家工作人员贪污受贿犯罪进行侦查，是检察机关履行法律监督职责的重要组成部分。反贪污贿赂局的设立始于20世纪80年代末。1989年，仿效香港的廉政公署，广东省人民检察院率先成立了反贪污贿赂局。6年后，民盟中央委员黄景钧等人在全国人民代表大会上提出成立反贪污贿赂总局的议案；同年11月10日，最高人民检察院反贪污贿赂总局正式成立。

反贪污贿赂局的具体职责是根据举报中心或其他渠道提供的贪污贿赂犯罪线索进行侦查，认为有犯罪事实需要追究刑事责任的，予以立案；认为没有犯罪事实或犯罪事实显著轻微不需要追究刑事责任的，不予立案；有署名控告人的，应将不立案的原因通知控告人。对涉嫌贪污贿赂犯罪的犯罪嫌疑人立案侦查后，查明事实；对无罪嫌疑人作出撤案决定；对犯罪情节轻微、社会危害不大的犯罪嫌疑人移送不起诉；对涉嫌犯罪需要追究刑事责任的嫌疑人移送起诉；同时进行研究贪污贿赂犯罪规律及防范、打击贪污贿赂犯罪的对策等工作。

1. 反贪污贿赂局的职责

反贪污贿赂局主要是负责对我国刑法分则第八章规定的国家工作人员12种犯罪案件进行侦查、预审。即贪污案、挪用公款案、受贿案、单位受贿案、行贿案、对单位行贿案、介绍贿赂案、单位行贿案、巨额财产来源不明案、隐瞒境外存款案、私分国有资产案、私分罚没财物案。

反贪污贿赂局的侦查职权，具体包括：对犯罪嫌疑人采取立案侦查；对犯罪嫌疑人有权决定实施强制措施；对犯罪嫌疑人人身、住所的搜查；对涉案的书证、物证、存款、账户、邮件的扣押、冻结；对犯罪嫌疑人进行讯问，对证人进行询问，对证据的调取等权力。

初查是检察机关对案件线索在立案前进行的审查，包括必要的审查、调查。初查可以审查报案、控告、举报、自首材料，接谈举报人或者其他知情人，进行必要的调查和收集涉案信息和材料等。初查一般不公开进行，一般不接触被调查对象；不得对被调查对象采取强制措施；不得查封、扣押、冻结财产。初查可以进行询问、查询；可以请纪检监察、审计等有关机关协助调查；可以请举报人、知情人和有关单位协助调查。以检察机关名义进行调查时，应当出示检察机关的证明文件和检察人员身份证明。检察机关认为有犯罪事实需要追究刑事责任的，应当立案。

采取强制措施是保证刑事诉讼活动顺利进行的手段，要严格按照刑事诉讼法规定执行。根据办案的具体情况依法及时采取或适时变更强制措施。严禁超期羁押和违法变相拘禁犯罪嫌疑人。反贪污贿赂局办理贪污贿赂案件决定采取取保候审、监视居住、拘留、逮捕强制措施，依法由公安机关执行。反贪污贿赂局可以派员协助公安机关执行并提供有关情况。紧急情况下，可以对符合逮捕、拘留条件的犯罪嫌疑人先行采取必要的措施，并及时通知公安机关执行强制措施。犯罪嫌疑人潜逃，反贪污贿赂局未立案的应当依法立案，符合逮捕条件的应决定逮捕，请公安机关办理边控、通缉，并协助公安机关做好抓捕工作。及时掌握贪污贿赂犯罪嫌疑人在逃情况，并逐级上报，送公安机关纳入追捕逃犯信息系统，有选择地在互联网和其他新闻媒体上发布。

反贪污贿赂局依法保障律师、证人等诉讼参与人的诉讼权利，及时答复、办理其提出的要求和申请，保证律师依法为犯罪嫌疑人提供法律咨询和法律帮助。反贪污贿赂局严格按照法定程序客观、全面收集证据。既依法收集犯罪嫌疑人有罪和罪重的证据，又依法收集犯罪嫌疑人无罪和罪轻的证据。同时做好证据的固定工作，对大案要案的讯问、询问、搜查等侦查活动，可采用同步录音、录像、照相，用视听手段固定、保全证据。

2. 反贪污贿赂局与纪检监察部门的关系

纪检监察部门是中国共产党纪律检查委员会和各级政府监察部门。前者主要是对各级党组织中的党员干部和一般党员的违纪行为进行检查监督，其处分属于党纪处分。后者主要是对国家机关任命的领导干部的违法乱纪行为进行检查处理，其处分属于行政处分。

反贪污贿赂局和纪检监察部门的联系：二者都承担着一定的反腐败任务，都是反腐败的重要职能部门，都是反腐败的重要力量。我国的反腐败工作格局是在中国共产党的领导下，纪律检查委员会组织协调，各部门分工负责，齐抓共管。在党的纪律检查部门、国家的行政监察部门和司法机关内部的反贪污贿赂局等部门的三重治理下，我国的腐败问题正在得到遏制。

反贪污贿赂局和纪检监察部门的区别：（1）二者性质不同。纪检监察部门是对党员和国家机关内部的工作人员的违纪违法行为进行处理，属于内部监督机关。反贪污贿赂局则是有法律明确授权的侦查机关，有侦查权，可进行专门的调查工作和强制性措施的法定侦查机关。（2）二者的职能有所不同。纪检监察部门承办受理群众和社会各界对党员和国家工作人员利用职权进行的违法违纪行为的举报和控告，进行调查并作出相应党纪、政纪处理等工作。反贪污贿赂局承办国家工作人员的贪污、贿赂、挪用公款等职务犯罪进行立案侦查等工作。如警察、检察官和法官利用职权进行违法办案、越权办案、刑讯逼供、吃请受贿等一般违纪行为，由各自系统的纪检监察部门进行查处，如果构成犯罪的，则由检察机关侦查部门管辖查处。腐败行为往往具有多元化的性质，既触犯法律又触犯党纪政纪，这要求反贪污贿赂局和纪检监察部门加强协作配合。特别是反贪污贿赂局在查办案件的过程中经常受到各方面的干扰和阻力，这需要纪律检查委员会组织协调，各部门协作配合，使反腐败工作顺利开展。

（七）反渎职侵权侦查局的职责

人民检察院是国家的法律监督机关，反渎职侵权侦查局是人民检察院下设的职能机构，是检察机关履行法律监督职责的重要组成部分。

反渎职侵权侦查局的职责是查办国家工作人员的渎职犯罪和国家机关工作人员利用职权实施的非法拘禁、刑讯逼供、报复陷害、非法搜查的侵犯公民人身权利以及侵犯公民民主权利的犯罪。

1997年刑法修改以后，由检察机关直接受理立案侦查的职务犯罪案件共有57个罪名，其中渎职侵权检察部门管辖的罪名有44个，覆盖面比较大，包括行政执法的所有部门，具体包括两类：

1. 国家机关工作人员渎职犯罪，即刑法分则第九章渎职罪规定的37个罪名，包括滥用职权案；玩忽职守案；故意泄露国家秘密案；过失泄露国家秘密案；徇私枉法罪；执行判决、裁定失职罪；执行判决、裁定滥用职权罪；民事、行政枉法裁判案；枉法仲裁案；私放在押人员案；失职致使在押人员脱逃案；徇私舞弊减刑、假释、暂予监外执行案；徇私舞弊不移交刑事案件案；滥用管理公司、证券职权案；徇私舞弊不征、少征税款案；徇私舞弊发售发票、抵扣税款、出口退税案；违法提供出口退税凭证案；国家机关工作人员签订、履行合同失职被骗案；违法发放林木采伐许可证案；环境监管失职案；传染病防治失职案；非法批准征用、占用土地案；非法低价出让国有土地使用权案；放纵走私案；商检徇私舞弊案；商检失职案；动植物检疫徇私舞弊案；动植物检疫失职案；放纵制售伪劣商品犯罪行为案；办理偷越国（边）境人员出入境证件案；放行偷越国（边）境人员案；不解救被拐卖、绑架妇女、儿童案；阻碍解救被拐卖、绑架妇女、儿童案；帮助犯罪分子逃避处罚案；招收公务员、学生徇私舞弊案；失职造成珍贵文物损毁、流失案。

2. 国家机关工作人员利用职权实施的侵犯公民人身权利、民主权利案，共7个罪名的犯罪包括：非法拘禁案；非法搜查案；刑讯逼供案；暴力取证案；虐待被监管人案；报复陷害案；破坏选举案。

除虐待被监管人案，私放在押人员案，失职致使在押人员脱逃案，徇私舞弊减刑、假释、暂予监外执行案以及刑罚执行和监管活动中发生的渎职侵权犯罪案件由检察机关监所检察部门查办外，其他国家机关工作人员渎职侵权犯罪案件均由反渎职侵权侦查局负责侦查。

上述案件的犯罪主体，一般限于国家工作人员。刑法分则第九章渎职犯罪主体和侵犯公民民主权利的犯罪主体限于国家机关工作人员，即在国家机关中从事公务的人员和依照法律、法规规定行使国家行政管理职权的组织中从事公务的人员，或者在受国家机关委托代表国家机关行使职权的组织中从事公务的人员，或者虽未列入国家机关人员编制但在国家机关中从事公务的人员，在代表国家机关行使职权时，有渎职行为构成犯罪的，依照刑法关于渎职罪的规定追究刑事责任。

对涉嫌犯罪的国家机关工作人员同时又在企业、事业单位和其他组织兼职的，应按其犯罪过程中实际起作用的职务认定主体身份，确定案件管辖；对利用何种职务暂时难以确定，但已构成犯罪的，检察机关可先行立案侦查，待查清事实后，再按规定移送管辖。

对属于渎职犯罪案件认定要件的其他刑事犯罪案件，应当按管辖分工移送有关部门查处，涉及渎职犯罪相关证据的，检察机关可直接进行调查，也可请有关单位、人员协助查证。对公安机关应当立案而不依法立案的案件，要依法通过立案监督程序通知其立案侦查。对重特大渎职犯罪案件所涉及的必须及时查清的案件，经上级检察机关同意，可以并案查处。

对于国家机关工作人员利用职权实施的其他重大犯罪案件，需要由人民检察院直接受理的，经省级以上人民检察院决定，可以由人民检察院立案侦查。反渎职侵权侦查局要建立健全与纪检监察部门的案件移送和配合协作制度。积极支持纪委对有关案件的协调,坚持各司其职,各负其责。对纪检监察机关查办的重大违纪违法案件,需要了解情况,熟悉案情的,要积极介入,不出具检察院的文书,就不动用刑事法律手段。对纪检监察机关移送的涉嫌犯罪案件,认真审查,属于检察机关管辖且符合立案条件的,及时立案,开展侦查,并注意搞好工作上的衔接。检察机关受理或者立案侦查,尚不构成犯罪或依法作出不起诉决定的案件,认为需要追究党纪政纪责任的,要移送纪检监察机关处理。下级检察院需要提请上级纪委协调时,通过上级检察院办理。

(八)监所检察部门的职责

监所检察部门,是检察机关业务职能机构之一,是刑事诉讼监督的一个重要组成部分。监所检察工作任务是依法对刑罚执行和监管活动实行监督,查办监管人员职务犯罪案件,打击在押人员犯罪活动,维护监管场所的稳定,保护被监管人员合法权益,保障国家法律的统一正确实施。监所检察工作的重点是刑罚执行监督,监督的主要对象是监狱,监督的重点是监管干警徇私舞弊减刑、假释、暂予监外执行等违法犯罪问题。

监所检察部门的职责有:

1. 对监狱(包括未成年犯管教所,以下同)、看守所、拘役所执行刑罚活动是否合法实行监督,例如,减刑、假释、保外就医等变更执行。对监狱、看守所、拘役所、劳动教养机关管理教育罪犯、劳教人员的活动是否合法实行监督,对公安机关管理教育监外罪犯的活动实行监督。

2. 对刑罚执行和监管改造中发生的虐待被监管人案、私放在押人员案、失职致使在押人员脱逃案、徇私舞弊减刑、假释、暂予监外执行案(一般称"四种案件")进行立案侦查。对刑罚执行和监管改造过程中发生的司法人员贪污贿赂、渎职侵权案件进行侦查。对服刑罪犯又犯罪案件、劳教人员犯罪案件的侦查活动实行监督。

3. 负责被监管改造人员重新犯罪案件的批捕、起诉工作(监所检察部门直接侦查的犯罪案件,需要逮捕、起诉或不起诉的,一律移送公诉部门审查,加强内部制约)。

4. 受理被监管人员及其亲属直接提出的控告和举报,如对监管干警违法犯罪行为提出的控告。受理服刑罪犯及其法定代理人、近亲属不服已发生法律效力的刑事判决、裁定,劳教人员及其家属不服劳教决定,向检察机关提出的申诉。查办服刑罪犯不服人民法院复查驳回仍有错误可能的申诉案件。

  5. 对看守所超期羁押犯罪嫌疑人、被告人的情况进行监督。配合有关部门搞好职务犯罪预防工作。研究制订监所检察业务工作计划、规定和办法。

  省级人民检察院或市、州人民检察院在监管场所设置派出检察院，派出检察院的设置规格不应低于正县级。派出检察院除履行监所检察部门的基本职责外，还应承担对刑罚执行和监管活动中发生的司法人员职务犯罪案件进行立案侦查，对服刑罪犯又犯罪案件和劳教人员犯罪案件审查逮捕、审查起诉，对诉讼活动实行监督，对被监管人员的申诉、控告和举报依法审查处理等职责。

  由派出检察院、监管场所所在地的市、州检察院或基层检察院在监管场所设置派驻检察室。派驻检察室在派出它的检察院领导或者监所检察部门的指导下，依法履行监所检察职责。

  监管场所常年在押人员较少的，应实行巡回检察或派驻专职检察员。监所检察部门承担着刑罚执行监督的职责，其中对监管场所执行刑罚变更的监督职责尤为重要，因为减刑、假释和暂予监外执行不仅涉及监管人员是否公正执法，还直接关系到在押人员的刑期和人身自由等问题。为此，检察机关监所检察部门注重对刑罚执行过程中的减刑、假释、保外就医实行有效监督，杜绝"暗箱操作"，对减刑、假释和暂予监外执行的审批工作，实行透明化的"阳光作业"，进一步维护罪犯合法权益，保障刑罚正确执行，保证公正执法，使执法为民宗旨落到实处。

  羁押是司法机关对犯罪嫌疑人判决前的依法暂时关押。超期羁押是超过法定期限的羁押。羁押不是一种独立的强制措施，羁押的期限从属于拘留和逮捕的法定期限。在实践中，凡超过刑诉法关于拘留、逮捕和逮捕后侦查羁押的期限羁押犯罪嫌疑人的，都可以界定为超期羁押。超期羁押包括绝对超期羁押和相对超期羁押两种：前者是指有关机关超过刑诉法规定的最长期限，对犯罪嫌疑人或被告人进行羁押；后者是指有关机关本应延长羁押期限，但未依法办理延长期限手续致使羁押超过基本羁押期限。防止和纠正超期羁押工作是检察机关监所检察部门保障在押人员合法权益，实行人性化执法，履行法律监督职能的重要工作。其目的是通过司法机关的内部监督制约机制使正常的诉讼程序和犯罪嫌疑人的合法权益得到切实保障，有利于及时有效地打击犯罪，维护法律的公平正义。

目前，监所检察部门在强化监督中不断完善各种制度，如《羁押期限届满提示制度》、《超期羁押投诉和纠正制度》，实施提前介入全过程跟踪监察的工作办法，发现即将到期的案件，提前通知办案单位，如遇有疑难问题马上进行协调解决，有效地防止了超期羁押现象。保护被监管人员的合法权益，是监所检察部门的另一项重要职责，监所检察部门及时办理被监管人员的申诉、控告，切实保护了被监管人员的合法权益。

第四讲 我国检察官制度概述

本讲重点提示：

我国检察官属于专司国家法律监督职责的官员，代表国家提起公诉，维护法制的统一和尊严。检察官的特殊职责决定了检察官管理制度的特殊性，检察官的资格、选任、考核、晋升、待遇、奖惩以及职业保障与公务员具有差异性。

一、检察官与检察长的任免条件和程序

（一）检察官任免条件和程序

根据《中华人民共和国检察官法》第2条的规定："检察官是依法行使国家检察权的检察人员，包括最高人民检察院、地方各级人民检察院和军事检察院等专门人民检察院的检察长、副检察长、检察委员会委员、检察员和助理检察员。"从上述规定可见，检察官是不同于法官、国家公务员和其他国家机关工作人员，而是依法行使国家检察权的国家机关工作人员。

根据《检察官法》第10条的规定，担任检察官必须具备下列条件：（1）具有中华人民共和国籍；（2）年满23岁；（3）拥护中华人民共和国宪法；（4）有良好的政治、业务素质和良好的品行；（5）身体健康；（6）高等院校法律专业本科毕业或者高等院校非法律专业本科毕业具有法律专业知识，从事法律工作满2年，其中担任省、自治区、直辖市人民检察院、最高人民检察院检察官，应当从事法律工作满3年；获得法律专业硕士学位、博士学位或者非法律专业硕士学位、博士学位具有法律专业知识，从事法律工作满1年，其中担任省、自治区、直辖市人民检察院、最高人民检察院检察官，应当从事法律工作满2年。本法施行前的检察人员不具备前款第6项规定条件的，应当接受培训，具体办法由最高人民检察院制定。适用第6项规定的学历条件确有困难的地方，经最高人民检察院审核确定，在一定期限

内，可以将担任检察官的学历条件放宽为高等院校法律专业专科毕业。"

根据检察官法第11条的规定，下列人员不得担任检察官：（1）曾因犯罪受过刑事处罚的；（2）曾被开除公职的。

根据检察官法第五章的规定，检察官职务的任免，依照宪法和法律规定的任免权限和程序办理。

1. 检察官任免权限

最高人民检察院检察长由全国人民代表大会选举和罢免，副检察长、检察委员会委员和检察员由最高人民检察院检察长提请全国人民代表大会常务委员会任免。

地方各级人民检察院检察长由地方各级人民代表大会选举和罢免，副检察长、检察委员会委员和检察员由本级检察长提请本级人民代表大会常务委员会任免。地方各级人民检察院检察长的任免，须报上一级人民检察院检察长提请该级人民代表大会常务委员会批准。

在省、自治区内按地区设立的和在直辖市内设立的人民检察院分院检察长、副检察长、检察委员会委员和检察员由省、自治区、直辖市人民检察院检察长提请本级人民代表大会常务委员会任免。

人民检察院的助理检察员由本院检察长任免。中国人民解放军军事检察院的检察长，由最高人民检察院检察长提请全国人民代表大会常务委员会任免；大军区以下的各级军事检察长，经上级军事检察院检察长同意，按军队干部任免权限和程序任免。

2. 检察官任免考核

初任检察官采用严格考核的办法，按照德才兼备的标准，从通过国家统一司法考试取得资格，并具备检察官条件的人员中择优提出人选。人民检察院的检察长、副检察长应当从检察官或者其他具备检察官条件的人员中择优提出人选。

3. 检察官的免除和撤销

检察官有下列情形之一的，应当依法提请免除其职务：

（1）丧失中华人民共和国国籍的；

（2）调出本检察院的；

（3）职务变动不需要保留原职务的；

（4）经考核确定为不称职的；

（5）因健康原因长期不能履行职务的；

（6）退休的；

（7）辞职或者被辞退的；

（8）因违纪、违法犯罪不能继续任职的。

对于不具备法律规定条件或者违反法定程序被选举为人民检察院检察长的，上一级人民检察院检察长有权提请该级人民代表大会常务委员会不批准。

对于违反法律规定的条件任命检察官的，一经发现，作出该项任命的机关应当撤销该项任命；上级人民检察院检察长发现下级人民检察院检察官的任命违反法律规定的条件的，应当责令下级人民检察院依法撤销该项任命，或者要求下级人民检察院依法提请同级人民代表大会常务委员会撤销该项任命。

最高人民检察院和省、自治区、直辖市人民检察院检察长可以建议本级人民代表大会常务委员会撤销下级人民检察院检察长、副检察长和检察委员会委员。

（二）检察长的任免条件和程序

根据人民检察院组织法第3条的规定："各级人民检察院设检察长1人，副检察长和检察员若干人。检察长统一领导检察院的工作。"检察长（包括副检察长）是检察院的领导者，检察长是检察院的首长。

各级人民检察院检察长的任免条件。根据检察官法第13条第2款的规定："人民检察院的检察长、副检察长应当从检察官或者其他具备检察官条件的人员中择优提出人选。"即检察长的任免条件，首先必须符合检察官的条件，其次是检察官中的优秀者。具体有：

1. 身份条件

根据检察官法的规定，必须是具有中华人民共和国国籍，年满23周岁，身体健康的公民。达不到上述身份条件的人不能担任检察官，也不能担任检察长。

2. 政治思想条件

根据检察官法的规定，担任检察官，必须拥护中华人民共和国宪法，有良好的政治、业务素质和良好的品行，这是担任检察官起码的政治条件。担任检察长的政治思想要求应更高些，必须具有坚定的政治立场和正确的政治方向，坚持马列主义、毛泽东思想、邓小平理论和"三个代表"重要思想，具有正确的世界观、人生观和价值观，具有严格执法、清正廉明、克己奉公的思想品格和刚正不阿、不畏权势的执法精神。

3. 业务条件

根据检察官法的规定，担任检察官，必须具备高等院校法律专业本科毕业或高等院校非法律专业本科毕业的法律专业知识，从事法律工作 2 年，其中担任省、自治区、直辖市人民检察院、最高人民检察院检察官，应当从事法律工作满 3 年；获得法律专业硕士学位、博士学位或者非法律专业硕士、博士学位具有法律专业知识，从事法律工作满 1 年，其中担任省、自治区、直辖市人民检察院、最高人民检察院检察官，应从事法律工作满 2 年。具有相应的法律工作经验是担任检察长的重要条件。

4. 组织领导条件

检察长是统一领导检察院工作的领导者，必须具有很强组织能力和很高的领导水平，才能带领全院检察人员，正确行使检察权，完成检察工作任务。

各级人民检察院检察长依照法律规定的权限和程序任免。具体是：

（1）最高人民检察院检察长的任免实行选举制，由全国人民代表大会选举和罢免。最高人民检察院副检察长实行任命制，由最高人民检察院检察长提请全国人民代表大会常务委员会任免。

（2）省、自治区、直辖市人民检察院和人民检察院分院检察长由省、自治区、直辖市人民代表大会选举和罢免，须报最高人民检察院检察长提请全国人民代表大会常务委员会批准；副检察长由省、自治区、直辖市人民检察院检察长提请本级人民代表大会常务委员会任免。

（3）自治州、省辖市、县、市辖区人民检察院检察长由本级人民代表大会选举和罢免，须报上一级人民检察院检察长提请该级人民代表大会常务委员会批准；副检察长由自治州、省辖市、县、市、市辖区人民检察院检察长提请本级人民代表大会常务委员会任免。

（4）省一级人民检察院和县一级人民检察院设置的工矿区、农垦区、林区人民检察院检察长、副检察长，均由派出的人民检察院检察长提请本级人民代表大会常务委员会任命。

（5）军事检察院检察长的任免，适用特别程序，其中：中国人民解放军军事检察院检察长由最高人民检察院检察长提请全国人大常委会任免；副检察长由检察长同意按军队干部任免权限和程序任免；大军区以下的各级军事检察院检察长，经上级军事检察院检察长同意，按军队干部任免权限和程序任免。

二、检察官的职权

（一）检察官的职责

检察官的职责，是指检察官在检察工作中依法行使的职权和应负的法律责任。它表明了检察官的法律地位和行使职权的范围。根据我国检察官法第6条的规定，检察官的职责范围有以下四个方面：

1. 依法进行法律监督工作

法律监督是人民检察院最基本的工作，检察官的首要职责就是进行法律监督，确保国家法律的统一正确实施。当前，根据我国有关法律规定，检察官行使法律监督的职责是：对公安机关、安全机关、军队保卫部门、监狱、海关等侦查部门的刑事立案实行个案法律监督，对侦查活动是否合法实行法律监督；对侦查部门提请逮捕犯罪嫌疑人批准逮捕实行法律监督；对人民法院刑事、民事、行政审判活动是否合法实行法律监督；对刑罚执行机关执行判决、裁定实行法律监督；对劳动教养活动是否合法实行法律监督等。

2. 代表国家进行公诉

我国刑事案件以公诉为主，以自诉相补充，检察机关代表国家对应当受到刑罚处罚的犯罪嫌疑人提起公诉，提请审判机关依法对被告人定罪处罚。检察官行使公诉职权，对提出的起诉意见进行审查，决定起诉或者不起诉，对提起公诉的案件出庭支持公诉，对人民法院的判决和裁定确有错误的提出抗诉，出庭支持抗诉，使有罪的人依法受到公正的刑事追究，使无罪的人不受刑事追究。

3. 对法律规定由人民检察院直接受理的犯罪案件进行侦查

根据我国刑事诉讼法规定，人民检察院直接受理的犯罪案件是国家工作人员的贪污贿赂犯罪、国家机关工作人员的渎职犯罪、国家机关工作人员利用职权实施的非法拘禁、刑讯逼供、报复陷害、非法搜查、虐待被监管人罪等侵犯公民人身权利的犯罪，以及破坏选举罪等侵犯公民民主权利的犯罪，由人民检察院立案侦查。对于国家机关工作人员利用职权实施的其他重大的犯罪案件，需要由人民检察院直接受理的时候，经省级以上人民检察决定，可以由人民检察院立案侦查。这是因为，国家工作人员是国家授予职权依法执行国家法律，如果其不执行国家法律，反而利用职务进行违法犯罪，是检察法律监督的监督对象，应由检察机关进行侦查、起诉，以达到法律监督的目的。另外，对公安等侦查部门侦查的案件，在审查起诉时可以进行补充侦查。

4. 法律规定的其他职责

上述检察官的职责是检察官最主要的检察业务职责。法律规定的检察机关的全部检察权都必须由检察官的具体职责来实现。例如，检察官有受理控告、举报、报案的职责，有受理案件申诉的职责，有司法解释的职责，有开展法制宣传、提出检察建议、预防职务犯罪的职责，有指导书记员工作的职责，有些检察官还有检察管理的职责等。

依照检察官法第 7 条的规定，担任检察长、副检察长、检察委员会委员职务的检察官，除履行上述一般检察官的职责外，还应履行其职务所要求的相应职责。例如，担任检察长的检察官有统一领导检察院的一切检察工作的职责，有主持检察委员会讨论重大案件和其他重大问题的职责，有向上级检察院和同级人大常委会报告工作的职责，有向同级人大提出立法议案的职责，有对外代表检察院开展活动的职责，有提请或者决定检察人员任免职务的职责，有对检察院人、财、物管理领导的职责等。

从法律规定检察官的上述职责，可以表明：我国的检察官属于专门从事法律监督职责的执法人员，法律授予其一定司法职责是为了更有力地实行法律监督，使法律监督更有保证更有成效。这是由我国检察机关的性质和任务决定的。

（二）检察官的权利和义务

检察官是依法行使国家检察权力的检察人员，因此，检察官除享有宪法规定的一般公民的权利和义务以外，还享有法律特别规定的权利和义务。根据我国检察官法规定，检察官的权利和义务及二者的关系是：

1. 检察官的权利

检察官的权利，是法律规定的检察官在履行职务中所必须具有的权益。依据我国检察官法第 9 条的规定，检察官除享有我国宪法规定的公民享有的权利外，还依法享有司法保障权利、身份保障权利、人身和财产保障权利、工资福利保障权等。主要包括：（1）履行检察官职责应具有的职权和工作条件；（2）依法履行检察职责不受行政机关、社会团体和个人的干涉；（3）非因法定事由、非经法定程序，不被免职、降职、辞退或者处分；（4）获得劳动报酬，享受保险、福利待遇；（5）人身、财产和住所安全受法律保护；（6）参加培训；（7）提出申诉或者控告；（8）辞职。

检察官享有的八项权利的特点是：（1）检察官的权利具有普遍的效力，凡是具有检察官身份的人都依法享有检察官法所赋予的权利。（2）检察官的权利是由国家强制力保障的，任何机关、团体、个人侵犯了检察官所享有的权利，都会受到相应的法律制裁。（3）检察官的权利是一种特殊的权利，是与检察官的身份和完成的任务紧密相连的，只有具备检察官资格并履行检察官职责义务的人才依法享有检察官的权利。

2. 检察官的义务

检察官的义务，是检察官依法应承担的职责和应恪守的行为准则。依据我国检察官法第 8 条的规定，检察官除应尽我国宪法规定的公民应尽的法律的义务以外，还应依法律规定承担特殊的义务，遵守特定的行为规范。主要包括：（1）严格遵守宪法和法律；（2）履行职责必须以事实为根据，以法律为准绳，秉公执法，不得徇私枉法；（3）维护国家利益、公共利益，维护自然人、法人和其他组织的合法权益；（4）清正廉明，忠于职守，遵守纪律，恪守职业道德；（5）保守国家秘密和检察工作秘密；（6）接受法律监督和人民群众监督。

上述六项义务的特点是：（1）检察官的义务中明确了检察官在履行职责及社会生活中除遵守公民的最低标准外，还要有特殊约束，以便更好行使权利。（2）检察官应尽的特殊义务是法律规定的义务，是一种法律义务。（3）检察官的义务是履行检察官职责中应承担的法律责任和行为规范，是检察官依法履行职责的条件和保障。

3. 检察官的权利和义务的关系

检察官的权利和义务的关系是辩证统一的关系，检察官既享受国家法律规定的权利，也必须尽国家法律规定的义务。我国宪法第 33 条规定："任何公民享有宪法和法律规定的权利，同时必须履行宪法和法律规定的义务。"在我国，权利和义务是一致的，不允许有只享有权利而不履行义务的人，也不允许有只尽义务而不享有权利的人，这体现了我国社会主义人人平等的法律关系。检察官既有一般公民的身份，又是行使检察权力的执法人员，具有双重身份，因此，检察官的权利与义务之间的关系，有以下特点：

（1）检察官的权利和义务与检察官的职责紧密相联系，它是随着检察官的特定身份而产生、存在，并随着检察官离职而终止。因此，检察官的权利和义务是与具有检察官身份相联系的，只有检察官在履行职责时，才有检察官的权利和义务。

(2) 检察官权利必须行使，不能放弃。检察官的权利是由检察官的职责而产生的，其在履行职责时，必须行使其权利。因为检察官是代表国家行使职权，国家的权力是不能放弃的，面对犯罪分子行凶，检察官必须行使其权利，制止犯罪行为，不能放弃检察官权利的行使。

(3) 检察官的义务也是必须履行的义务。检察官的义务是保证检察官权利的行使，是一种法律义务。检察官的法律义务也是必须履行的，只有严格履行了检察官的义务，才能保证检察官权利的实现。

(三) 检察官的等级、晋升级别的条件和程序

检察官的等级是检察官的身份和级别的称号，是国家对检察官检察专业水平的确认。它体现了国家给予检察官的身份荣誉。检察官等级制度包括检察官等级设置和编制、等级的评定、等级的升降和取消等内容。检察官等级制度的建立对加强检察官的科学管理，提高检察官的素质，调动检察官的积极性，促进检察事业的发展有着十分重要的意义。

1. 检察官的等级

根据我国检察官法第七章的规定，我国检察官的级别分为四等十二级。四等是：首席大检察官、大检察官、高级检察官、检察官。最高人民检察院检察长为首席大检察官，二至十二级分为大检察官、高级检察官、检察官。检察官级别的具体划分由国家另行规定。

2. 检察官确定等级的条件

检察官法第22条规定："检察官的等级的确定，以检察官所任职务、德才表现、业务水平、检察工作实绩和工作年限为依据。"具体是：

(1) 现任职务级别。现任职级别是确认检察官等级的首要条件。检察官法规定，最高人民检察院检察长是首席大检察官，这是根据现任检察长职务确定检察官的等级。检察官的等级与国家公务员的等级是相对应的。国家公务员法规定，国家公务员的等级是：①国务院总理，1级；②国务院副总理、国务委员，2至3级；③部级正职、省级正职，3至4级；④司部级、省级副职，4至5级；⑤司级正职、厅级正职、巡视员，5至7级；⑥司级副职、厅级副职、助理巡视员，6至8级；⑦处级正职、县级正职、调研员，7至10级；⑧处级副职、县级副职、助理调研员，8至11级；⑨科级正职、乡级正职、主任科员，9至12级；⑩科级副职、乡级副职、副主任科员，9至13级；⑪科员，9至14级；⑫办事员，10至15级。检察官的等级与公务员的职级基本相对应。现任检察官的职务是确定检察官的等级最基

本的先决条件。

（2）德才表现。德才表现是指检察官政治品行和道德品质及其才能的展现。政治品行是指坚持马列主义、毛泽东思想、邓小平理论和"三个代表"重要思想，拥护党的路线、方针、政策，与党中央保持高度一致，热爱社会主义祖国，热爱人民，全心全意为人民服务。道德品质，是遵守法纪，遵守社会公德，公正廉洁，勤政廉政，主持正义，办事公道，关心群众的疾苦，团结同志，艰苦朴素等。才能，是人的智力，才华，反映一个人的知识水平和办事能力。有德有才才能为国家和人民做大贡献。检察官必须由德才兼备的人担任。

（3）业务水平。检察官的业务水平是指检察官对检察业务知识的掌握和运用能力的高低。检察官业务水平高低主要表现在对法律规定的掌握深度和广度，办案数量的多少和质量的高低。检察官业务水平的高低是级别高低的重要条件。

（4）工作实绩。检察工作实绩是指检察官做了多少工作，付出多少劳动，对检察事业做出多少贡献。既要看检察官的普通工作成绩，也要看检察官某项工作特殊成绩，把检察官在平时的成绩与专项工作的成绩结合起来进行综合评价。以检察官的实际工作成绩作为确定检察官级别高低的重要条件。

（5）工作年限。检察官的工作年限表明检察官贡献的多少和工作能力的高低。一般讲来，工作年限长的，对国家做的贡献多；工作经验多，处理问题的能力强。因此，将工作年限作为确定检察官级别高低的客观条件。

3. 晋升级别程序

检察官等级的晋升，是指检察官经初次确定后，按照规定的年限和条件，经过严格的考核和培训，经有权机关批准，晋升为上一等级的检察官。检察官等级晋升的程序，根据规定，晋升一级大检察官、二级大检察官、一级高级检察官、二级高级检察官和最高人民检察院其他级检察官的，由最高人民检察院检察长批准；省以下各级人民检察院的三级高级检察官、四级高级检察官、一级检察官、二级检察官和省级人民检察院的其他等级检察官，由省级人民检察院检察长批准；省级人民检察院分院、市级及县级人民检察院的三级检察官、四级检察官、五级检察官，由省级人民检察院分院和市级人民检察院检察长批准。

按照有关规定，检察官的晋升分为随职务提升而晋升、按期晋升和择优晋升三种情况：

（1）随职务提升而晋升。检察官由于职务提升，其检察官等级低于所任职务编制等级的，应当晋升至新任检察官职务编制等级的最低等级。

（2）按期晋升。在所任职务编制等级幅度内按照规定的年限，经考核合格，逐级晋升。这种方式适用于较低等级检察官的晋升。按期晋升范围内的检察官，在检察工作中有突出贡献的，可以提前晋升。但为了保证提前晋升的质量和维护等级晋升制度的严肃性，其批准权限也不同于一般的等级晋升，须由最高人民检察院检察长批准。

（3）择优晋升。根据检察官编制限额和需要，按规定的条件择优晋升。择优晋升适用于晋升为高级检察官和高级检察官的晋升。高级检察官主要是担任较高的检察官职务或者工作年限较长的、资深的、地位较高的检察官。高级检察官必须保持一定的比例，以维护检察官等级的荣誉性和严肃性。所以，晋升高级检察官须有在缺位的前提下，根据工作需要和检察官的德才表现、工作实绩、经过专门培训合格方可实行择优晋升。

三、检察官的奖惩机制

（一）检察官的奖励和惩戒条件

国家对检察官实行奖励和惩戒制度，奖励有功劳者，惩戒有过错者，调动检察官的积极性，禁止违法违纪行为，激励检察官为检察事业多做贡献。

1. 奖励制度

检察官的奖励制度，是指国家和检察机关对在检察工作中做出显著成绩和重大贡献或有其他突出事迹的检察官依法给予精神鼓励和物质鼓励的制度。根据检察官法第32条第2款规定，"对检察官的奖励，实行精神鼓励和物质鼓励相结合的原则"。一般以精神奖励为主。

（1）奖励的条件。根据检察官法第33条的规定："检察官有下列表现之一的，应当给予奖励：①在检察工作中秉公执法，成绩显著的；②提出检察建议或者对检察工作提出改革建议的，效果显著的；③保护国家、集体和人民利益，使其免受重大损失，事迹突出的；④勇于同违法犯罪行为作斗争，事迹突出的；⑤保护国家秘密和检察工作秘密，有显著成绩的；⑥有其他功绩的。"凡是具备了上述条件之一的，都可以受到奖励。当然，随着政治、经济形势的变化，检察官的任务和工作重点也有变化，对检察官奖励的重点也会发生变化。因此，科学地适用对检察官奖励条件，对鼓励检察官与时俱进，开拓进取，具有十分重要的作用。

（2）奖励等级。根据检察官法第34条的规定："奖励分为：嘉奖，记三等功、二等功、一等功，授予荣誉称号。"即奖励分三等：嘉奖、记功和授予荣誉称号。

嘉奖，是对有突出成绩、事迹者的褒奖，如口头表扬、书面表扬、发给奖状等。记功，是对有显著成绩和贡献或者事迹特别突出的检察官给予记上一定功勋的奖励方式。记功有三等：一等功、二等功、三等功。每个等级功勋的条件不同。授予荣誉称号，是对有卓著成绩的检察官奖励的最高等级。一般有"模范检察官"、"英雄模范"、"人民满意检察官"、"十佳检察官"等。对检察官奖励的不同等级，表明检察官的成绩大小，功勋高低。工作成绩越显著、事迹越突出、社会影响越大，受到的奖励级别越高。

（3）奖励的程序。检察官法第34条第2款规定："检察官的奖励权限和程序按照有关规定办理。"2001年最高人民检察院制定了《检察机关奖励暂行规定》对奖励的权限和程序作了规定。1984年《检察机关工作人员奖惩暂行办法》对奖励机构的管理权限规定了几种情况：①授予"先进工作者"称号和个人记三等功的，由所在人民检察院批准。②个人记一、二等功和升级的，报分、州、市以上人民检察院批准。③升职的，由任命其新职务的机关批准。④通令嘉奖、授予"英雄模范"称号的，由最高人民检察院批准。其中授予"全国劳动模范"称号的，由最高人民检察院报国务院批准。⑤对分、州、市和县、市、区人民检察院正、副检察长的奖励，报上一级人民检察院批准。

检察官奖励的程序，是指检察机关对检察官实施具体奖励时所应遵循的工作步骤。对检察官进行奖励，必须严格遵循法定的工作程序。一般来讲，检察官符合受奖励条件时，由检察官所在单位提出奖励意见，整理书面材料，按照规定审批权限逐级上报；审批机关的人事部门进行审核；审批机关批准，并予公布，审批机关或者检察官所在单位采取一定形式，如通过会议、光荣榜、广播、登报等方式在一定范围内进行表彰。由于奖励的等级和审批权限不同，具体奖励程序也有所不同，所以检察官法没有作具体规定。

2. 惩戒制度

检察官的惩戒制度，是指国家和检察机关对检察官违反检察官法规定的行为给予惩处制裁的制度。检察官法专章规定了检察官惩戒制度，对应受惩戒的行为，惩戒的种类、惩戒的权限和程序都作了明确规定。最高人民检察院制定了《检察官纪律处分暂行规定》和《检察人员纪律处分暂行规定》。对检察官的惩戒应坚持实事求是的原则、纪律面前人人平等原则、宽严相济原则、惩戒与教育相结合原则。检察人员履行职责的权利和其他合法权益受法律保护,非因法定事由、非经法定程序,检察官不受纪律处分。

(1) 检察官应受惩戒的行为。根据检察官法第35条、第36条的规定,检察官有下列行为之一的,应当给予处分;构成犯罪的,依法追究刑事责任:①散布有损国家声誉的言论,参加非法组织,参加旨在反对国家的集会、游行、示威等活动,参加罢工;②贪污受贿;③徇私枉法;④刑讯逼供;⑤隐瞒证据或者伪造证据;⑥泄露国家秘密或者检察工作秘密;⑦滥用职权,侵犯自然人、法人或者其他组织的合法权益;⑧玩忽职守,造成错案或者给当事人造成严重损失;⑨拖延办案,贻误工作;⑩利用职权为自己或者他人谋取私利;⑪从事营利性的经营活动;⑫私自会见当事人及其代理人,接受当事人及其代理人的请客送礼;⑬其他违法乱纪行为。

(2) 惩戒的种类。惩戒的种类,是指根据检察官违反禁止行为的性质和社会危害的程度给处分轻重的等次。根据检察官法第37条的规定:"处分分为:警告、记过、记大过、降级、降职、开除。受撤职处分的,同时降低工资和等级。"上述处罚可分为两类:一类是受到行政处分,包括:警告、记过、记大过、降级、撤职、开除6种;另一类是构成犯罪的,追究刑事处罚。

(3) 惩戒的权限和程序。检察官法第38条规定:"处分的权限和程序按有关规定办理。"实践中,主要是由人民检察院的纪检监察部门具体实施。我国1984年《检察机关工作人员惩戒暂行办法》中对检察人员纪律处分的审批权限和程序作了具体规定,惩戒处分的权限为:①各级人民检察院自行管理的工作人员的纪律处分,由本机关决定执行,其中检察官受降职以上处分的,由本院检察长提请本级人大常委会免职。②地方各级人民检察院的副检察长、检察委员会委员的纪律处分,按照干部管理权限,征得有关组织同意后执行。其中,副检察长受降职以上处分的,经上一级人民检察院批准后,按法定程序办理免职手续。③地方各级人民代表大会选举产生的检察长,受警告、记过、记大过、降级处分,按照干部管理权限,先征得有关组织同意后,报上一级人民检察院批准后执行。对于严重违纪,不宜担任检察长职务的,应由同级人民代表大会予以罢免,报上级检察院检察长提请本级人大常委会批准后执行。④上级检察机关发现下级检察机关的纪律处分决定不适当或者错误的时候，应根据具体情况，分别予以加重、减轻或者撤销。

惩戒处分程序：检察机关发现所属工作人员违反纪律，一般应从发现错误之日起，3个月内作出处理决定；如果情节复杂，或者有其他特殊原因，需要延长时间的，报上一级检察院批准。检察机关处分任何工作人员，应对其所犯错误的事实，认真进行调查核实，并且经过一定会议讨论，作出结论。处分决定当面通知受处分人，检察机关工作人员对所受的纪律处分不服，应当在接到处理决定1个月内，向作出处理决定的机关要求复查，而且有权向上级机关申诉。

2004年6月21日，最高人民检察院《检察人员纪律处分条例（试行）》对检察人员纪律处分作了规定：纪律处分决定作出后，应当在1个月内向受处分人所在单位及其本人宣布，并在处分决定作出后2个月内，由干部人事管理部门按照干部管理权限将处分决定材料归入受处分人档案；对于受到降级以上处分的，还应当在1个月内办理职务、工资等相应变更手续。

纪律处分的影响分别为：①警告，6个月；②记过，12个月；③记大过，18个月；④降级、撤职，24个月。受纪律处分者，在处分影响期内不得晋升职务、级别。受记过、记大过、降级、撤职处分的，在处分影响期内不得晋升工资档次。

受降级处分的，自处分的下个月起降低一个级别；级别为对应的国家公务员最低级别的，给予记大过处分。

受撤职处分的，在处分影响期内不得担任领导职务，自处分的下个月起按降低2个以上的职务等级重新确定职务、级别和工资档次。科员受撤职处分的，按降低一个职务等级处理。办事员应当给予撤职处分的，给予降级处分，也可以单独撤销其行政职务或者法律职务。对于担任2个以上行政职务的人员给予撤职处分的，其所担任的所有行政职务一并撤销。

受到开除处分的，自处分之日起解除其与检察机关的人事行政关系，其行政职务、级别自然撤销，其法律职务依法罢免或者免除，不得再被录用为检察机关工作人员。对违纪所获得的经济利益，应当收缴或者责令退赔。对于违纪行为所获得的职务、职称、学历、学位、奖励等其他利益，应当由承办单位或者由上级机关建议有关组织、部门，单位按规定予以纠正。

对于因犯罪受到刑事处罚的，应当根据司法机关的生效判决及其认定的事实、性质和情节，依照本条例规定给予纪律处分，也可以根据情况先行给予纪律处分。凡被判处3年以上有期徒刑的，给予开除处分。故意犯罪被判处 3 年以下有期徒刑宣告缓刑的，视情节可以不给予开除处分，但应当给予撤职处分。被免予刑事处罚的，给予降级或者撤职处分。

被劳动教养的，给予降级以上处分。受到治安管理处罚的，视情节给予纪律处分。处分影响期满，由受处分人提出申请，经所在单位或部门提出意见后报原作出处分决定的单位作出解除处分的决定。

解除处分决定应当在 1 个月内书面通知受处分人，并在有关范围内宣布。解除处分决定应当在解除处分决定作出后的 2 个月内，由干部人事管理部门归入受处分人档案。

受处分人在处分影响期内获得一等功以上奖励的，可以缩短处分影响期，但缩短后的期限不得少于原处分影响期的 1/2。在处分决定作出后发现受处分人另有应当受到纪律处分的同一性质的错误，或者受处分人在处分影响期内又犯应当受到纪律处分的同一性质的错误，应当根据新犯错误的事实、情节和应受到的处分，决定延长原处分影响期或者重新作出处分决定。解除降职、撤职处分，不恢复原职务、级别，但以后晋升职务、级别和工资档次不受原处分的影响。

（二）检察官的工资、保险、福利待遇

检察官为国家和人民工作，付出了劳动，做出了贡献，国家和人民应当付给劳动报酬，享受保险和各种应得的福利待遇，从物质上给予工作保障。

1. 检察官的工资

工资是指社会以货币或者实物的形式付给劳动者的劳动报酬。有关工资等级、工资形式、工资水平、工资结构、工资升降、工资政策等称为工资制度。我国检察官法第 39 条规定："检察官的工资制度和工资标准，根据检察工作特点，由国家规定。"第 40 条规定："检察官实行定期增资制度，经考核确定为优秀、称职的，可以按照规定晋升工资；有特殊贡献的，可以按照规定提前晋升工资。"

我国检察官的工资基上是实行国家机关工作人员工资制度。1993 年我国制定了《机关工作人员工资制度改革方案》，根据该方案和检察工作的特点，我国检察官的工资制度实行的是以职务和级别为主的职级工资制度。职级工资，包括职务工资、级别工资、基础工资和工龄工资，其中，职务工资和级别工资是检察官工资构成的主体部分。

职务工资，是指按照检察官所担任的职务的高低、责任的大小、以及工作的繁简所规定的工作的工资。检察官担任什么职务，就按什么职务领取相

第四讲　我国检察官制度概述

应职务的工资，随着检察官职务的升降，工资也相应变动。每一职务工资都有若干工资档次，以保证检察官晋升工资档次的需要。

级别工资，是按照检察官的能力和资历级别所规定的工资级别。根据我国检察官法的规定，检察官的级别分为12级，不同级别的检察官享有不同等级的工资。根据检察官级别的升降，工资的级别也有升降。

基础工资，是为保障检察官本人及其赡养家属的最基本的生活所需要的工资。基础工资是所有的检察官都享有。基础工资也不是一成不变的，它将随着物价的变化而适当进行调整，保证检察官的最基本的生活费用不受物价变动的影响。

工龄工资，是按照检察官的工作年限规定的工资。工龄工资体现了检察官的积累贡献。工龄工资标准按检察官工作年限确定，工作每增加一年，工龄工资相应增加，一直到退休为止。

津贴补偿，检察官除享有职务工资、级别工资、基础工资、工龄工资以外，在检察官工资构成中，还包括津贴补偿。

我国检察官法第41条规定："检察官享受国家规定的检察津贴、地区津贴、其他津贴以及保险和福利待遇。"检察津贴是岗位津贴，是根据检察工作的特点，为了弥补检察官的额外损耗以及保障检察官的工资水平不受特殊因素的影响而支付给检察官的报酬，是检察官工资的一种补充形式。检察津贴体现了检察官的性质和工作的特点，是对检察机关工作人员的各种岗位津贴的概括。地区津贴是在国家制定的统一工资制度、工资政策和工资标准的基础上，根据各地的自然环境、经济发展水平、物价上涨幅度和居民生活水平的不同而由地方制定的津贴标准。

地区津贴分为两类：一是艰苦、边远地区津贴；二是地区附加津贴。其他津贴是检察津贴、地区津贴以外的津贴，如危险工作的特别工作津贴，加班、夜班及节假日工作津贴、出差津贴等。

2. 检察官的保险

保险，是指国家对因生育、养老、疾病、伤残和死亡等原因，暂时或者长久丧失劳动能力的人给予必要的物质帮助的一种社会保障制度。我国检察官法第41条规定："检察官享受国家规定的……保险和福利待遇。"我国检察官享有国家工作人员社会保险待遇。我国颁布了一系列国家工作人员各种社会保险待遇。检察官享有保险待遇主要有：（1）生育保险，例如，产假费、生育费、独生子女费等；（2）疾病保险，例如，医药、医疗待遇等；

（3）伤亡保险，因工伤亡医药费、工资，死亡丧葬费、抚恤金、遗属生活补助等；（4）养老保险，退休金等。

3. 检察官的福利待遇

福利，是工作、生活上的待遇和利益，包括工作条件的改善、节假日待遇和各种物质、文化生活的利益等。我国检察官法第41条规定："检察官享受国家规定的……福利待遇。"我国检察官享有国家工作人员福利待遇。主要有：（1）休假福利，如法定节日休假、年度休假、探亲假、婚丧假、事假等；（2）生活困难补助，如生活困难和因特殊原因造成生活困难等都可以给予补助；（3）工作福利补贴，如书报费、洗理费、上下班交通费等；（4）生活福利费，如取暖费、降温费等；（5）其他补贴费，如食品价格补贴、住房补贴等。

（三）检察官的辞职、辞退、退休的条件

检察官在一定的条件下可以辞职、辞退和退休，解除与检察机关的关系，不再履行检察官的职权和尽检察官的义务。

1. 检察官的辞职

检察官的辞职，是指检察官根据本人的意愿，依照法律规定的程序辞去现任职务，解除全部或者部分与检察机关的职务关系。检察官辞职，包括两种情况：一是辞去担任的领导职务，但继续保留检察官的身份；二是辞去检察官所担任的所有检察官职务，包括领导职务和非领导职务，解除与检察机关的一切职务关系。检察官法第42条规定："检察官要求辞职，应当由本人提出书面申请，依照法律规定的程序免除其职务。"

（1）检察官辞职的条件。检察官法中没有明确规定检察官辞职的条件，一般说来，有下列情形之一者，检察官可以提出辞去职务：①因健康原因难以承担繁重的工作任务或者不能担任领导工作的；②因自己的能力和才智所限，不能胜任现任工作或者领导工作的；③因为过失行为或者指挥失误产生不良影响，本人认为不能担任现任工作或者领导职务的；④因志趣、爱好转移或者性情淡泊而不愿意继续从事检察官工作或者检察领导职务的；⑤因其他原因不愿继续从事检察工作或检察领导职务的。上述检察官辞职条件都是检察官自愿的，是检察官的一项权利。

（2）检察官辞职的程序。检察官辞职的程序包括辞去领导职务的程序和辞去检察官职务的程序。辞去领导职务的程序是：①要由担任领导职务的检察官提出书面请求，这是辞去领导职务的必经程序。②由任免其领导职务的机关进行审查，决定是否批准辞职，按领导职务任免程序批准。任免机关对于检察官提出的辞去领导职务申请，应审查其理由是否充分，是否符合法律规定的辞职条件，如果理由充分，应当批准。③办理工作交接手续。辞去检察官职务的程序：①由检察官提出书面请求，请求辞去检察官职务。②经过任免其检察官职务的机关审查批准。任免机关必须认真审查，如果符合法定条件的，应当批准。③办理工作交接手续。检察官辞去职务，原来担任的领导职务关系消灭，如果其没有辞去检察官职务的，还享有检察官的权利，继续尽检察官的义务。如果辞去检察官职务的，则脱离检察官系统，除不再享有检察官的权利外，也不再尽检察官的义务，不再享受检察官待遇。如果想重新回到检察官系列，必须符合检察官条件，参加公开考试，在考核合格后，重新任命为检察官。

2. 检察官的辞退

检察官的辞退，是指检察机关依照法律规定的条件，通过一定的法律程序，在法定的管理权限内作出的解除检察官的职务关系，取消其检察官身份的决定。检察官的辞退是检察机关的权力，无须事先征得检察官的同意，其后果是解除检察机关与检察官之间的工作关系。

（1）辞退的条件。辞退检察官必须遵守法定条件，不具备法定条件的，不能辞退检察官。检察官法第43条规定："检察官有下列情形之一的，予以辞退：①在年度考核中，连续两年确定为不称职的；②不胜任现职工作，又不接受另行安排的；③因检察机构调整或者缩减编制员额需要调整工作，本人拒绝合理安排的；④旷工或者无正当理由逾期不归连续超过15天，或者1年内累计超过30天的；⑤不履行检察官义务，经教育仍不改正的。"具备上述条件之一的，经法定程序决定，可以辞退检察官。

（2）检察官辞退的程序。辞退检察官必须经过法定程序，不经法定程序不能辞退。检察官法第44条规定："辞退检察官应当依照法律规定的程序免除其职务。"检察官辞退程序，与检察官的任免程序相同。

3. 检察官的退休

检察官的退休，是指检察官符合法定条件时，根据国家有关规定办理退休手续，离开工作岗位，领取一定数额的养老保险金以维持生活，安度晚年的检察官管理制度。检察官法第45条、第46条规定："检察官的退休制度，根据检察工作特点，由国家另行规定。""检察官退休后，享受国家规定的养老保险金和其他待遇。"检察官退休后，除了享受养老保险金外，还享有以下待遇：

（1）政治待遇，参加有关的政治活动，是共产党员的参加党的组织活动，享受党员的权利和履行党员的义务，检察官有权阅读的文件、资料，听有关的政治报告。

（2）享受公费医疗、住房标准及房租、取暖、物价补贴、特殊贡献补助、易地安家补助、护理、丧葬补助、抚恤等费用。

四、检察官申诉、控告权的行使

检察官的申诉和控告是检察官的基本权利，它不同于一般公民的申诉和控告，其具有检察官身份的特点。

（一）检察官的申诉

检察官的申诉，是指检察官认为人民检察院对其处理或者处分不服，向原处理机关或者原处理机关的上级机关提出重新处理要求的行为。

1. 检察官申诉的特点

（1）申诉的主体必须是特定的检察官。根据检察官法第2条的规定，检察官必须是具有检察官资格的检察人员，即各级人民检察院的检察长、副检察长、检察委员会委员、检察员和助理检察员。

（2）申诉的原因是基于检察官对涉及本人的处分决定不服，要求重新审查处理。这些处分决定是由检察机关作出的，并涉及检察官的个人权益，其内容主要包括：行政处分、工资福利、考核评定、辞退、撤职及退休待遇等事项。

（3）申诉的受理机关是特定的检察机关。按检察官申诉内容不同，受理机关分别是原处理的机关或者原处理的检察机关的上一级检察机关。

2. 检察官申诉的程序

根据检察官法第47条的规定："检察官对人民检察院关于本人的处分、处理不服的，自收到处分、处理决定之日起30日内可以向原处分、处理机关申请复议，并有权向原处分、处理机关的上级机关申诉。受理申诉的机关必须按照规定作出处理决定。在复议和申诉期间，不停止对检察官处分、处理决定的执行。"

具体包括：受处分、处理的检察官书面提出申诉，根据检察官法第49条的规定："检察官提出申诉和控告，应当实事求是。对捏造事实、诬告陷害的，应当依法追究其责任。"原处分、处理的检察机关或者上级机关受理检察官的申诉；受理检察官申诉机关进行审查处理；检察官申诉和处理期间不停止对检察官处分决定的执行。

根据检察官法第50条的规定："对检察官处分或处理错误的，应当及时予以纠正；造成名誉损害的，应当恢复名誉、消除影响、赔礼道歉；造成经济损失的，应当赔偿。对打击报复的直接责任人员，应当依法追究责任。"

（二）检察官的控告

检察官的控告，是指检察官对国家机关及其工作人员侵犯其权利的违法、违纪行为，向有关国家机关进行揭发，并要求依法制止和惩处的行为。

1. 检察官控告的特点

（1）控告的主体必须是特定的检察官。根据检察官法第2条的规定，检察官是具有检察官资格的检察人员。

（2）控告的原因是检察官的合法权利受到侵犯。检察官控告的内容限于是国家机关及其工作人员侵犯了检察官法第9条规定的检察官特有的权利，不是公民的一般权利受到侵犯。

（3）控告的对象是侵犯检察官权利的国家机关及其工作人员。国家机关及其工作人员在职务活动中，对其隶属的检察官特有的检察权利进行干涉，甚至违法侵犯，使检察官不能履行职务和行使权利，检察官有权进行控告。

2. 检察官控告的程序

根据检察官法第48条的规定："对于国家机关及其工作人员侵犯本法第九章规定的检察官权利的行为，检察官有权提出控告。行政机关、社会团体或者个人干涉检察官依法履行检察职责的，应当依法追究其责任。"

根据检察官法第49条的规定："检察官提出申诉和控告，应当实事求是，对捏造事实、诬告陷害的，应当依法追究其责任。"有处理权的国家机关受理检察官的控告；受理检察官控告的国家机关进行审查处理。根据检察官法第48条第2款的规定："行政机关、社会团体或者个人干涉检察官依法履行检察职责的，应当依法追究其责任。"

五、检察官违纪、违法、犯罪的处理

检察官在履行职务时的违纪、违法、犯罪应当分别由检察机关的纪检监察部门、任免其职务的机关和司法机关查处。

（一）检察官违纪由检察机关的纪检监察部查处

根据 1995 年 8 月 7 日最高人民检察院《检察官纪律处分暂行规定》的规定，检察官有下列违纪行为，由纪检监察部门给予如下处分：

1. 散布有损国家声誉的言论，参加非法组织，参加旨在反对国家的集会、游行、示威、罢工等活动的，给予撤职以下处分；情节严重的，给予开除处分。

2. 贪污、挪用公款、收受贿赂的，参照《国家行政机关工作人员贪污受贿行政处分暂行规定》处理。

3. 挪用赃物、调换或变价处理赃物和扣押物品，或对赃物和扣押物品的管理不善，造成损坏、丢失的，除赔偿损失外，应给予责任人员和主管人员警告或记过处分；情节严重的，给予记大过、降级和撤职处分。

4. 利用职务为自己或他人谋取私利的，给予警告、记过或记大过处分；情节严重的，给予降级、撤职或开除处分。

5. 经商、办企业或参与其他营利性的经营活动，或利用职务之便为亲属经商、办企业谋取利益的，给予警告、记过或记大过处分；情节严重的，给予降级或撤职处分。

6. 私自会见案件当事人或其他代理人、亲友，接受案件当事人或其代理人、亲友宴请、钱物的，给予警告、记过或记大过处分；情节严重的，给予降级、撤职或开除处分。

7. 违反财经法规、纪律的，参照《国务院关于违反财政法规处罚的暂行规定》处理。

8. 为犯罪分子减轻或者开脱罪责，隐瞒、伪造证据，或者该立案不立案，该起诉不起诉，以及私自制作、修改法律文书，改变案情及案件性质等徇私舞弊的，给予开除处分；情节较轻、后果不严重的，给予撤职以下处分。

9. 私放人犯或嫌疑人的人，给予撤职或开除处分。

10. 为案件当事人或其代理人、亲友通风报信，泄露国家秘密或检察工作秘密的，给予警告、记过或记大过处分；造成严重后果的，给予降级、撤职或开除处分。

11. 非法拘禁他人或以其他方法剥夺他人人身自由的，给予警告、记过或记大过分；情节严重、造成后果的，给予降级、撤职或开除处分。

12. 非法搜查他人身体、住宅，或者非法侵入他人住宅的，给予警告、记过或记大过处分。情节严重、造成严重后果的，予以降级、撤职或开除处分。

13. 非法提讯被告人或传讯他人的，给予警告、记过或记大过处分；情节严重、造成后果的，给予降级、撤职或开除处分。

14. 刑讯逼供，情节较轻的，给予警告、记过或记大过处分；情节严重、造成后果的，给予降级、撤职或开除处分。

15. 非法查封、扣押、冻结、没收公私财产的，给予警告、记过或记大过处分；情节严重，造成恶劣影响的，给予降级或撤职处分。

16. 干预他人办案或擅自办理案件的，给予警告、记过或记大过处分；情节严重、造成恶劣影响的，给予降级、撤职或开除处分。

17. 违反监管法规，对被监管人员实行体罚虐待，或者让被监管人为自己干私活儿的，给予警告、记过或记大过处分；情节严重、造成后果的，给予降级、撤职或开除公职处分。

18. 滥用职权，对举报人、控告人、申诉人、批评人报复、陷害的，给予记过、记大过或降职处分；情节严重的，给予撤职或开除处分。

19. 因玩忽职守致使案犯脱逃或自杀的，给予降级、撤职或开除处分；情节较轻的，给予记大过以下处分。

20. 玩忽职守，造成错案或者给当事人造成严重损失的，给予降级、撤职或开除处分；情节较轻的，给予记大过以下处分。

21. 故意拖延办案，耽误工作的，给予警告、记过或记大过处分；情节严重、造成后果的，给予降级、撤职或开除处分。

22. 丢失案卷、案件材料或机密文件的，给予警告、记过或记大过处分；情节严重、造成后果的，给予降级或撤职处分。

23. 调戏、猥亵当事人或其亲属的，给予记过或记大过处分；与当事人或其亲属，发生两性关系的，给予降级或撤职处分；情节严重、造成恶劣影响的，给予开除处分。

24. 参与赌博的，给予警告、记过或记大过处分；情节严重的，给予降级或撤职处分。

25. 制作、复制、贩卖、传播淫秽物品，情节较轻的，给予记过、记大过或降级处分；情节严重、造成恶劣影响的，给予撤职或开除处分。聚众观看淫秽录像、并进行淫乱活动的，给予开除处分。

26. 嫖娼、卖淫、或者强迫、介绍、教唆、引诱他人嫖娼、卖淫或有意为嫖娼、卖淫提供方便条件的，给予开除处分。

27. 吸食、注射毒品的，给予记大过或降级处分；情节严重的，给予撤职或开除处分。

28. 违反枪支管理规定，将枪支借与他人或使其枪支丢失、被盗、被骗的，给予警告、记过或记大过处分；造成危害社会后果的，给予降级、撤职或开除处分。

29. 违反枪支管理规定鸣枪的，给予警告、记过或记大过处分；造成他人伤残、死亡的，给予降级、撤职或开除处分。枪支走火致人伤残、死亡的，视情节给予记过以上处分。

30. 违反警具、械具使用管理规定的，给予警告、记过或记大过处分；致使他人伤残、死亡的，给予降级、撤职或开除处分。

31. 违反交通法规，造成重大交通事故或私用公车，造成损失的，给予警告、记过或记大过处分；致使他人重伤、死亡，或使国家财产遭受重大损失的给予降级、撤职或开除处分。因失职致使所驾驶车辆丢失、被盗，造成国家财产重大损失的，给予警告、记过或记大过处分。

32. 其他违反纪律的行为，参照有关政纪的规定予以处分。

检察官依法被免予起诉或免予刑事处罚的，应给予降级或降职处分。凡是受到开除处分的，不得再录用。受撤职处分的，同时降低工资和等级。受处分期间，不得晋升职务和等级，其中受警告以外处分的，不得晋升工资档次。给予纪律处分，必须依照法定程序和期限，作出决定。其中给予开除、撤职处分的，应依照法律规定的程序，提交任免机关免职。

受开除以外的处分，由原处理机关，按照规定分别在半年至两年之内解除处分。解除降级、撤职处分，不恢复原职和等级。受处分期间，有特殊贡献的，可以提前解除处分。解除处分后，晋升职务、等级和工资档次，不再受原处分的影响。处分决定、解除处分决定，应当以书面形式通知本人。

（二）检察官违法办错案由检察机关查处

根据《人民检察院错案责任追究条例》的规定，检察官在行使职权、办理案件中故意或者重大过失造成认定事实或者适用法律确有错误的案件，或者在办理案件中违反法定诉讼程序而造成处理案件错误的，应当追究法律责任、纪律责任。具体有：

1. 徇私枉法、徇情枉法，对明知是无罪的人而使他受追诉、对明知是有罪的人而故意包庇不使他受追诉，制造错案的，应当依法追究责任。

2. 故意包庇不使受追诉的犯罪事实，既可以是全部的犯罪事实，也可以是部分犯罪事实或者情节。

3. 违反法定诉讼程序，造成处理错误，具有下列情形之一的，应当追究责任：刑讯逼供或者使用暴力逼取证人证言的；隐瞒事实真相，伪造、隐匿、毁灭证据或者妨害作证、帮助当事人毁灭、伪造证据的；违法对诉讼参与人采取强制措施，侵犯诉讼参与人诉讼权利的；违法使用武器、警械造成公民身体伤害或者死亡的；违法对犯罪嫌疑人财产采取查封、扣押、冻结、追缴等措施或者私自挪用、处理上述财产，侵犯公民、法人和其他组织财产权的；违法进行搜查，毁损公私财物的；其他违反法定诉讼程序造成严重后果的。

4. 玩忽职守，造成错案，使无罪的人受到刑事追究的，应当追究责任。

追究检察官错案责任，应当由责任人所在人民检察院依照检察官管理权限和有关规定的程序办理。上级人民检察院有权调查、追究下级人民检察院错案责任人的责任或者责成下级人民检察院调查、追究错案责任人的责任。下级人民检察院应当在要求期限内将调查、追究情况报告上级人民检察院。追究错案的人民检察院应当将追究错案的处理决定及时通知被追究人。

被追究人有权依照有关规定申请复议或者申诉。经复议、复查后发现对检察官处理错误的，应当及时予以纠正，并应当恢复名誉、消除影响，造成经济损失的，应当予以补偿。

追究错案责任包括追究刑事责任、给予检察纪律处分。检察官因办理错案被追究刑事责任的，同时应当给予相应纪律处分。人民检察院对错案确认并追究责任的，应当向同级人民代表大会常务委员会和上一级人民检察院报告。

（三）检察官犯罪由司法机关追究刑事责任

根据检察官法和《检察官纪律处分暂行规定》的规定，检察官履行职务行为构成犯罪的，移交司法部门，依法追究刑事责任。凡被判处 3 年以上有期徒刑的，给予开除处分。故意犯罪，被判处 3 年以下有期徒刑或者被判管制、拘役的，给予开除处分。过失犯罪，被判处 3 年以下有期徒刑宣告缓刑的，政治上、工作上一贯表现较好，能认真检讨并有悔改表现的，可不给予开除处分，但必须给予撤职处分。

六、检察官职业道德和职业纪律

为贯彻落实《公民道德建设实施纲要》，全面提高检察队伍的职业道德素养，最高人民检察院 2002 年 2 月 26 日出台《检察官职业道德规范》，确立了"忠诚、公正、清廉、严明"的八字职业道德标准。2009 年 9 月最高人民检察院通过了《检察官职业道德基本准则（试行）》再次重申检察官职业道德的基本要求是"忠诚、公正、清廉、文明"，又细化为 48 条行为规范，提高实施的可操作性，全面覆盖检察人员职务行为以及职务外活动的全部。

"忠诚"是指检察官要忠于党、忠于国家、忠于人民、忠于宪法和法律。要热爱人民检察事业，珍惜检察官荣誉，忠实履行法律监督职责，自觉接受监督制约，维护检察机关的形象和检察权的公信力。要维护国家安全、荣誉和利益，维护国家统一和民族团结，严守国家秘密和检察工作秘密。要保持高度的政治警觉，严守政治纪律，不参加危害国家安全、带有封建迷信、邪教性质等非法组织及其活动。

"公正"是指检察官要依法履行检察职责，不受行政机关、社会团体和个人的干涉，敢于监督，善于监督，不为金钱所诱惑，不为人情所动摇，不为权势所屈服。要自觉遵守法定回避制度，对法定回避事由以外可能引起公众对办案公正产生合理怀疑，应当主动请求回避。要以事实为根据，以法律为准绳，不偏不倚，不滥用职权和漠视法律，正确行使检察裁量权。要树立证据意识、程序意识、人权保护意识。要依法保障和维护律师参与诉讼活动的权利，维护法庭审判的严肃性和权威性。

"清廉"对检察官的要求是：模范遵守法纪，保持清正廉洁，淡泊名利，不徇私情，自尊自重，接受监督。其职业内涵包括以下内容：（1）要求检察官不以权谋私。严禁利用职务便利或者检察官的身份、声誉及影响为自己、家人或者他人谋取不正当利益。（2）要求检察官不徇私枉法。严禁收受案件当事人及其亲友、案件利害关系人或者单位及其所委托的人以任何名义馈赠的礼品礼金、有价证券、购物凭证以及干股等。（3）要限制检察官参加职务外活动。严禁参加其安排的宴请、娱乐休闲、旅游度假等可能影响公正办案的活动；严禁接受其提供的各种费用报销、出借的钱款、交通通信工具、贵重物品及其他利益；严禁兼任律师、法律顾问等职务，严禁私下为所办案件的当事人介绍辩护人或者诉讼代理人。

"文明"是指检察官应当尊重他人的人格和尊严，理性、平和、文明、规范的执法，讲求礼仪，反对野蛮。其职业内涵包括以下内容：（1）执法行为文明。检察官开展检察工作要宽严相济，以人为本。执行公务、参加政务活动要按规定穿着检察制服，佩戴检察标识徽章。未经批准不对正在办理的案件发表个人意见或者进行评论。（2）工作作风文明。检察官在执法过程中要做到严禁超越管辖范围办案；严禁截留、挪用、私分扣押款物；严禁对证人采取任何强制措施；立案前不得对犯罪嫌疑人采取强制措施；严禁超期羁押；不得把检察院的讯问室当成羁押室；讯问一般应在看守所进行，必须在检察院讯问室进行的，要严格执行还押制度。如果检察官在办案中搞刑讯逼供的，先下岗，再处理，如果因玩忽职守、非法拘禁、违法办案等致人死亡的，除依法依纪追究直接责任人员外，对于领导失职渎职的一律给予撤职处分。检察官工作作风朴素严谨，也是中央政法委"四条禁令"的要求，即绝对禁止政法干警接受案件当事人请吃喝、送钱物；绝对禁止对告诉求助群众采取冷漠、生硬、蛮横、推诿等"官老爷"态度；绝对禁止政法干警打人、骂人、刑讯逼供等违法乱纪行为；绝对禁止政法干警参与经营娱乐场所或为非法经营活动提供保护，而对检察官队伍提出的明确要求。

第五讲　检察司法职能

> **本讲重点提示：**
>
> 　　1. 检察机关充分参与刑事、民事、行政诉讼承担法律监督职权，确保刑事、民事、行政诉讼法律正确有效实施。
> 　　2. 检察机关承担职务犯罪的侦查权，严格按照法律规定的诉讼程序开展侦查，注重惩罚犯罪与保障人权的平衡。
> 　　3. 检察机关承担刑事公诉权，通过审查起诉、提起公诉和支持公诉，推动法院行使审判权，保障国家刑罚权的实现。
> 　　4. 检察机关作为法律监督机关依法保障被告人辩护权的行使，保护辩护律师诉讼权利的实现。
> 　　5. 检察机关作为刑事特别程序的重要参与者，其权力与职责均面临重大调整需要把握立法精神摸索实践经验。

一、检察机关办案范围

（一）检察机关办理的刑事、民事、行政诉讼案件

为了确保检察机关对司法活动法律监督的效力，充分发挥检察机关法律监督的作用，国家在有关法律中，授权检察机关部分司法权力，参与刑事、民事、行政诉讼，办理部分刑事、民事、行政诉讼案件，以司法权力制约司法权力，确保刑事、民事、行政诉讼法律正确有效实施。依照有关法律规定，检察机关办理下列刑事、民事、行政诉讼案件：

1. 检察机关办理的刑事诉讼案件

我国刑事诉讼法第 3 条规定："检察、批准逮捕、检察机关直接受理的案件的侦查、提起公诉，由人民检察院负责。"根据上述法律规定，检察机关参与刑事诉讼，办理刑事案件。根据宪法和刑事诉讼法规定，检察机关办理刑事案件时，同人民法院、公安机关应当分工负责、互相配合、互相制

约，以保证有效地执行法律规定。具体办理以下刑事案件：

（1）刑事立案侦查。根据我国刑事诉讼法的规定，在我国，绝大多数刑事案件由公安机关立案侦查，少数刑事案件由当事人自诉，国家工作人员、国家机关工作人员职务犯罪案件由检察机关立案侦查。根据我国刑事诉讼法第18条第2款的规定："贪污贿赂犯罪，国家工作人员渎职犯罪，国家机关工作人员利用职权实施的非法拘禁、刑讯逼供、报复陷害、非法搜查的侵犯公民人身权利的犯罪以及侵犯公民民主权利的犯罪，由人民检察院立案侦查。对于国家机关工作人员利用职权实施的其他重大的犯罪案件，需要由人民检察直接受理的时候，经省级以上人民检察院决定，可以由人民检察院立案侦查。"根据刑法和有关司法解释的规定，检察机关直接立案侦查的刑事案件共有57种，其中：国家工作人员贪污贿赂犯罪案件13种，国家机关工作人员渎职犯罪案件37种，国家机关工作人员侵犯公民人身权利、民主权利犯罪案件7种。

另外，人民检察院在审查公安机关提请起诉的案件时，需要补充侦查的案件，检察机关可以自行补充侦查。

（2）批准、决定逮捕。批准逮捕，是指检察机关对于公安机关、国家安全机关、军队保卫部门、监狱等侦查机关提请批准逮捕的案件进行审查后，认为符合逮捕条件的，批准逮捕；对不符合条件的不批准逮捕的诉讼活动。决定逮捕，是指检察机关对直接受理的刑事案件，经过审查认为符合逮捕条件的，决定逮捕的一种诉讼活动。我国刑事诉讼法第78条规定："逮捕犯罪嫌疑人、被告人，必须经过人民检察院批准或者人民法院决定，由公安机关执行。"

（3）提起公诉、支持公诉。提起公诉，是人民检察院代表国家将刑事犯罪嫌疑人提交人民法院审判的刑事诉讼活动。支持公诉，是指人民检察院派员出席人民法院开庭审判公诉刑事案件，进一步揭露犯罪，证实犯罪，协助法庭核实证据，弄清犯罪事实，正确判决的刑事诉讼活动。我国刑事诉讼法第167条规定："凡需要提起公诉的案件，一律由人民检察审查决定。"第172条规定："人民检察院认为犯罪嫌疑人的犯罪事实已经查清，证据确实、充分，依法应当追究刑事责任的，应当作出起诉决定，按照审判管辖的规定，向人民法院提起公诉，并将案卷材料、证据移送人民法院。"第184条规定："人民法院审判公诉案件，人民检察院应当派员出席法庭支持公诉。"

(4) 刑事抗诉。刑事抗诉，是指人民检察院对人民法院的刑事判决或者裁定，认为确有错误时依法向人民法院提出重新审理的一种诉讼活动。人民检察院刑事抗诉有两种：一是上诉程序的抗诉；二是审判监督程序的抗诉。我国刑事诉讼法第217条规定："地方各级人民检察院认为本级人民法院第一审的判决、裁定确有错误的时候，应当向上一级人民法院提出的抗诉。"这种抗诉是对第一审判决、裁定未生效的情况下，人民检察院提起的上诉程序的抗诉。刑事诉讼法第243条第3款规定："最高人民检察院对各级人民法院已经发生法律效力的判决和裁定，上级人民检察院对下级人民法院已经发生法律效力的判决和裁定，如果发现确有错误，有权按照审判监督程序向同级人民法院提出抗诉。"这种刑事案件抗诉是审判监督程序刑事抗诉。

2. 检察机关办理的民事抗诉案件

根据我国民事诉讼法规定，我国检察机关只办理审判监督程序的民事抗诉案件。审判监督程序的民事抗诉，是指人民检察院对人民法院已经发生效力的民事判决、裁定，认为确有错误时，要求人民法院再审的诉讼活动。我国民事诉讼法第208条第1款规定："最高人民检察院对各级人民法院已经发生法律效力的判决、裁定，上级人民检察院对下级人民法院已经发生法律效力的判决、裁定，发现有本法第二百条规定情形之一的，或者发现调解书损害国家利益、社会公共利益的，应当提出抗诉。"这是检察机关办理民事抗诉案件的法律根据。

3. 检察机关办理的行政抗诉案件

根据我国行政诉讼法规定，我国检察机关只办理审判监督程序的行政抗诉案件。审判监督程序的行政抗诉，是指人民检察院对人民法院已经发生效力的行政判决、裁定，认为确有错误时，按照审判监督程序提出行政抗诉，要求人民法院再审的诉讼活动。我国行政诉讼法第64条规定："人民检察院对人民法院已经发生法律效力的判决、裁定，发现有违反法律、法规规定的，有权按照审判监督程序提出抗诉。"这是检察机关办理行政抗诉案件的法律根据。

（二）检察机关直接立案侦查的刑事案件

根据我国刑事诉讼法第18条和《刑诉规则》第8条的规定，人民检察院直接侦查的刑事案件有四类：贪污贿赂犯罪案件；渎职犯罪案件；国家机关工作人员利用职权实施的侵犯公民人身权利和民主权利的犯罪案件；国家机关工作人员利用职权实施的其他重大的犯罪案件，需要由人民检察院直接受理的时候，经省级以上人民检察决定，可以由人民检察院立案侦查。

1. 贪污贿赂犯罪案件

刑法分则第八章规定的贪污贿赂犯罪及其他章中明确规定依照第八章相关条文定罪处罚的犯罪案件。包括13种：（1）贪污案；（2）挪用公款案；（3）受贿案；（4）单位受贿案；（5）利用影响力受贿案；（6）行贿案；（7）对单位行贿案；（8）介绍贿赂案；（9）单位行贿案；（10）巨额财产来源不明案；（11）隐瞒境外存款案；（12）私分国有资产案；（13）私分罚没财物案。

2. 渎职犯罪案件

刑法分则第九章规定的国家机关工作人员渎职罪案件：包括37种：（1）滥用职权案；（2）玩忽职守案；（3）故意泄露国家秘密案；（4）过失泄露国家秘密案；（5）徇私枉法案；（6）民事、行政枉法裁判案；（7）执行判决裁定失职案；（8）执行判决裁定滥用职权罪；（9）枉法仲裁案；（10）私放在押人员案；（11）失职致使在押人员脱逃案；（12）徇私舞弊减刑、假释、暂予监外执行案；（13）徇私舞弊不移交刑事案件案；（14）滥用管理公司、证券职权案；（15）徇私舞弊不征、少征税款案；（16）徇私舞弊发售发票、抵扣税款、出口退税凭证案；（17）违法提供出口退税凭证案；（18）国家机关工作人员签订、履行合同失职被骗案；（19）违法发放林木采伐许可证案；（20）环境监管失职案；（21）食品监管渎职案；（22）传染病防治失职案；（23）非法批准征用、占用土地案；（24）非法低价出让国有土地使用权案；（25）放纵走私案；（26）商检徇私舞弊案；（27）商检失职案；（28）动植物检疫徇私舞弊案；（29）动植物检疫失职案；（30）放纵制售伪劣商品犯罪行为案；（31）办理偷越国（边）境人员出入境证件案；（32）放行偷越国（边）境人员案；（33）不解救被拐卖、绑架妇女、儿童案；（34）阻碍解救被拐卖、绑架妇女、儿童案；（35）帮助犯罪分子逃避处罚案；（36）招收公务员、学生徇私舞弊案；（37）失职造成珍贵文物损毁、流失案。

3. 侵犯公民人身权利、民主权利的犯罪案件

刑法分则第四章规定的国家机关工作人员利用职权实施的侵犯公民人身权利、民主权利的犯罪案件。包括7种：非法拘禁案；非法搜查案；刑讯逼供案；暴力取证案；虐待被监管人案；报复陷害案；破坏选举案。

另外，国家机关工作人员利用职权实施的其他重大的犯罪案件，需要由人民检察院直接受理的时候，经省级以上人民检察决定，可以由人民检察院立案侦查。根据司法实践经验，国家机关工作人员利用职权实施的其他重大犯罪案件一般是指下列犯罪案件：（1）国家机关工作人员利用职权实施的危害国家安全罪，严重侵犯公民人身权利、民主权利罪，严重破坏国家法律、法规、政策统一正确实施，应当判处 3 年以上有期徒刑的犯罪案件；（2）国家机关工作人员利用职权实施的其他应当判处 3 年以上有期徒刑的犯罪案件，检察机关通知公安等侦查机关立案侦查，公安等侦查机关仍然不立案侦查的犯罪案件；（3）国家机关工作人员利用职权实施的其他应当判处 3 年以上有期徒刑，而立案侦查管辖权限不明确的刑事犯罪案件；（4）国家机关工作人员利用职权实施的法律新规定的重大犯罪，而司法机关又无明确管辖分工的刑事犯罪案件。

（三）检察机关立案侦查案件线索的来源

立案侦查案件线索是人民检察院受理案件或不受理案件的根据。根据刑事诉讼法第 107 条和第 108 条的规定，有 4 种最基本立案侦查线索来源。

1. 人民检察院发现的犯罪事实或者犯罪嫌疑人。刑事诉讼法第 107 条规定，公安机关或者人民检察院发现犯罪事实或者犯罪嫌疑人，应当立案侦查。检察机关是专门的实施法律监督机关，在检察法律监督工作过程中常常会发现一些新的犯罪事实或者新的犯罪线索，这些犯罪线索、犯罪事实都是重要的受理刑事案的材料来源。

2. 有关单位和个人的报案或者举报。报案，是指被害人、有关单位或个人，发现犯罪事实或者犯罪嫌疑人，主动向司法机关报告的行为。举报一般是指被害人以外的个人或单位，发现有犯罪事实或者犯罪嫌疑人，出于公民的义务或者责任，而主动向司法机关反映犯罪情况的行为。刑事诉讼法第 108 条第 1 款规定："任何单位和个人发现有犯罪事实或者犯罪嫌疑人，有权利也有义务向公安机关、人民检察院或者人民法院报案或者举报。"揭露犯罪是国家赋予每个公民和单位的神圣权利，任何个人或机关都不得限制、阻止或者打击报复。为了防止对举报人打击报复，国家法律规定了一系列措施，切实保护举报人的合法权益。

3. 被害人的报案或控告。控告是指被害人或者他的法定代理人、近亲属，主动向司法机关告发犯罪人，并要求依法追究犯罪人的刑事责任的行为。被害人是受犯罪行为直接侵害的人，他们往往是最早发现犯罪事实或犯罪嫌疑人的人，有的同犯罪嫌疑人还有过直接接触，对犯罪情况了解得比较具体。因此，他们的报案或者控告，都是立案侦查材料的重要来源。

4. 犯罪人自首。自首是指犯罪分子作案后，自动投案，如实交代自己的罪行的行为。犯罪人自首，一般是由犯罪分子本人亲自到司法机关投案。实践中，对于犯罪分子向所在单位、城乡基层组织或者有关负责人投案的；犯罪分子因病、伤或者为了减轻犯罪后果，而委托他人先代为投案的；或者先以电报、信件方式投案的，也都视为自首。在处理时都可作为从轻处罚的情节考虑。

在司法实践中，人民检察院受理案件的具体来源渠道的条件各式各样，通常有：（1）公民控告和检举的；（2）机关、团体、企业事业单位控告和报案的；（3）党委、国家权力机关交办的；（4）纪检、监察、工商、审计、税务、海关等部门移送的；（5）公安机关、人民法院移送的；（6）上级人民检察院交办、同级人民检察院移送或者下级人民检察院请求移送的；（7）犯罪人自首的；（8）其他方面检举、控告和报案的。

（四）向检察机关报案、举报和控告犯罪，检察机关为举报人保密

1. 向检察机关举报、控告犯罪

对犯罪事实或犯罪嫌疑人进行举报，既是公民或法人的权利，也是义务。根据我国宪法第41条的规定，检察机关有义务受理公民或法人的控告、举报、申诉。为履行法律监督职责，依法打击犯罪，检察机关依法保障公民行使控告、举报的权利，出台了一系列关于举报的工作规定和保护公民举报权利、奖励举报有功人员的办法。按照检察机关的内部职能分工，控告检察部门是专门受理控告、申诉的机构（举报中心是人民检察院专门受理职务犯罪举报的部门，原则上和控告检察部门合署办公），检察机关接受公民和法人的报案、举报和控告是其应尽的职责。

对于贪污贿赂犯罪、国家机关工作人员的渎职犯罪、国家机关工作人员利用职权实施的非法拘禁、刑讯逼供、报复陷害、非法搜查的侵犯公民人身权利以及侵犯公民民主权利的犯罪，公民可直接向人民检察院举报中心举报；人民检察院接受犯罪人的自首；对于不属于检察机关管辖的举报、报案、控告，人民检察院也应当接受，并及时移送有管辖权的部门办理。

人民检察院设有来访接待室，接待控告和举报，向社会公布举报中心的通信地址、举报电话、电子信箱、查询进展情况或者处理结果的方式以及接待的时间地点，方便公民和单位报案、举报和控告。

举报人可采取书面、口头、电话、电子邮件或举报人认为方便的其他形式。举报中心对于所受理的举报线索,严格按照举报线索管理规定进行管理,及时审查,在7日内分别作如下处理:(1)属本院管辖的,按照人民检察院内部职责分工,移送有关部门处理;属于下级或其他检察院管辖的,由举报中心移送有管辖权的检察院处理。(2)不属于检察院管辖的,移送有关主管机关处理,并且通知报案人、控告人、举报人、自首人。需要采取紧急措施的,应当先采取紧急措施,然后移送主管机关。(3)内容不具体的匿名举报线索,或者不具备查处条件的举报线索,经分管检察长审批后存档备查。

举报中心对性质不明难以归口、检察长批交的举报线索应当进行初核。对群众多次举报未查处的举报线索,可以要求侦查部门说明理由,认为理由不充分的,报检察长决定。

举报人可以查询进展情况或者处理结果,举报中心应当将处理情况和办理结果对实名举报人进行答复。对采用走访形式举报的,应当场答复是否受理;不能当场答复的,应当自接待举报人之日起15日以内答复。答复可以采取口头、书面或者其他适当的方式进行。口头答复的,应当制作答复笔录,载明答复的时间、地点、参加人及答复内容、举报人对答复的意见等。书面答复的,应当制作答复函。需要以邮寄方式书面答复署名举报人的,应当挂号并不得使用有"人民检察院"字样的信封。答复应当包括下列内容:(1)办理的过程;(2)认定的事实和证据;(3)处理结果和法律依据。如果举报人对检察机关不立案提出复议,由人民检察院控告检察部门受理。控告检察部门应当根据事实和法律进行审查,并可以要求控告人、申诉人提供有关材料,认为需要侦查部门说明不立案理由的,应当及时将案件移送侦查监督部门办理。

2. 检察机关严格为举报人保密,保护举报人和被举报人的权利

(1)严格为举报人保密是检察机关的义务。

"严格保密,保护公民合法权益"是人民检察院举报工作的基本原则。《检察机关执法工作基本规范(2013年版)》规定人民检察院必须严格执行保密制度,严禁将举报材料转给被举报单位和被举报人。举报线索由专人录入专用计算机,加密码严格管理,未经授权或者批准,其他检察人员不得查看;举报材料不得随意摆放,无关人员不得随意进入举报线索处理场所;向检察长报送举报线索时,应当用机要袋密封,并填写机要编号,由检察长亲

自拆封；严禁泄露举报内容以及举报人姓名、住址、电话等个人信息，严禁将举报材料转给被举报人或者被举报单位；调查核实情况时，严禁出示举报线索原件或者复印件；对匿名举报线索除侦查工作需要外，严禁进行笔迹鉴定；举报中心应当指定专人负责受理网上举报，严格管理举报网站服务器的用户名和密码，并适时更换。利用检察专线网处理举报线索的计算机应当与互联网实行物理隔离。通过网络联系、答复举报人时，应当核对密码，答复时不得涉及举报具体内容。为强化责任，《人民检察院举报工作规定》还规定，对违反保密规定的责任人员要依照检察人员纪律处分条例等有关规定给予纪律处分，构成犯罪的，依法追究刑事责任。

（2）惩治打击报复举报人的行为。根据有关法律规定，国家机关工作人员滥用职权、假公济私，对举报人进行报复陷害构成犯罪的，应当依法立案侦查，追究其刑事责任；不构成犯罪的，移送主管部门追究其党纪、政纪责任。

（3）平等保护被举报人的合法权益。不但举报人的权利受到保护，被举报人的合法权益也受到严密保护。根据《人民检察院举报工作规定》第45条、第56条的规定，凡利用举报捏造事实，伪造证据，诬告陷害他人构成犯罪的，依法追究刑事责任。对举报失实并造成一定影响的，应当采用适当方式澄清事实，为被举报人消除影响。

（五）检察机关受理报案、举报、控告、自首的程序

检察机关受理报案、举报、控告、自首的程序包括：接受、审查、管理受案材料或线索三个步骤。

1. 接受报案、控告、举报和自首

根据刑事诉讼法第109条的规定，报案、控告、举报既可以采用书面形式提出，也可以采用口头形式提出。

所谓口头形式包括：当面口头报案、控告、举报，以及采用电话、录音的形式报案、控告、举报。任何单位和个人，包括外国人和无国籍人，发现犯罪事实或者犯罪嫌疑人，向司法机关报案或者举报，既是其权利，也是其义务；被害人对侵犯其人身、财产权利的犯罪事实或者犯罪嫌疑人向司法机关报案或者控告是其权利；无论采用何种形式报案、控告和举报，人民检察院都应当依法接受，而不得拒绝。对于当面口头报案、控告、举报，接受报案、控告、举报的检察工作人员应当将其内容写成笔录，经宣读无误后，由报案人、控告人、举报人签名或者盖章；对于电话报案、控告、举报，应当

询问清楚，如实制作笔录；对于当面举报和电话举报，必要时可以对其进行录音，但录音不能代替笔录；书面举报的信函、报案人、控告人、举报人既可以使用汉字书写，也可以使用其掌握的少数民族文字、外国语言文字书写，还可以使用盲文书写；对于犯罪人的自首，无论是否属于人民检察院管辖，都应当接受；对于自首的内容，应当制作笔录，经宣读无误后，由自首的犯罪人签名或者盖章；对于自首的犯罪人，应当予以留置，采取必要的措施，防止其改变想法，中途逃逸。

2. 对受案材料的审查和处理

控告检察部门或者人民检察院举报中心对于依法接受的报案、控告、举报和自首的材料，应当确定专人进行及时审查，并根据举报线索的不同情况和管辖规定，在7日以内分别作出如下处理：

（1）不属于人民检察院管辖的，移送有管辖权的机关处理，并且通知报案人、控告人、举报人、自首人。对于不属于人民检察院管辖又必须采取紧急措施的，应当先采取紧急措施，然后移送主管机关。

（2）属于人民检察院管辖的，按照相关规定移送本院有关部门或者其他人民检察院办理；对案件事实或者线索不明的，应当进行必要的调查核实，收集相关材料，查明情况后及时移送有管辖权的机关或者部门办理。控告检察部门或者举报中心可以向下级人民检察院交办控告、申诉、举报案件，交办举报线索前应当向有关侦查部门通报，交办函及有关材料复印件应当转送本院有关侦查部门。

（3）人民检察院举报中心是检察机关接受处理公民和国家机关、团体、企事业单位以及其他人士，对国家工作人员以及国家机关工作人员贪污、贿赂、渎职等职务犯罪行为进行检举、控告的专门工作机构。举报中心对接收的举报线索，应当确定专人及时审查，根据举报线索的不同情况和管辖规定，自收到举报线索之日起7日以内分别作出处理。侦查部门收到举报中心移送的举报线索，应当在3个月以内将处理情况回复举报中心；情况复杂逾期不能办结的，报检察长批准，可以适当延长办理期限。举报中心对性质不明难以归口、检察长批交的举报线索应当进行初核。举报线索的初核应当报分管检察长审批，按照《控告申诉首办责任制实施办法（试行）》的有关规定，确定责任人及时办理。初核前，举报中心应当向有关侦查部门通报。初核举报线索，应当制订初核计划，报部门负责人审批后实施。初核可以采取询问、调取证据材料等措施，一般不得接触被举报人，不得采取强制措施，不得查封、扣押、冻结财产。初核应当采取措施保障办案安全,防止发生安全事故。初核后应当制作初核报告,提出处理意见,报分管检察长决定。书面审查是举报中心的主要方式,是只有在性质不明难以归口、检察长批交等通过书面审查不能确定管辖的情况下才采取的调查措施。

举报中心有权对作出不立案决定的举报线索进行审查,认为不立案决定错误的,应当提出意见报检察长决定。如果符合立案条件的,应当立案侦查。举报中心审查不立案举报线索,应当在收到侦查部门决定不予立案回复文书之日起1个月以内办结;情况复杂,逾期不能办结的,经举报中心负责人批准,可以延长2个月。

3. 案件线索的管理

人民检察院对于直接受理的要案线索实行分级备案的管理制度。县、处级干部的要案线索一律报省级人民检察院备案,其中涉嫌犯罪数额特别巨大或者犯罪后果特别严重的,要层报最高人民检察院备案;厅、局级以上干部的要案线索一律报最高人民检察院备案。要案线索,是指依法由人民检察院直接立案侦查的县、处级以上干部犯罪的案件线索。要案线索的备案,应当逐案填写要案线索备案表。备案应当在受理后7日以内办理;情况紧急的,应当在备案之前及时报告。接到备案报告的上级人民检察院对于备案材料应当及时审查,如果有不同意见,应当在10日以内将审查意见通知报送备案的下级人民检察院。

(六) 检察机关立案必须经过的程序

检察机关立案是人民检察院办理刑事案件的第一道程序。为确保立案质量,检察机关必须严格依法定程序立案。检察机关刑事立案的程序是:

1. 由承办案件的人员制作《立案报告书》或者《立案报告表》;
2. 经部门负责人或者主办检察官审查;
3. 由部门负责组织讨论同意;
4. 由部门负责人或主办检察官报请检察长批准;
5. 经检察长批准或者检委会讨论决定后制作《立案决定书》。

经过批准或决定以后,由承办人填写《立案决定书》,人民检察院据此正式对案件展开侦查。《立案决定书》要载明犯罪嫌疑人的姓名、涉嫌的罪名、立案的法律依据、立案的机关、立案的时间等内容,《立案决定书》上要有检察长签字印章。《立案决定书》是人民检察院依法对案件正式侦查的依据,是对犯罪嫌疑人采取各种侦查措施和强制措施的前提条件,必须认真制作。

为了贯彻落实《中华人民共和国全国人民代表大会和地方各级人民代表大会代表法》对人民代表大会代表执行职务司法保障的规定，最高人民检察院对依法决定对人民代表立案的程序作了特殊规定：

（1）对担任本级人大代表的犯罪嫌疑人立案，直接向本级人大主席团或常委会通报情况。

（2）对担任上级人大代表的犯罪嫌疑人立案，向该代表所属的人大同级的人民检察院通报情况。

（3）对担任下级人大代表的犯罪嫌疑人立案，可以直接向该代表所属的人大主席团或常委会通报情况，也可以委托该代表所属的人大同级的人民检察院通报情况；对担任乡、民族乡、镇的人大代表的犯罪嫌疑人立案，由县级人民检察院报告乡、民族乡、镇的人民代表大会。对担任两级以上人大代表的犯罪嫌疑人立案，分别按照上述方式通报情况。

（4）对担任办案单位所在省、市、县（区）以外的其他地区人大代表的犯罪嫌疑人立案，应当委托该代表所属的人大同级的人民检察院通报情况。担任两级以上人大代表的，应当分别委托该代表所属的人大同级的检察院通报情况。

二、检察机关的侦查活动

（一）检察机关刑事侦查与公安机关侦查的不同点

检察侦查，又称检察机关侦查，是相对公安机关、国家安全机关和军队保卫部门、监狱对刑事案件的侦查。它是指人民检察院对犯罪行为进行的专门调查和采取有关强制性措施的活动。检察侦查活动是国家法律赋予检察机关的一项重要司法权力。一方面，通过侦查活动查明所管辖犯罪事实真相，使无罪的人不受刑罚处罚，保护公民的合法权利；把有罪的人揭露出来，代表国家起诉到审判机关，要求给予刑罚处罚，监督国家法律的遵守和执行。另一方面，通过对不执行国家法律的国家机关及其工作人员的行为进行侦查，纠正其违法犯罪行为，以国家权力制约其不执行法律的行为，确保国家法律正确实施。检察机关侦查的内容包括两部分，一是检察机关自己直接管辖的刑事案件决定立案的侦查；二是对公安机关、国家安全机关、军队保卫部门、监狱负责侦查案件的补充侦查。这两部分侦查的任务都是依照法定的程序收集、审查各种证据材料，准确及时地查清犯罪事实和查获犯罪人，不冤枉好人，也不放纵犯罪分子。

　　检察机关的侦查和公安机关的侦查，虽然都是依照刑事诉讼法规定进行的专门调查工作和实施有关的强制性措施，但二者有如下不同：

　　1. 侦查主体不同。检察机关侦查的主体是检察机关，直接行使侦查活动的是检察人员。公安机关侦查的主体是公安机关，进行直接侦查活动的是公安人员。

　　2. 侦查案件的范围不同。检察机关侦查的案件范围，是检察机关直接管辖的立案侦查的刑事案件。而公安机关侦查的案件范围，是除了人民检察院、国家安全机关、军队保卫部门、监狱负责侦查刑事案件和人民法院直接受理的不需要侦查的轻微刑事案件以外的其他刑事案件。

　　3. 侦查手段不同。检察机关侦查的案件多数是国家工作人员利用职务进行犯罪的案件，特别是查处贪污贿赂犯罪案件，多数都要通过查账、查封账号、询问知情人等进行侦查。而公安机关侦查的案件多属于社会治安案件，采用强制性措施较多。

　　4. 侦查案件的难度不同。检察机关侦查的案件主体多数文化水平高、社会经历多、作案手段隐蔽，且其中很多人有一定的职权，反侦查能力强。因而侦查难度较大。公安机关侦查案件不具有这样的特点。

　　5. 侦查的程序不同。检察机关侦查的案件，往往先有犯罪嫌疑人，根据犯罪嫌疑人去侦查犯罪事实，即从人到事的侦查。公安机关侦查的案件往往是先有犯罪事实，根据犯罪事实去侦查犯罪人，即从事到人的侦查。除此之外，检察机关与公安机关侦查的最大不同点是：检察机关除进行部分侦查活动外，更重要的是在侦查活动中进行侦查监督，不但要监督公安、国家安全等侦查机关的侦查活动，也要监督检察机关自己的侦查活动，促使侦查机关依法进行侦查。

　　（二）检察机关进行初查

　　刑事诉讼法第110条规定，人民检察院对于报案、控告、举报和自首材料，应当迅速进行审查。这里的"审查"，有两种方式：一种是书面审查，即仅对报案、控告、举报和自首的书面材料所作的审查；另一种是调查，即向有关人员和场所访查、了解，收集证据。由于这种调查发生于立案前，所以叫立案前的调查；又由于这种调查相对于立案后的调查来说还是初步的，所以又叫初查。因此，初查是审查的一种方式，是对管辖范围内的线索进行调查，以判明是否符合立案条件的诉讼活动。

1. 初查的内容

初查的内容主要有以下两个方面：

第一，案件事实本身，即是否有犯罪事实和是否需要追究刑事责任。具体为：

（1）材料所反映的问题是否真实；

（2）所反映的问题是否符合犯罪构成要件，特别是主体是否属于国家工作人员或国家机关工作人员，行为是否利用职务上的便利，是否达到了构成犯罪的程度等；

（3）是否具有依法不追究刑事责任的情况。

第二，涉嫌人员的有关情况。

初查的基本任务就是获取证据和有关信息，判明是否有犯罪事实，是否需要追究刑事责任，从而决定是否立案。

2. 初查的原则

初查的原则主要有：

（1）检察长或检察委员会决定原则。《刑诉规则》第168条规定："侦查部门对举报中心移交的举报线索进行审查后，认为有犯罪事实需要初查的，应当报检察长或者检察委员会决定。"非经检察长或者检察委员会决定，不得进行初查。之所以作如此严格的规定，是因为初查是很严肃的事，涉及是否侵犯被查人员的合法权利；初查权是检察权的重要组成部分，它属于人民检察院，只有检察长或者检察委员会，才能代表人民检察院行使。

（2）秘密原则。在整个初查过程中，都要严格保密，防止暴露初查对象、初查意图和初查内容。秘密初查是职务犯罪调查工作的要求。

（3）不限制被查对象人身、财产权利原则。初查与侦查不同，调查措施是非强制性的。根据《刑诉规则》第173条的规定，在初查过程中，可以采取询问、查询、勘验、鉴定、调取证据材料等不限制被查对象人身、财产权利的措施。但是，不得对被查对象采取强制措施，不得查封、扣押、冻结被查对象的财产。当然，在初查过程中，如果遇到初查对象毁灭罪证、自杀、携款潜逃、利用持有的外国护照或签证出逃等情况，需要作紧急处理的，检察机关应作紧急处理，并及时将初查转化为侦查。

（4）突出重点、统筹兼顾原则。由于初查的目的主要是查明认定是否有犯罪事实，是否需要追究刑事责任，解决能否立案的问题，因此，初查必须突出重点，抓住最能说明犯罪事实存在且牵涉范围小、查证时间短、便于保密、容易突破的线索和环节进行。切忌不分主次，全面调查。

3. 初查的方法

初查的方法多种多样，只要能依法取得证据而又不限制被查对象人身、财产权利的方法都可以用。根据司法实践，主要有以下几种：

（1）接谈察访法。就是对能提供或反映案件线索有关情况的人员或场所的调查。这里的"人员"主要指控告人、举报人、知情人；"场所"是指能反映初查两个方面内容（案件事实和涉嫌人员有关情况）的场所。接谈察访是最基本的初查方法。

（2）借有关执法执纪单位调查。即借有关执法执纪部门及有关主管部门的调查，获取检察机关所需要的证据材料，这既能隐蔽初查意图，又是能获得直接证据的有效方法。具体有两种情况：一种是商请或配合纪检、监察、公安、工商、审计、技术监督、海关、城建、人民银行等执法执纪部门及有关主管单位，以他们的名义，进行执法执纪或专项检查，从中获取证据；另一种是当案件必须正面接触被查对象时，商请公安机关对该人存在的偷税、赌博、嫖娼、制售伪劣产品及违反治安管理的违法犯罪行为进行调查，并采取治安拘留、刑事拘留等措施限制其人身自由，从中调查其职务犯罪问题。

（3）在查明案时，调查隐案。即在调查已经公开的案件时，调查隐案的证据，以转移视线，迷惑、麻痹被查对象。

4. 初查结果的处理

根据刑事诉讼法第110条的规定，人民检察院对线索进行初查后，应分别情况决定立案或不立案。

（1）决定立案。根据刑事诉讼法第110条和《刑诉规则》第176条、第183条的规定，人民检察院对案件线索进行初查后，认为符合立案条件，即认为有犯罪事实需要追究刑事责任的，应当作出立案决定。具体手续是：制作初查结论报告，提出提请批准立案侦查的意见，报检察长决定后，制作立案决定书，并加盖检察长印和院印。对人民代表大会代表立案的，应当按照有关规定向该代表所属的人民代表大会主席团或者常务委员会通报。

（2）决定不立案。根据刑事诉讼法第110条、第111条，《刑诉规则》第176条、第178条、第179条、第184条的规定，人民检察院对案件线索进行初查后，认为没有犯罪事实的，事实或者证据尚不符合立案条件的，具有刑事诉讼法第15条规定情形之一的，应当制作初查结论报告，提出不予立案的意见，报检察长决定。如果是被害人控告的，还应当将《不立案通知书》在 15 日以内送达控告人，同时告知本院控告检察部门。控告人如果不服，可以在收到不立案通知书后 10 日以内申请复议。对不立案的复议，由人民检察院控告检察部门受理。控告检察部门应当根据事实和法律进行审查，并可以要求控告人、申诉人提供有关材料，认为需要侦查部门说明不立案理由的，应当及时将案件移送侦查监督部门办理。

对于实名举报，经初查决定不立案的，侦查部门应当制作不立案通知书，写明案由和案件来源、决定不立案的理由和法律依据，连同举报材料和调查材料，自作出不立案决定之日起 10 日以内移送本院举报中心，由举报中心答复举报人。必要时可以由举报中心与侦查部门共同答复。

对于其他机关或者部门移送的案件线索，经初查决定不立案的，侦查部门应当制作不立案通知书，写明案由和案件来源、决定不立案的理由和法律依据，自作出不立案决定之日起 10 日以内送达移送案件线索的单位。

人民检察院对于决定不予立案，但需要追究党纪、政纪责任的被举报人，应当移送有关主管机关处理。

（三）检察侦查人员询问证人

询问证人是侦查工作的重要环节，它对查清事实、核对证据有着十分重要的意义。根据我国刑事诉讼法规定，凡是知道案件情况的人，都有作证的义务。所以，凡是被通知到案作证的知情人都是证人。在生理上、精神上有缺陷或者年幼的人，只要是能辨别是非，能正确表达自己真实意思的人，都可以作为证人。询问证人前应做如下准备工作：

1. 确定询问证人的顺序和时机。任何一个具体案件，往往都有很多证人。在询问前必须认真分析，确定询问证人的顺序，这样一方面可以取得真实证据，另一方面能少走弯路。已得到证实的事实，没有必要的证人证言就可以不取了。

2. 拟定询问提纲。这是保证调取证人证言的重要一步。询问提纲应根据证人的地位、作用、知情程度和心理状态等实际情况确定。一般应包括：需要证人证实哪些问题（包括时间、地点、情节、结果以及与被告人的关系、来往等）；要讲解哪些法律、政策；要破除哪些思想顾虑等。当然，询问提纲在实施过程中，应根据情况可以适时修改、补充。

3. 确定调查取证的检察人员。参加调查取证的人员，应当熟悉本案的情况，明确调查取证的目的和要求，熟练掌握法律规定，严格依法办事。对重大案件,需要大量取证的,应有专人指挥,分别同步进行。

根据法律规定,询问证人时检察人员不得少于2人,询问证人,可以在现场进行,也可以到证人所在单位、住处或者证人提出的地点进行。必要时,也可以通知证人到人民检察院提供证言。到证人提出的地点进行询问的,应当在笔录中记明。询问证人应当个别进行。在现场询问证人,应当出示工作证件。到证人所在单位、住处或者证人提出的地点询问证人的,应当出示人民检察院的证明文件。

4. 询问证人的方法是:首先核对证人的基本情况,确定无误后,告知来意,指明其有如实作证义务;同时指出作伪证和隐匿罪证应负的法律责任,做好思想工作,要求证人如实、全面提供证言。在询问时,应先让证人就其知道的案件作系统、详细的叙述,检察人员根据证人叙述,对不清楚、有疑问和有矛盾的问题进行提问。对证人的提问应当简明、清楚,不得有提示性或引导性问题;不得模棱两可,使证人无法回答。询问聋哑人应有手势翻译人,询问少数民族的证人也应有翻译,询问不满18周岁的证人的,可以通知其法定代理人到场。询问证人要作好询问笔录,询问结束应将询问笔录交被询问人核对,对没有阅读能力的证人应当向他宣读。如笔录有差错、遗漏,应当允许被询问人更正或补充,经核对无误后,由被询问人签名。证人如果要求自行书写证言时,应当允许;必要时,检察人员也可以要求证人亲笔书写证言。

(四)检察侦查人员讯问犯罪嫌疑人

检察机关侦查人员讯问犯罪嫌疑人,是指检察侦查人员为了查明犯罪事实,证实犯罪嫌疑人有罪或者无罪,依照法定的程序对犯罪嫌疑人进行审讯的侦查活动。讯问犯罪嫌疑人是刑事侦查的必经程序,它可以进一步核实已查获的证据,补充收集新的证据,正确认定犯罪的性质;可以进一步发现犯罪嫌疑人的其他犯罪活动及其同案犯;可以及时发现和纠正侦查工作中的疏忽和错误,保证无罪的人不受刑事追究;可以了解和掌握犯罪嫌疑人的心理,促使其坦白交代。

讯问犯罪嫌疑人是检察人员直接听取犯罪嫌疑人对案件事实的供述和辩解,是检察人员同犯罪嫌疑人"短兵相接"、"唇枪舌剑"的面对面的斗争。所以,审讯犯罪嫌疑人要做好充分准备,依法定的程序,有计划地进行。否则,抓不住要领,击不中要害,就很难达到讯问的目的。在讯问前和讯问时应做好以下几点工作:

1. 熟悉案情，分析案情。熟悉案情要全面细致，每个情节每个证据都应认真审查分析。哪些犯罪事实还不清楚，哪些证据有矛盾，还有哪些线索需要查清楚，哪些疑点要弄清楚。根据先易后难排出讯问顺序，找好突破口，做到审讯时心中有数。

2. 了解犯罪嫌疑人的心理状态。掌握犯罪嫌疑人的心理状态，对审讯有重要意义。对犯罪嫌疑人出身、资历、阅历、性格、一贯表现、家庭成员、亲友、犯罪原因和被押后的心态变化等应当全面掌握。在讯问时，根据不同环节需要灵活运用有关证据材料。

3. 制订讯问计划。每次讯问前都要制订计划。本次讯问要解决什么问题，达到什么目的，犯罪嫌疑人可能回答各种情况的估计，运用何材料加以佐证等都要周到计划。计划周全，往往会收到事半功倍的成效。如果讯问人员没有作出审讯计划，仓促上阵，随便问问，往往会使审讯工作陷于僵局，达不到预期的效果。

4. 组织讯问力量。审讯工作是一项严肃的工作，应预先搭配好讯问人员，按法律规定，参加审讯的人员不得少于 2 个检察人员，还应有能胜任的记录人员。主审检察人员应是稳定且有经验的检察人员。在讯问聋、哑被告人时，应当有通晓聋、哑手势的人参加。审讯进程中，常会遇到紧急查证、提取赃证等情况，事先应准备好相应的机动力量，准备随时配合行动。

5. 讯问的步骤、方法。《刑诉规则》第 197 条规定："讯问犯罪嫌疑人一般按照下列顺序进行：（一）查明犯罪嫌疑人的基本情况，包括姓名、出生年月日、籍贯、身份证号码、民族、职业、文化程度、工作单位及职务、住所、家庭情况、社会经历、是否属于人大代表、政协委员等；（二）告知犯罪嫌疑人在侦查阶段的诉讼权利，有权自行辩护或委托律师辩护，告知其如实供述自己罪行可以依法从宽处理的法律规定；（三）讯问犯罪嫌疑人是否有犯罪行为，让他陈述有罪的事实或者无罪的辩解，应当允许其连贯陈述。"刑事诉讼法第 118 条第 1 款规定："侦查人员在讯问犯罪嫌疑人的时候，应当首先讯问犯罪嫌疑人是否有犯罪行为，让他陈述有罪的情节或者无罪的辩解，然后向他提出问题……"在讯问前，犯罪嫌疑人是否有罪尚无法确定，需要通过讯问予以证实。因此，为了防止主观片面、先入为主，保证讯问的客观性和公正性，检察人员在讯问犯罪嫌疑人时应首先讯问他是否有犯罪行为。如果犯罪嫌疑人承认有犯罪行为，便让他陈述犯罪的经过和情节；如果犯罪嫌疑人否认有犯罪行为，则应让他作无罪的辩解，然后再就犯罪嫌疑人供述或辩解中不清楚、不全面或者前后矛盾的地方向他提问。需要注意的是，检察人员在讯问中对犯罪嫌疑人的犯罪事实、动机、目的、手段，与犯罪有关的时间、地点，涉及的人、事、物，都应当讯问清楚。

刑事诉讼法第 118 条第 1 款与《刑诉规则》第 197 条第 2 款还规定："……犯罪嫌疑人对侦查人员的提问，应当如实回答。但是对与本案无关的问题，有拒绝回答的权利。"这表明，对检察人员与本案有关问题的提问，犯罪嫌疑人负有如实回答和陈述的义务，既不能拒绝回答，也不能作虚假陈述；既不能捏造事实，也不能隐瞒事实或在回答时避重就轻；犯罪嫌疑人虽然没有沉默权，但当检察人员提出与本案无关的问题时，他有拒绝回答的权利。所谓"与本案无关的问题"，应指与犯罪无关的问题。例如，受贿案件中犯罪嫌疑人的个人隐私，犯罪嫌疑人掌握的国家机密等。对于这些问题，犯罪嫌疑人有权拒绝回答。但对于检察人员提出的与犯罪有关的问题，如犯罪嫌疑人的其他犯罪问题或同案犯罪嫌疑人的犯罪问题，犯罪嫌疑人不能以"与本案无关"为借口拒绝回答。需要指出的是，检察人员在讯问时，对犯罪嫌疑人提出的辩解要认真查核。严禁刑讯逼供和以威胁、引诱、欺骗以及其他非法的方法获取供述。

刑事诉讼法第 118 条第 2 款规定："侦查人员在讯问犯罪嫌疑人的时候，应当告知犯罪嫌疑人如实供述自己罪行可以从宽处理的法律规定。"之所以如此规定，原因在于：一是有利于促使犯罪嫌疑人主动交代罪行，从而促进案件的进一步调查，节省司法资源；二是有利于在程序法中形成与实体法的对接，有效贯彻"坦白从宽"的刑事司法政策。

6. 讯问时录音、录像的规定。为防止检察人员以刑讯逼供等非法方法获取犯罪嫌疑人的供述，保证讯问行为的合法性，刑事诉讼法第 121 条和《刑诉规则》第 201 条规定对于可能判处无期徒刑、死刑的案件或者其他重大犯罪案件，应当对讯问过程进行录音或者录像。讯问职务犯罪嫌疑人应当录音录像，并且应当告知犯罪嫌疑人，告知情况应当在录音、录像中予以反映，并记明笔录。但无论何种情形，录音或者录像均应全程进行，保持完整性，以保证录音、录像的真实性和可靠性。

7. 做好讯问笔录。每次讯问犯罪嫌疑人，都要认真作好笔录。讯问笔录要求真实、全面、清楚。讯问笔录应当交犯罪嫌疑人核对。对没有阅读能力的犯罪嫌疑人，应当向他宣读。如果记录有出入，允许提出补充和修改。犯罪嫌疑人承认笔录无误后，应当在笔录上写上"以上笔录经我看过或者我听念过，没有记错"的意见，最后签名盖章。讯问和记录的检察人员也应当在笔录上签上自己的姓名和职称。如果犯罪嫌疑人要求自行书写供述的，应当准许。必要时，检察人员也可以要求犯罪嫌疑人书写亲笔供词。讯问时，也可以录音、录像。录音、录像等视听资料经核实后，也可以作为证据使用。

（五）检察机关如何进行搜查

搜查，是检察机关对被告人、犯罪嫌疑人、可能隐藏罪犯或者犯罪证据的人的人身、物品、住所和其他有关的地方进行搜索。搜查是一项强制性措施。搜查的任务是发现和收集与案件有关的证据，查获犯罪人。搜查既是查获犯罪人的措施，也是查获赃物、赃款和有关证据的措施。因此，搜查必须有计划有步骤地进行。

1. 搜查前的准备工作

为了达到搜查目的，使搜查顺利进行，在搜查前必须做好以下准备工作。

（1）明确搜查的目的和重点。检察机关直接侦查的案件，搜查的目的主要是获取物证、书证、赃款赃物，寻找侦查线索和挽回国家和集体的经济损失。检察机关搜查的重点是：账目单据类包括：往来账册、各类凭证、单据、发票等；文书类包括：与案件有关的会议记录、谈话记录、电话记录、电报、书信、合同书、协议书、提货单等；票证类包括：人民币、港币、外币、兑换券、汇票以及其他有价证券、股票等；证件类包括：介绍信、印章、伪造的各种证件、空白发票、病历、处方、工资单和商标印记等；物品类包括：赃物、作案工具、书写文字原件、复印件等。

（2）确定参加搜查的人员。搜查时，应当配备足够的人员，一般应吸收若干女性检察人员参加。参加搜查的人员要有明确的分工。除进行具体搜查的人员外，还应设置警戒人员，以防止被搜查人或者其家属扰乱、闹事、行凶、自杀或转移、销毁罪证等情况发生。检察人员搜查时还应设置专人负责录音录像。

（3）收集有关被搜查人的情况。如被搜查人的身份、生活方式、作息时间、业余爱好、亲友及邻里关系情况，以便正确判断可能隐匿罪证的去向，并决定是否进行搜查。

（4）了解被搜查处的周围环境。在住宅搜查，要了解房屋的处所方位，对房屋面积、内部结构、所有进出通道及有无公用部位等，以便能正确搜查，防止出现意外情况。

（5）制订搜查方案及做好搜查的物质准备。在搜查前应制订搜查方案，主要内容应该有：搜查的目的；搜查的时间、地点，搜查中可能发生的问题及相应的对策；搜查的警卫设置；搜查的物质准备，主要有：搜查中必须带的工具、照相、照明、测量、通信及交通工具等。必要时应准备录像设备，对搜查现场进行录像。

2. 搜查的程序

搜查前应由检察长签发《搜查证》。搜查作为一种独立的侦查行为，既可以单独进行，也可以在执行逮捕、拘留时同时进行。根据刑事诉讼法的规定，逮捕和拘留均由公安机关执行，但是由于人民检察院负有办理直接受理侦查案件的权力，因而在需要逮捕、拘留犯罪嫌疑人时，并且在必要的时候可以协助公安机关执行。

人民检察院在协助执行逮捕，拘留的时候，遇有紧急情况，不使用《搜查证》也可以进行搜查。所谓紧急情况，主要是指犯罪嫌疑人身带凶器或其他爆炸、剧毒等极具危险性的物品，或者在其住处放有爆炸物品等，可能发生自杀、凶杀以及危害他人或公共安全的情况，或者有隐匿、毁弃、转移犯罪证据等情况，如果不立即搜查可能造成不应有的损害或者贻误获取证据的时机，妨碍或影响侦查活动的顺利进行。但是，应补办搜查的有关手续，并且必须在搜查结束后立即进行，不能借故无故拖延。

根据刑事诉讼法第134条规定，侦查人员可以对犯罪嫌疑人以及可能隐藏罪犯或者犯罪证据的人的人身、物品、住处和其他有关的地方都进行搜查。在搜查时，应当有被搜查人或者他的家属、邻居或者其他与案件有关的见证人在场，必要时，可通知当地公安派出所或者有关单位派人参加。在搜查前，应对被搜查人或者其家属进行必要的思想教育，启发他们主动交出赃款、物证、书证，并告知他们阻碍搜查应负的法律责任。对见证人应讲明其依法应承担的义务。根据《刑诉规则》第228条的规定："进行搜查的人员，应当遵守纪律，服从指挥，文明执法，不得无故损坏搜查现场的物品，不得擅自扩大搜查对象和范围。对于查获的重要书证、物证、视听资料、电子数据及其放置、存储地点应当拍照，并且用文字说明有关情况，必要的时候可以录像。"

（六）检察机关调取、查封、扣押物证、书证和视听资料、电子数据

调取、查封、扣押物证、书证和视听资料、电子数据是人民检察院依法

强制收取与案件有关的物品、文件和视听资料、电子数据的一种侦查取证方法。按照我国刑事诉讼法第139条第1款的规定："在侦查活动中发现的可用以证明犯罪嫌疑人有罪或者无罪的各种财物、文件，应当查封、扣押；与案件无关的物品、文件，不得查封、扣押。"可见，查封、扣押的目的是发现、保全证据和保障国家和人民的财产少受损失。在侦查实践中，"查封"往往针对的是"不动产"，而"扣押"往往针对的是"动产"。

调取物证、书证和视听资料、电子数据要遵循如下程序：

1. 检察人员可以凭人民检察院的证明文件，向有关单位和个人调取能够证明犯罪嫌疑人有罪或者无罪以及犯罪情节轻重的证据材料，并且可以根据需要拍照、录像、复印和复制。

2. 人民检察院办理案件，需要向本辖区以外的有关单位和个人调取物证、书证等证据材料的，办案人员应当携带工作证、人民检察院的证明文件和有关法律文书，与当地人民检察院联系，当地人民检察院应当予以协助。必要时，可以向证据所在地的人民检察院发函调取证据。调取证据的函件应当注明取证对象的具体内容和确切地址。协助的人民检察院应当在收到函件后1个月内将调查结果送达请求的人民检察院。

3. 调取物证应当调取原物，调取书证、视听资料应当调取原件。原物不便搬运、保存，或者依法应当返还被害人，或者因保密工作需要不能调取原物的，可以将原物封存，并拍照、录像。对原物拍照或者录像应当足以反映原物的外形、内容。取得原件确有困难或者因保密需要不能调取原件的，可以调取副本或者复制件。调取书证、视听资料的副本、复制件和物证的照片、录像的，应当书面记明不能调取原件、原物的原因，制作过程和原件、原物存放地点，并由制作人员和原书证、视听资料、物证持有人签名或者盖章。

扣押的形式通常有五种：（1）对人身搜查获得的物品和书证的扣押；（2）对隐藏物证的场所搜查所得的物品和书证的扣押；（3）被告人的家属及其他人送交的物品和书证的扣押；（4）机关、团体、单位送交的物品和书证的扣押；（5）依法扣押的邮件、电报和扣押冻结的银行存款等。查封、扣押物证、书证要遵循如下的程序：

1. 检察机关查封、扣押物证、书证，应由2名以上检察人员进行。查封、扣押物证、书证经常与勘验、搜查同步进行。在实施这些侦查行为过程中，如果发现与案件有关的物品是能够证实犯罪嫌疑人有罪或者无罪的证据材料，可以向有关单位或者个人查封、扣押，并且可以根据需要拍照、录像、复印和复制。文件等或者虽与本案无关但属于违禁物品之列的，需要扣押时，凭搜查证即可扣押。违禁品扣押后，应及时移交有关部门进行处理。单独扣押时，须经检察机关负责人批准。检察人员必须持有本机关的介绍信和本人的工作证明，并向被扣押物证、书证的人出示或者宣读。

2. 在勘验、搜查中发现的可以证明犯罪嫌疑人有罪或者无罪的各种文件、资料和其他物品，应当扣押。对于同案件事实和犯罪行为没有联系，对证明案情、证实犯罪没有价值的与案件无关的文件、资料和其他物品，检察人员不得进行扣押。这是为了保护公民的合法权益，防止滥用扣押权。

实践中常常有这种情况，即勘验、搜查中发现了可疑的文件、资料和其他物品，可能与案件有关，但又不能立即查明是否与案件有关，遇有这种情况时，应当按照《刑诉规则》第234条的规定处理，先予以查封、扣押，待查清后再作处理，以免丧失重要证据。但是审查必须及时、迅速，避免给公民的合法财产权利造成侵害。一旦查明被查封、扣押的物证、书证和视听资料与案件无关，应在从查明与案件无关之日起3日以内退还，不容拖延，退还时应当核对扣押清单，清退注销，并由收件人签名盖章。

持有人拒绝交出应当查封、扣押的文件、资料和其他物品的，检察人员可以强制查封、扣押。查封、扣押物证、书证和视听资料具有强制性质，凡应查封、扣押之物，如果持有人、所有人、保管人没有正当理由而拒绝交付，或对扣押有抗拒行为的，检察人员可采用强制力予以强制查封扣押，以保障刑事诉讼的顺利进行。

3. 对于查封、扣押的财物和文件，检察人员应当会同在场见证人和被查封、扣押物品持有人查点清楚，当场开列查封、扣押清单一式四份，注明查封、扣押物品的名称、型号、规格、数量、质量、颜色、新旧程度、包装等主要特征，由检察人员、见证人和持有人签名或者盖章，一份交给文件、资料和其他物品持有人，一份交被查封、扣押文件、资料和其他物品保管人，一份附卷，一份保存。持有人拒绝签名、盖章或者不在场的，应当在清单上记明。这既有利于证明作为证据使用的文件、资料和其他物品的来源，以体现其证明力，还可以防止被扣押的文件、资料和其他物品被遗失或者私自截留，可以防止无理索取未扣物品，造成不必要的纠缠。如果持有人拒绝签名或者盖章的，应当在扣押物品清单上记明，证明扣押情况，表明扣押时持有人态度的真实情况。

对于扣押的外币、金银珠宝、文物、名贵字画以及其他不易辨别真伪的贵重物品，应当在拍照或者录像后当场密封，并由检察人员、见证人和被扣押物品持有人在密封材料上签名或者盖章，根据办案需要及时委托具有资质的部门出具鉴定报告。查封、扣押存折、信用卡、有价证券等支付凭证和具有一定特征能够证明案情的现金，应当注明特征、编号、种类、面值、张数、金额等，由检察人员、见证人和被扣押物品持有人在密封材料上签名或者盖章。启封时应当有见证人或者持有人在场并签名或者盖章。查封、扣押易损毁、灭失、变质以及其他不宜长期保存的物品，应当用笔录、绘图、拍照、录像等方法加以保全后进行封存，或者经检察长批准后委托有关部门变卖、拍卖。变卖、拍卖的价款暂予保存，待诉讼终结后一并处理。

4. 对于应当查封的不动产和置于该不动产上不宜移动的设施、家具和其他相关财物，以及涉案的车辆、船舶、航空器和大型机械、设备等财物，必要时可以扣押其权利证书，经拍照或者录像后原地封存，并开具查封清单一式四份，注明相关财物的详细地址和相关特征，同时注明已经拍照或者录像及其权利证书已被扣押，由检察人员、见证人和持有人签名或者盖章。持有人拒绝签名、盖章或者不在场的，应当在清单上注明。人民检察院查封不动产和置于该不动产上不宜移动的设施、家具和其他相关财物，以及涉案的车辆、船舶、航空器和大型机械、设备等财物的，应当在保证侦查活动正常进行的同时，尽量不影响有关当事人的正常生活和生产经营活动。必要时，可以将被查封的财物交持有人或者其近亲属保管，并书面告知保管人对被查封的财物应当妥善保管，不得转移、变卖、毁损、出租、抵押、赠与等。人民检察院应当将查封决定书副本送达不动产、生产设备或者车辆、船舶、航空器等财物的登记、管理部门，告知其在查封期间禁止办理抵押、转让、出售等权属关系变更、转移登记手续。

5. 扣押犯罪嫌疑人的邮件、电报或者电子邮件。根据刑事诉讼法的规定，侦查人员认为需要的时候，可以扣押犯罪嫌疑人的邮件或者电报。由于扣押邮件和电报，直接限制了公民的通信自由和通信秘密，所以刑事诉讼法对此作了严格的限制。

一方面，"侦查人员认为需要扣押邮件、电报的时候"才能扣押。所谓需要扣押的时候，是指犯罪嫌疑人已经或者可能利用邮件、电报，与同案人进行联系；邮件、电报可能成为证明犯罪嫌疑人有罪、无罪的重要证据；犯罪嫌疑人可能利用邮件或电报进行新的犯罪活动，以及其他认为需要扣押邮件、电报的时候。没有上述情况不能扣押。

另一方面，侦查人员扣押邮件、电报要经"公安机关或人民检察院"批准。没有经过批准不能扣押。《刑诉规则》第238条规定扣押犯罪嫌疑人的邮件、电报或者电子邮件，应当经检察长批准，通知邮电部门或者网络服务单位将有关的邮件、电报或者电子邮件检交扣押。不需要继续扣押的时候，应当立即通知邮电部门或者网络服务单位。对于可以作为证据使用的录音、录像带、电子数据存储介质，应当记明案由、对象、内容、录取、复制的时间、地点、规格、类别、应用长度、文件格式及长度等，妥善保管，并制作清单，随案移送。

在侦查中只能扣押犯罪嫌疑人的邮件、电报、电子邮件，对其他人员，包括证人、犯罪嫌疑人家属等的邮件、电报、电子邮件不得扣押。当案件发生变化或者邮件、电报、电子邮件涉及的犯罪事实已经查清，所扣物品不作为证据使用，扣押的邮件、电报、电子邮件已失去继续扣押意义，不需要继续扣押的时候，检察机关应立即通知邮电机关或者网络服务机构停止扣押。

6. 扣押的物品、文件，多数都是案件中的证据，因此必须妥善保管，不得丢失、损坏、使用、调换或者自行处理，以免影响它的证据作用。扣押的物品、文件如果有危害国家安全的内容，或者是淫秽图片、黄色书刊等，应当由专人保管，不得传抄、扩散，以免造成不良影响。扣押的文件如果涉及国家秘密，应注意保密，不许泄露。经查明确实与案件无关的物品、文件或者邮件、电报，应当在3日以内作出解除或者退还决定，并通知有关单位、当事人办理相关手续。

（七）检察机关查询、冻结存款、汇款等财产

我国刑事诉讼法第142条第1款规定，"人民检察院、公安机关根据侦查犯罪的需要，可以依照规定查询、冻结犯罪嫌疑人的存款、汇款、债券、股票、基金份额等财产。有关单位和个人应当配合"。它赋予了人民检察院查询、冻结犯罪嫌疑人的存款、汇款等财产的权力。此种侦查措施，对于打击贪污贿赂等经济性犯罪，查获赃款、取得罪证，挽回国家、集体或公民的损失是十分重要的。

冻结银行等金融机构存款、汇款等财产要遵循如下程序：向银行或者其他金融机构，邮电机关查询、冻结犯罪嫌疑人存款、汇款等财产的，应当经检察长批准，分别制作《查询、冻结犯罪嫌疑人存款、汇款等财产通知书》，送达银行或者其他金融机关执行。需要注意，查询、冻结的存款、汇

款等财产只限于犯罪嫌疑人的存款、汇款等财产。"犯罪嫌疑人的存款、汇款等财产"既包括犯罪嫌疑人以他的真名、化名存入、汇出或持有的存款、汇款等财产，也包括是他犯罪所得而以其家庭成员或者亲朋好友的名字存入、汇出或持有的存款、汇款等财产。如果一时分不清是否属于犯罪嫌疑人的存款、汇款等财产，但为了侦查犯罪又需要查询、冻结的，可以先查询、冻结，然后根据情况再作处理。对于不属于犯罪嫌疑人的存款、汇款等财产，则不得查询、冻结。经检察长批准，可以防止滥用这一权力，保障正确地行使这一权力，人民检察院在冻结银行存款时，金融机构应尽量提供犯罪嫌疑人的存款线索。此外，查询、冻结归侨、侨眷的存款、汇款等财产，还应当征求当地侨务、统战部门的意见，并经地（市）级以上侦查机关负责人批准。

实践中，经常出现犯罪嫌疑人多次作案、多地作案，由不同的人民检察院立案查处的情况。为了保障法律的严肃性，犯罪嫌疑人的存款汇款等财产已经被其他人民检察院或司法部门冻结的，人民检察院不得重复再行冻结。这些存款、汇款等财产包括因为民事、行政案件已被冻结的。犯罪嫌疑人的存款、汇款等财产已经被冻结的，人民检察院需要了解、掌握冻结情况的，应当要求有关银行或者其他金融机构在解除冻结或者作出处理前通知人民检察院，这样可以确保冻结的法律效果，防止出现漏洞，保障追究犯罪的顺利进行。

《刑诉规则》第245条规定，"对于冻结的存款、汇款、债券、股票、基金份额等财产，经查明确实与案件无关的，应当在三日以内解除冻结，并通知被冻结存款、汇款、债券、股票、基金份额等财产的所有人。""查明确实与案件无关"，是指经过调查核实，证明已被冻结的存款并非违法所得，不具有证明犯罪嫌疑人是否犯罪及罪重、罪轻的作用，不能作为证据使用，或者与犯罪的行为并无任何牵连。"3日以内解除冻结"是指在查清了确实与本案无关后的3日以内。这条规定体现了对公民合法财产权利的保护，实践中应当严格执行。对有关存款冻结后，应及时调查核实，对确实与案件无关的，应及时解除冻结，不得无故拖延。

（八）检察机关进行司法鉴定及其适用范围

鉴定，是指侦查机关为了弄清案件中某些专门性的问题，指派或者聘请具有专门知识的人员进行科学鉴别和判断，并作出结论的一种侦查活动。鉴定的任务就是利用科学理论和专门的知识，对与案件有关的专门性问题进行鉴别、判断，作出合乎科学的结论，为查明案件提供证据。鉴定在检察机关侦查中的适用范围较为广泛，凡与职务犯罪案件有关的能够证明犯罪人有罪或者无罪的各种物品、文书、痕迹、被侵害的人身等都可以进行鉴定。科学的鉴定具有客观性强、权威性高、不可推翻的特点。鉴定对于鉴别有关证据的性质和真伪，揭露有关证据在刑事诉讼中的价值，查明案件事实，揭露证实犯罪具有重要作用。在检察机关侦查过程中，常用的专门鉴定主要有：司法会计鉴定，文书鉴定、赃物的价格鉴定、"侵权"案的人身侵害或精神病的医学鉴定。

1. 司法会计鉴定，是指专门人员根据国家法律法规，运用会计专业知识，通过审阅、核查、分析案件中的财务会计及相关证据，对办案部门提请鉴定的有关财务会计专门性问题进行鉴别和确定，以鉴定的形式为侦查破案提供证据的技术活动。司法会计鉴定的对象主要是会计账簿、报表、凭证、单据、现金、物资以及其他财务盈亏数目的资料。司法会计技术是检察机关同职务犯罪特别是贪污贿赂犯罪作斗争的重要工具之一，侦查人员运用司法会计技术进行鉴定，可以获取证据，为认定犯罪提供依据。

2. 文书司法鉴定，是指运用文件检验学的原理和技术，对文书的笔迹、图章、印文、文书的制作工具及形成时间等问题进行鉴定；对证件及有价证券的真伪进行鉴定；对纸张、笔墨成分及打印或复印设备进行鉴定等。文书司法鉴定业务主要包括：笔迹检验，即对笔迹进行比对检验，确定检材和样本笔迹是否同一人所为；印刷文件检验，即检验印刷品是何种方法印制，判断印刷品的来源；印章印文检验，即对印章印文的真伪性进行检验；伪造文件检验，即判明文件是否伪造、何种方法伪造；文件辨识、颜色消退、擦刮涂改、老化褪色、压印痕迹等不易见文件的识别；有价票证检验，即对货币、支票、股票、发票、邮票、车票、机票及各种银行票据的真伪性进行检验；文件物质材料检验即对文件纸张、墨水油墨、黏合剂的成分进行检验；文件形成时间即对文字的书写时间进行检验（包括相对形成时间和绝对形成时间）；证件检验，即对各种身份、学历证件进行检验（包括身份证、毕业证、学位证、工作证、资格证、结婚证等证件）。

3. 法医鉴定包括尸体鉴定、活体鉴定、法医物证鉴定。尸体鉴定的任务是确定死亡的性质、原因、致死的工具、手段、死亡的时间等，并作出结论。活体鉴定的任务是就伤害的部位、伤害的程度、致伤的原因等作出判断结论。法医物证鉴定的任务是对与案件有关的人体组织、液体分泌物、排泄物、斑痕等进行鉴定，以确定其特征、属性。检察机关侦查的因玩忽职守、刑讯逼供、非法拘禁、报复陷害等犯罪行为造成人员伤亡的案件，都应当进行法医鉴定。根据我国鉴定法规定，检察机关的鉴定机构只能对检察机关办理的案件进行监定，不能对外承担鉴定任务。

（九）检察机关在侦查过程中采取非人身强制措施的条件

非人身强制措施，是指在侦查活动中，没有直接对犯罪嫌疑人人身自由进行限制或强制的控制犯罪嫌疑人的措施。这些措施本身对人身没有直接的限制和强制作用，而是为进一步采取人身强制措施服务的。包括：技术侦查、跟踪、守候、控制审查、传唤、阻止出境、通缉等。

1. 技术侦查是指侦查人员根据侦查犯罪的需要，在经过严格的批准手续后，运用技术设备收集证据或查获犯罪分子的一种特殊侦查措施。根据侦查实践，技术侦查措施包括监听、监视、密取、网络监控、截取电子邮件、秘密拍照、秘密录像、电子通信定位等。显然，这些侦查措施必须依赖高科技设备或手段方能进行，因而具有高度的技术性。

2. 跟踪是侦查人员为控制犯罪嫌疑人，防止其逃跑或者进行其他犯罪活动，获取必要的犯罪证据，对犯罪嫌疑人的活动进行跟踪。跟踪既不限制犯罪嫌疑人的人身自由，也不剥夺犯罪嫌疑人的人身自由。守候，也称蹲坑。侦查人员为控制犯罪嫌疑人，获取证据，在指定的地点，守候观察犯罪嫌疑人的活动情况。守候一般是预计犯罪嫌疑人逃跑或者进行其他犯罪活动，在必经之地进行守候。守候目的达到，应根据情况采取人身强制措施。

3. 控制审查。侦查人员在紧急情况下，对有犯罪嫌疑的人可以当场盘问、检查。对有犯罪嫌疑的人，可以进行控制，带到侦查机关，经批准对其继续盘问。经盘问不存在犯罪嫌疑的，应立即放行。如果有事实证明有犯罪嫌疑的，应采取相应强制措施。

4. 传唤犯罪嫌疑人。侦查人员为控制犯罪嫌疑人，了解案情获取证据而采取的一项非人身强制措施。侦查人员应当持相应的传唤证件，每次传唤应有时间的限制，即每次传唤一般不超过 12 小时，不得以连续传唤的方式变相拘禁犯罪嫌疑人。被传唤人应按指定的时间、地点到场接受询问。如果拒不到场，检察机关可以采取人身强制措施拘传，强制到场。传唤地点，应在嫌疑人所在市、县内的指定地点或者到他的住处进行讯问。

5. 阻止出境。侦查人员为控制犯罪嫌疑人，阻止其逃出境外，采取扣留出入境有效证件或者通过边防、海关等部门阻碍犯罪嫌疑人出境的措施。

使用阻止出境措施应与有关出入境管理部门取得联系，争取有关部门的协助。

6. 通缉。侦查人员为控制犯罪嫌疑人，对在逃的犯罪嫌疑人采取的一种追查措施。检察机关侦查需要通缉犯罪嫌疑人，应当作出决定，通过公安机关发布通缉令。一旦发现被通缉的犯罪嫌疑人，应协同公安机关将犯罪嫌疑人缉捕归案。逃犯被逮捕后，应及时通知公安机关撤销通缉令。

（十）检察机关对犯罪嫌疑人采取拘传、传唤的条件和程序

拘传，是指人民检察院对未拘留、逮捕的犯罪嫌疑人，强制其到指定地点接受讯问的强制方法。拘传是刑事强制措施中最轻微的一种。根据刑事诉讼法第64条的规定，人民检察院根据案件情况，对犯罪嫌疑人可以拘传。由于拘传对人身自由限制的强制性相对较弱，但又可以依法强制犯罪嫌疑人到案接受讯问。因此，对于不宜采取逮捕、拘留强制措施而又拒不到案的犯罪嫌疑人，则可以采取拘传，使其到案接受讯问。这样，既可以尽可能少地限制公民的人身自由，又可以达到讯问的目的。

传唤是通知没有拘留、逮捕的犯罪嫌疑人、自行按照指定时间到达指定地点接受讯问的行为。拘传和传唤虽然都具有法定性和强制性，但却是两种不同的法律行为。拘传是直接强制犯罪嫌疑人到达特定地点接受讯问；传唤则是通知犯罪嫌疑人自行按照指定时间到达指定地点接受讯问，它本身是通知的性质，传唤的强制性比拘传弱，因此，传唤不是强制措施。

人民检察院对犯罪嫌疑人采取拘传措施，应当经检察长批准，并签发拘传证。执行拘传可以由检察人员或者司法警察进行，但执行人员不得少于2人。执行时，应口头向被拘传人说明拘传的理由，并出示拘传证，拘传证应载明被拘传人的姓名、性别、拘传的理由、押送处所、签发日期，并由签发人签名或盖章。遇有抗拒拘传的情形时，执行人员可以依法使用规定的械具，如手铐、警绳等，强迫其到案接受讯问，犯罪嫌疑人到案后，讯问犯罪嫌疑人时不应当再对其使用械具。

刑事诉讼法规定，拘传、传唤持续的时间不得超过12小时，案情特别重大复杂，需要采取拘留、逮捕措施的，传唤、拘传持续的时间不得超过24小时。拘传时间从犯罪嫌疑人到案时开始计算。根据刑事诉讼法第117条第2款的规定，拘传的最长时间不得超过24小时。这是指一次拘传持续的时间最长不得超过24小时，或者说，每次拘传持续的时间最长都不得超过24小时，不是多次拘传犯罪嫌疑人的累计时间不得超过24小时。

实践中，人民检察院根据办案的需要，可以多次拘传犯罪嫌疑人，只要每次拘传持续的时间不超过24小时，不论累计有多少小时，都符合法律规定。但是，刑事诉讼法第117条规定了拘传持续的时间最长不得超过24小时，不得以连续拘传的形式变相拘禁犯罪嫌疑人，并未规定2次拘传之间的间隔时间。《刑诉规则》规定，2次拘传的间隔时间一般不得少于12小时。在拘传期间也应该保证犯罪嫌疑人有正常的饮食、必要的休息时间。

拘传还应当在犯罪嫌疑人所在地进行。刑事诉讼法第117条中规定，"对于不需要逮捕拘留的犯罪嫌疑人，可以传唤到犯罪嫌疑人所在市、县内的指定地点或者到他的住处进行讯问"，刑事诉讼法对于拘传地点问题没有明确规定。拘传是以强制的手段传唤犯罪嫌疑人到案，接受讯问的一种措施。从这个意义上讲，拘传也应当在犯罪嫌疑人所在市、县的指定地点进行讯问。对此《刑诉规则》第81条明确规定："人民检察院拘传犯罪嫌疑人，应当在犯罪嫌疑人所在市、县内的地点进行。犯罪嫌疑人的工作单位与居住地不在同一市、县的，拘传应当在犯罪嫌疑人的工作单位所在的市、县进行；特殊情况下，也可以在犯罪嫌疑人居住地所在的市、县内进行。"

拘传的变更，是指人民检察院对犯罪嫌疑人采取拘传措施后，因发生了法定事由，而改用另一种强制措施的行为。拘传的撤销，是指人民检察院对不应当采取拘传的人而采取了拘传，发现后予以撤销的行为。需要对被拘传的犯罪嫌疑人变更强制措施的，应当经检察长或者检察委员会决定，在拘传期限内办理变更手续。在拘传期间内决定不采取其他强制措施的，拘传时间届满应当结束拘传。

（十一）检察机关对犯罪嫌疑人采取取保候审的条件和程序

刑事诉讼中的取保候审，是指人民检察院责令犯罪嫌疑人、被告人提出保证人或者交纳保证金，以保证其不逃避和妨碍侦查、起诉和审判，并随传随到的一种强制方法。取保候审是一种限制人身自由的强制措施，其适用对象是犯罪嫌疑人、被告人。但不是对任何犯罪嫌疑人、被告人都可以采用取保候审。根据刑事诉讼法第65条和《公安机关办理刑事案件程序规定》第77条的规定，取保候审的对象为：

1. 可能判处管制、拘役或者独立适用附加刑的。可能判处管制、拘役或者独立适用附加刑，说明罪刑较轻，没有必要逮捕，对有可能逃避侦查、起诉和审判及其他妨碍诉讼顺利进行的，应当采用取保候审。

2. 可能判处有期徒刑以上刑罚，采取取保候审不致发生社会危险性的。

有期徒刑是我国刑罚体系中相对于管制、拘役较重的刑种。犯罪嫌疑人、被告人如果可能被判处有期徒刑以上刑罚，说明其罪行较重，如果在采取取保候审时不致发生社会危险性，且没有逮捕必要的，应当采用取保候审。

3. 患有严重疾病，生活不能自理，怀孕或者正在哺乳自己婴儿的妇女，采取取保候审不致发生社会危险性的。

4. 羁押期限届满，案件尚未办结，需要采取取保候审的。

5. 对拘留的犯罪嫌疑人，证据不符合逮捕条件，以及提请逮捕后，人民检察院不批准逮捕，需要继续侦查，并且符合取保候审条件的，可以依法取保候审。

另外，《刑诉规则》第84条规定，对于严重危害社会治安的犯罪嫌疑人，以及其他犯罪性质恶劣、情节严重的犯罪嫌疑人不得取保候审。

根据刑事诉讼法和《刑诉规则》以及《公安机关办理刑事案件程序规定》，取保候审的程序如下：

1. 作出取保候审的决定

根据法律规定，公、检、法机关都有权采用取保候审。在程序上又分为：一是公、检、法机关根据案件具体情况，直接主动地采用取保候审；二是被羁押或者监视居住的犯罪嫌疑人及其法定代理人、近亲属或者辩护人申请，公、检、法机关决定取保候审。可见，取保候审的决定权在公、检、法机关。决定取保候审后，由办案人员填写取保候审决定书，载明取保候审的期间、担保方式、被取保候审人应当履行的义务和应当遵守的规定。人民检察院作出取保候审决定时，可以根据犯罪嫌疑人涉嫌犯罪性质、危害后果、社会影响、犯罪嫌疑人、被害人的具体情况等，有针对性地责令其遵守以下一项或者多项规定：(1) 不得进入特定的场所；(2) 不得与特定的人员会见或者通信；(3) 不得从事特定的活动；(4) 将护照等出入境证件、驾驶证件交执行机关保存。对犯罪嫌疑人取保候审，应当由办案人员提出意见，部门负责人审核，检察长决定。再由承办人员向犯罪嫌疑人、被告人及保证人宣读取保候审决定书，由犯罪嫌疑人签名、捺指印或者盖章，告知其各自应当遵守的规定及承担的义务，违反规定所应承担的法律后果等，并要求其出具保证书签名或者盖章，以保证金方式担保的，应当同时告知犯罪嫌疑人一次性将保证金存入公安机关指定银行的专门账户。

2. 取保候审的执行

取保候审由公安机关执行，人民检察院决定取保候审的，应当区别以下情形办理：向犯罪嫌疑人宣布取保候审决定后，人民检察院应当将执行取保候审通知书送达公安机关执行，并告知公安机关在执行期间拟批准犯罪嫌疑人离开所居住的市、县的，应当征得人民检察院同意。以保证人方式担保的，应当将取保候审保证书同时送达公安机关。人民检察院核实保证金已经交纳到公安机关指定银行的凭证后，应当将银行出具的凭证及其他有关材料与执行取保候审通知书一并送交公安机关。负责执行的县级公安机关接到有关材料后，对采取保证人担保的，及时指定犯罪嫌疑人、被告人居住地的派出所执行；对采取保证金保证的，及时通知被取保候审人交纳保证金，并指定其居住地的派出所执行。具体执行的派出所应当履行下列职责：监督、考察犯罪嫌疑人、被告人遵守有关规定；监督保证人履行保证义务；被取保候审人违反应遵守的规定及保证人未履行保证义务的，及时告知决定机关。

在取保候审执行过程中，如果被取保候审人违反有关规定，应当根据不同情况分别处理，即没收保证金的部分或全部，并区别情形，责令具结悔过、重新交纳保证金，提出保证人或变更强制措施或者给予治安管理处罚；需要予以逮捕的，可以对其先行拘留。人民法院、人民检察院决定取保候审的，被取保候审人违反应当遵守的规定，执行取保候审的县级公安机关应当及时告知决定机关。需要没收保证金的，应当经过严格审核后，报县级以上公安机关负责人批准，制作没收保证金决定书。决定没收5万元以上保证金的，应当经设区的市一级以上公安机关负责人批准。没收保证金的决定，公安机关应当在3日以内向被取保候审人宣读，并责令其在没收保证金决定书上签名、捺指印；被取保候审人在逃或者具有其他情形不能到场的，应当向其成年家属、法定代理人、辩护人或者单位、居住地的居民委员会、村民委员会宣布，由其成年家属、法定代理人、辩护人或者单位、居住地的居民委员会或者村民委员会的负责人在没收保证金决定书上签名。被取保候审人或者其成年家属、法定代理人、辩护人、单位、居民委员会、村民委员会负责人拒绝签名的，公安机关应当在没收保证金决定书上注明。公安机关在宣读没收保证金决定书时，应当告知如果对没收保证金的决定不服，被取保候审人或者其法定代理人可以在5日以内向作出决定的公安机关申请复议。公安机关应当在收到复议申请后7日以内作出决定。被取保候审人或者其法定代理人对复议决定不服的，可以在收到复议决定书后5日以内向上一级公安机关申请复核一次。上一级公安机关应当在收到复核申请后7日以内作出决定。对上级公安机关撤销或者变更没收保证金决定的，下级公安机关应当执行。没收保证金的决定已过复议期限，或者经上级公安机关复核后维持原决定的，公安机关应当及时通知指定的银行将没收的保证金按照国家的有关规定上缴国库，并在3日以内通知决定取保候审的机关。

3. 取保候审的解除、撤销及变更

取保候审的解除、撤销及变更，虽然在客观上都表现为不再继续取保候审，但其原因是不同的。根据刑事诉讼法第77条的规定，解除取保候审的原因有：（1）发现对被取保候审的人不应追究刑事责任，属于这种情形的是已经查明无罪或符合刑事诉讼法第15条规定的6种法定情形之一的；（2）取保候审期限届满，为保障被取保候审人的合法权益和防止案件久拖不决，刑事诉讼法规定了取保候审的最长期限，即对犯罪嫌疑人、被告人取保候审最长不得超过12个月。如果期限届满，应当解除取保候审。为了监督公安等司法机关严格按照法定期限执行，刑事诉讼法第97条还规定，犯罪嫌疑人、被告人及其法定代理人、近亲属或者犯罪嫌疑人、被告人委托的辩护人对取保候审法定期限届满的，有权要求解除取保候审。《刑诉规则》第108条规定，对法定期限届满要求解除取保候审的，应当在3日内审查决定。对经审查法定期限届满的，经检察长批准后，解除取保候审。根据我国刑事诉讼法第94条的规定，"人民法院、人民检察院和公安机关如果发现对犯罪嫌疑人、被告人采取取保候审不当的，应当及时撤销或者变更。"这里的"不当"包括不该采取强制措施和应当采取强制措施，但不应采取取保候审。对前者应当撤销取保候审；对后者则应当变更为其他更为严厉的强制措施。变更取保候审，是指因法定原因将取保候审改变为其他强制措施。根据刑事诉讼法第64条、第77条第2款、第94条、第97条的规定，变更取保候审包括：（1）被取保候审人违反了第69条的规定；（2）采取取保候审不当，不能保证诉讼的顺利进行。变更取保候审一般是变更为监视居住或者逮捕。根据《刑诉规则》的规定，将取保候审变更为逮捕的条件是：（1）故意实施新的犯罪的；（2）企图自杀、逃跑、逃避侦查、审查起诉的；（3）实施毁灭、伪造证据，串供或者干扰证人作证，足以影响侦查、审查起诉工作正常进行的；（4）对被害人、证人、举报人、控告人及其他人员实施打击报复的；（5）未经批准，擅自离开所居住的市、县，造成严重后果，或者两次未经批准，擅自离开所居住的市、县的；（6）经传讯不到案，造成严重后果，或者经两次传讯不到案的；（7）住址、工作单位和联系方式发生变动，未在24小时以内向公安机关报告，造成严重后果的；（8）违反规定进入特定场所、与特定人员会见或者通信、从事特定活动，严重妨碍诉讼程序正常进行的。

人民检察院决定解除、撤销取保候审的，应当制作解除、撤销取保候审决定书，写明理由及决定事项。决定书应送达被取保候审人，通知执行机关，退还保证金。有保证人的，还应通知保证人，以解除其保证义务。人民检察院决定变更取保候审的，应制作变更取保候审决定书，写明变更理由及变更后的强制措施，原取保候审自然失去效力。变更决定应通知保证人、执行机关。

（十二）检察机关对犯罪嫌疑人采取监视居住的条件和程序

监视居住，是指人民检察院在刑事诉讼过程中对犯罪嫌疑人、被告人采用的，命令其不得擅自离开住处，无固定住处或案件特殊在住处执行有碍侦查不得擅自离开指定的居所，并对其活动予以监视和控制的一种强制方法。

根据刑事诉讼法第72条第1款的规定："人民法院、人民检察院和公安机关对符合逮捕条件，有下列情形之一的犯罪嫌疑人、被告人，可以监视居住：（1）患有严重疾病、生活不能自理的；（2）怀孕或者正在哺乳自己婴儿的妇女；（3）系生活不能自理的人的唯一扶养人；（4）因为案件的特殊情况或者办理案件的需要，采取监视居住更为适宜的；（5）羁押期限届满，案件尚未办结，需要采取监视居住措施的。"

根据刑事诉讼法第72条第2款的规定："对符合取保候审条件，但犯罪嫌疑人、被告人不能提出保证人，也不交纳保证金的，可以监视居住。"

根据刑事诉讼法和《刑诉规则》以及《公安机关办理刑事案件程序规定》，监视居住的具体程序如下：

1. 作出监视居住的决定

人民检察院对犯罪嫌疑人采取监视居住，应首先审查犯罪嫌疑人是否符合监视居住的情形之一，以及是否不宜取保候审。如果符合监视居住条件之一，即可考虑适用监视居住，并依法作出监视居住的决定，制作《监视居住决定书》，写明有关内容，签字、盖章，载明日期。监视居住由公安机关执行。人民检察院对犯罪嫌疑人采取监视居住，应当由办案人员提出意见，部门负责人审核，检察长决定。

需要对涉嫌特别重大贿赂犯罪在住处执行可能有碍侦查的犯罪嫌疑人采取指定居所监视居住的，由办案人员提出意见，经部门负责人审核，报检察长审批后，连同案卷材料一并报上一级人民检察院侦查部门审查。对于下级人民检察院报请指定居所监视居住的案件，上一级人民检察院应当在收到案卷材料后及时作出是否批准的决定。上一级人民检察院批准指定居所监视居住的，应当将指定居所监视居住决定书连同案卷材料一并交由下级人民检察院通知同级公安机关执行。下级人民检察院应当将执行回执报上一级人民检察院。上一级人民检察院不予批准指定居所监视居住的，应当将不予批准指定居所监视居住决定书送达下级人民检察院，并说明不予批准的理由。

应当注意的是，并非所有涉嫌特别重大贿赂犯罪案件都能适用指定居所监视居住，必须同时具备"在住处执行可能有碍侦查"的条件。《刑诉规则》第110条对"有碍侦查"规定了6种情形：（1）可能毁灭、伪造证据，干扰证人作证或者串供的；（2）可能自杀或者逃跑的；（3）可能导致同案犯逃避侦查的；（4）在住处执行监视居住可能导致犯罪嫌疑人面临人身危险的；（5）犯罪嫌疑人的家属或者其所在单位的人员与犯罪有牵连的；（6）可能对举报人、控告人、证人及其他人员等实施打击报复的。符合特别重大贿赂犯罪条件，同时又具备上述情形之一的，方可报请上一级检察机关审查批准指定居所监视居住。值得注意的是，此种情况针对的是有固定住处的特别重大贿赂犯罪案件，无固定住处的不需要报请上一级检察机关审查批准。

2. 监视居住的执行

人民检察院作出监视居住决定后，应当面向犯罪嫌疑人宣读决定内容，由犯罪嫌疑人签名或盖章，并告知犯罪嫌疑人应遵守刑事诉讼法第75条的规定：（1）未经执行机关批准，不得离开执行监视居住的处所；（2）未经执行机关批准不准会见他人或者通信；（3）在传讯时，及时到案；（4）不得以任何形式干扰证人作证；（5）不得毁灭、伪造证据或者串供；（6）将护照等出入境证件、身份证件、驾驶证件交执行机关保存。监视居住由公安机关执行。对于人民法院和人民检察院决定的监视居住，人民法院和人民检察院应当将《监视居住决定书》和《执行监视居住通知书》及时送达公安机关并告知公安机关，在执行中，拟批准犯罪嫌疑人离开住处、居所或者会见其他人员或者通信的，批准前应当征得人民检察院同意。公安机关开始执行监视居住，应当向被监视居住的犯罪嫌疑人、被告人宣读《监视居住决定书》，由犯罪嫌疑人、被告人签名或盖章，并告知被监视居住人应当遵守的法律规定以及违反法律规定应负的法律责任。公安机关执行监视居住的重点，是防止被监视居住人擅自离开居所、擅自会见他人、擅自与外界通信及传讯不到案等。监视居住的主要方法，有居所的电子监控、不定期检查和通信监控等。

对于涉嫌特别重大贿赂犯罪在住处执行可能有碍侦查的犯罪嫌疑人采取指定居所监视居住的案件，由公安机关负责执行，检察机关有义务予以协助，负责指定监视居住执行中的安全工作。安全防范的重点是犯罪嫌疑人的人身权利，即严格防止自杀、自残和防范来自外界的人身危险。不能保证办案安全的，不得适用指定居所监视居住。对于通知家属的执行，应由检察机关侦查部门负责。对犯罪嫌疑人决定在指定的居所执行监视居住后，检察机关侦查部门应在24小时内，将指定居所监视居住的原因通知被监视居住人的家属。具有"被监视居住人无家属、与其家属无法取得联系、受自然灾害等不可抗力阻碍"等无法通知情形的，应当向检察长报告，并将原因写明附卷。待无法通知的情形消除后，立即通知其家属。监视居住应由决定机关负责指定居所的食宿等费用的支付。为此，《刑诉规则》明确规定"指定居所监视居住的，不得要求被监视居住人支付费用。"此项费用应由办案单位从业务经费中列支。

3. 监视居住的解除、撤销或者变更

根据刑事诉讼法第77条第2款的规定，监视居住在2种情况下应当解除：（1）在监视居住期间，发现被监视居住的人属于不应当追究刑事责任的人；（2）监视居住的期限已经届满。前者情形应当撤销监视居住，后者情形应当解除监视居住。需要注意，刑事诉讼法规定监视居住最长不得超过6个月。如同取保候审的期限一样，该期限是指公安机关、人民检察院、人民法院，每个机关单独决定采取监视居住的期限，不是指三机关的累计监视居住的期限。因此，在实践中公安机关决定对犯罪嫌疑人监视居住，案件移送人民检察院审查起诉后，对于需要继续监视居住的，人民检察院应当依法对犯罪嫌疑人办理监视居住手续，监视居住的期限应当重新计算并告知犯罪嫌疑人。在监视居住期间，人民检察院不得中断对案件的侦查、审查起诉。解除或者撤销监视居住的决定应当由办案人员提出意见，部门负责人审核，检察长决定。决定一经作出应当通知公安机关，并将《撤销监视居住通知书》送达执行的公安机关，将决定书送达犯罪嫌疑人。

根据我国刑事诉讼法第94条的规定："人民法院、人民检察院和公安机关如果发现对犯罪嫌疑人、被告人采取监视居住不当的，应当及时撤销或者变更。"变更监视居住，是指因法定原因将监视居住改变为其他强制措施。刑事诉讼法和《刑诉规则》规定，人民检察院对于犯罪嫌疑人违反刑事诉讼法第 75 条规定的,情节严重的,可以予以逮捕。情节严重包括:(1) 未经批准,擅自离开执行监视居住的处所,造成严重后果,或者 2 次未经批准,擅自离开执行监视居住的处所的;(2) 未经批准,擅自会见他人或者通信,造成严重后果,或者 2 次未经批准,擅自会见他人或者通信的;(3) 经传讯不到案,造成严重后果,或者经 2 次传讯不到案的。人民检察院如果发现犯罪嫌疑人有下列违反监视居住规定的行为,人民检察院应当对犯罪嫌疑人予以逮捕:(1) 故意实施新的犯罪行为的;(2) 企图自杀、逃跑,逃避侦查、审查起诉的;(3) 实施毁灭、伪造证据或者串供、干扰证人作证行为,足以影响侦查、审查起诉工作正常进行的;(4) 对被害人、证人、举报人、控告人及其他人员实施打击报复的。

4. 对指定监所监视居住的监督

为保证指定居所监视居住措施的正确实施,刑事诉讼法第 73 条第 4 款规定:"人民检察院对指定居所监视居住的决定和执行是否合法实行监督。"

《刑诉规则》对此规定了三个层面的监督:

(1) 对于特别重大贿赂犯罪决定指定居所监视居住进行必要性审查监督。根据刑事诉讼法的规定,监视居住最长不得超过 6 个月。但绝不是必须满 6 个月。其间失去继续指定居所监视居住条件的,检察机关应立即解除或者变更强制措施,并向其批准决定的检察机关的侦查部门备案。《刑诉规则》规定检察院侦查部门应当自决定指定居所监视居住之日起每 2 个月对指定居所监视居住的必要性进行审查,没有必要继续指定居所监视居住或者案件已经办结的,应当解除指定居所监视居住或者变更强制措施。人民检察院也可以应犯罪嫌疑人及其法定代理人、近亲属或者辩护人申请进行指定居所监视居住必要性审查。对于申请人民检察院应当在 3 日以内作出决定,经审查认为不需要继续指定居所监视居住的,应当解除指定居所监视居住或者变更强制措施;认为需要继续指定居所监视居住的,应当答复申请人并说明理由。

(2) 对指定居所监视居住决定进行合法性监督。检察机关受理被指定居所监视居住人及其法定代理人、近亲属或者辩护人提出控告、举报后,作出决定检察机关的侦查监督部门或公安机关的同级检察机关侦查监督部门或人民法院同级检察机关公诉部门应及时依法对指定居所监视居住的决定是否合法进行监督。侦查监督部门或公诉部门可以要求侦查部门或者人民法院提供指定居所监视居住决定书和相关案件材料进行审查,对发现不符合适用条件，不符合程序规定及决定过程中有其他违法违规行为的，应及时通知有关部门予以纠正。

（3）要对指定居所监视居住执行情况进行合法性监督。检察机关受理有关控告、举报或者反映后，承办案件的检察机关的监所检察部门应对指定居所监视居住的执行活动是否合法实行监督。监督纠正的主要情形是：①在执行指定居所监视居住后24小时以内没有通知被监视居住人的家属的；②在羁押场所、专门的办案场所执行监视居住的；③为被监视居住人通风报信、私自传递信件、物品的；④对被监视居住人刑讯逼供、体罚、虐待或者变相体罚、虐待的；⑤有其他侵犯被监视居住人合法权利或者其他违法行为的。对查证属实的违法行为，应按照检察纪律和国家法律的有关规定严肃处理。

（十三）检察机关对犯罪嫌疑人采取拘留的条件和程序

拘留，是人民检察院在法定的紧急情况下，依法暂时限制犯罪嫌疑人人身自由的一种强制措施。《刑诉规则》第129条规定："对于有下列情形之一的犯罪嫌疑人，可以决定拘留：（1）犯罪后企图自杀、逃跑或者在逃的；（2）有毁灭、伪造证据或者串供可能的。"既包括犯罪嫌疑人已经实施了这两种行为，也包括有证据证明犯罪嫌疑人可能要实施这两种行为。只要有实施这两种行为的可能的，即可予以拘留。检察机关在拘留条件上与公安机关相比受到相应的限制。因为检察机关是同职务犯罪作斗争，职务犯罪的特点决定了检察机关拘留的对象的特定性，拘留条件的有限性。

拘留要遵循如下的程序：

1. 人民检察院拘留犯罪嫌疑人应首先审查拘留对象是否符合上述两种条件，是否可以用其他强制措施防止社会危害性发生。其中关键是看是否有证据证明犯罪事实的存在。拘留犯罪嫌疑人由办案人员提出意见，部门负责人审核，检察长决定。

2. 人民检察院作出拘留决定后交由公安机关执行，必要的时候，人民检察院可以协助公安机关执行。根据刑事诉讼法第81条规定，异地执行拘留，应通知被拘留人所在地的公安机关，被拘留人所在地的公安机关应配合执行。

3. 对犯罪嫌疑人拘留后，人民检察院应当立即把被拘留的人送看守所羁押，至迟不得超过24小时。对犯罪嫌疑人拘留后，除无法通知的以外，人民检察院应当在24小时以内，通知被拘留人的家属。无法通知的，应当向检察长报告，并将原因写明附卷。无法通知的情形消除后，应当立即通知其家属。无法通知包括以下情形：（1）被拘留人无家属的；（2）与其家属无法取得联系的；（3）受自然灾害等不可抗力阻碍的。

人民检察院对于被拘留的人应在 24 小时内进行讯问，发现有不应当拘留的情况，应及时报请原决定的负责人批准释放，并发给《释放证明》。对于依法可以取保候审或者监视居住的，按照规定办理取保候审或者监视居住手续。对被拘留的犯罪嫌疑人，需要逮捕的，依法办理有关手续。

4. 拘留的变更和解除。变更或者解除拘留条件有：

（1）被拘留的人超过法定期限，又需要继续侦查的，可以变更为取保候审、监视居住。但是，变更时必须同时具备刑事诉讼法规定的可以适用取保候审、监视居住的条件。

（2）人民检察院拘留犯罪嫌疑人的羁押期限为 14 日，特殊情况下可以延长 1 日至 3 日。犯罪嫌疑人及其法定代理人、近亲属或者犯罪嫌疑人委托的律师及其他辩护人认为人民检察院对拘留的犯罪嫌疑人法定期限届满，有权向人民检察院提出释放犯罪嫌疑人或者变更拘留措施的要求，人民检察院侦查部门应当在 3 日内审查完毕。经审查认为法定期限届满的，应当提出释放犯罪嫌疑人或者变更拘留措施的意见，经检察长批准后，通知公安机关执行；经审查认为未超过法定期限的，应书面答复申诉人。同时，侦查部门应当将审查结果书面通知本院监所检察部门。

（十四）检察机关批准、决定逮捕的条件和程序

逮捕，是指司法机关在一定时间内依法剥夺犯罪嫌疑人、被告人人身自由并羁押于一定场所的强制措施。逮捕是强制措施中最严厉的一种。它能有效地控制犯罪嫌疑人、被告人，从而保证刑事诉讼的顺利进行。如果不依法适用逮捕措施，将侵害公民的人身权利。因此，对犯罪嫌疑人采用逮捕措施时，必须严格遵守逮捕的法定条件和程序。

1. 逮捕的条件

根据刑事诉讼法和《刑诉规则》，逮捕条件包括三种类型：

第一种类型：对于有证据证明有犯罪事实，可能判处徒刑以上刑罚，采取取保候审不足以防止发生社会危险性的犯罪嫌疑人应当逮捕。具体而言：

（1）有证据证明有犯罪事实。所谓"有证据证明有犯罪事实"是指同时具备下列情形：有证据证明发生了犯罪事实，即犯罪事实已经发生，而且这种犯罪事实有证据证明。有证据证明该犯罪事实是犯罪嫌疑人实施的，即犯罪事实与犯罪嫌疑人的行为之间存在客观联系。证明犯罪嫌疑人实施的犯

罪行为的证据已有查证属实的。犯罪事实既可以是单一犯罪行为的事实，也可以是数个犯罪行为中任何一个犯罪行为的事实。

（2）可能判处徒刑以上刑罚。对于那些罪行较轻，社会危害性不大，可能判处管制、单处罚金、没收财产的犯罪嫌疑人，不采用逮捕措施。

（3）采取取保候审尚不足以防止发生社会危险性。犯罪嫌疑人具有社会危险性主要包括：①可能实施新的犯罪的，即犯罪嫌疑人多次作案、连续作案、流窜作案，其主观恶性、犯罪习性表明其可能实施新的犯罪，以及有一定证据证明犯罪嫌疑人已经开始策划、预备实施犯罪的；②有危害国家安全、公共安全或者社会秩序的现实危险的，即有一定证据证明或者有迹象表明犯罪嫌疑人在案发前或者案发后正在积极策划、组织或者预备实施危害国家安全、公共安全或者社会秩序的重大违法犯罪行为的；③可能毁灭、伪造证据，干扰证人作证或者串供的，即有一定证据证明或者有迹象表明犯罪嫌疑人在归案前或者归案后已经着手实施或者企图实施毁灭、伪造证据，干扰证人作证或者串供行为的；④有一定证据证明或者有迹象表明犯罪嫌疑人可能对被害人、举报人、控告人实施打击报复的；⑤企图自杀或者逃跑的，即犯罪嫌疑人归案前或者归案后曾经自杀，或者有一定证据证明或者有迹象表明犯罪嫌疑人试图自杀或者逃跑的。

第二种类型：对有证据证明有犯罪事实，可能判处10年有期徒刑以上刑罚的犯罪嫌疑人，应当逮捕。

第三种类型：对有证据证明有犯罪事实，可能判处徒刑以上刑罚，犯罪嫌疑人曾经故意犯罪或者不讲真实姓名、住址，身份不明的，应当逮捕。

需要注意的是，《刑诉规则》第144条规定犯罪嫌疑人涉嫌的罪行较轻，且没有其他重大犯罪嫌疑，具有以下情形之一的，可以作出不批准逮捕的决定或者不予逮捕：（1）属于预备犯、中止犯，或者防卫过当、避险过当的；（2）主观恶性较小的初犯，共同犯罪中的从犯、胁从犯，犯罪后自首、有立功表现或者积极退赃、赔偿损失、确有悔罪表现的；（3）过失犯罪的犯罪嫌疑人，犯罪后有悔罪表现，有效控制损失或者积极赔偿损失的；（4）犯罪嫌疑人与被害人双方根据刑事诉讼法的有关规定达成和解协议，经审查，认为和解系自愿、合法且已经履行或者提供担保的；（5）犯罪嫌疑人系已满14周岁未满18周岁的未成年人或者在校学生，本人有悔罪表现，其家庭、学校或者所在社区、居民委员会、村民委员会具备监护、帮教条件的；（6）年满75周岁以上的老年人。

2. 批准逮捕的程序

批准逮捕，是公安等侦查机关需要逮捕犯罪嫌疑人时，提请检察机关批准。检察机关批准逮捕的程序有：

（1）对重大、特大案件可以"提前介入"。对公安等侦查机关已经立案侦查的重大、特大案件，在尚未提请批捕前，检察机关可以提前派员介入对该案的侦查活动，参加对案件的讨论，并可查阅公安机关的侦查卷宗，以便及早了解案情，提高审查批捕的速度和效率。

（2）受理公安等侦查机关提请批准逮捕案件。检察机关收到公安等侦查机关提请批捕案件后，应指定专人审查其所移送的案卷材料和证据等是否齐全，法律手续是否完备。根据刑事诉讼法第 86 条的规定，人民检察院审查批准逮捕，除了审查公安机关移送的报捕材料以外，还可以采用下列方法：①可以讯问犯罪嫌疑人，有下列情形之一的，则应当讯问犯罪嫌疑人：对是否符合逮捕条件有疑问的；犯罪嫌疑人要求向检察人员当面陈述的；侦查活动可能有重大违法行为的。②可以询问证人等诉讼参与人。③可以听取辩护律师的意见，辩护律师提出要求的，应当听取辩护律师的意见。审查后应填写《审查逮捕犯罪嫌疑人表》，提出是否批准的意见。

（3）作出决定。检察机关应当自接到公安机关提请批准逮捕书后的 7 日以内，分别作出以下决定：①对于符合逮捕条件的，作出批准逮捕的决定，制作批准逮捕决定书；②对于不符合逮捕条件的，作出不批准逮捕的决定，制作不批准逮捕决定书，说明不批准逮捕的理由。提出批准逮捕或不批准逮捕的意见，经所在业务部门集体讨论，报检察长决定；对于重大、疑难案件，则应提请检察委员会讨论决定。对于不批准逮捕的，公安机关在接到人民检察院不批准逮捕的通知后，应当立即释放已被拘留的犯罪嫌疑人。对于需要继续侦查，并且符合取保候审、监视居住条件的，依法取保候审或者监视居住。

（4）复议。公安等侦查机关认为检察机关不批准决定有错误，应在收到《不批准逮捕决定书》后的 5 日内，写出《要求复议意见书》，送交作出不批准逮捕决定的人民检察院复议，人民检察院侦查监督部门应当另行指派侦查监督部门办案人员复议，并在收到提请复议书和案卷材料后的 7 日以内作出是否变更的决定，通知公安机关。

（5）复核。公安等侦查机关对人民检察院的《复议决定书》认为有再议的必要时，应在 7 日内写出《提请复核意见书》连同同级人民检察院的

《复议决定书》一并提请上一级人民检察院复核。上一级人民检察院侦查监督部门应当在收到提请复核意见书和案卷材料后的15日以内由检察长或者检察委员会作出是否变更的决定，通知下级人民检察院和公安机关执行。如果需要改变原决定，应当通知作出不批准逮捕决定的人民检察院撤销原不批准逮捕决定，另行制作批准逮捕决定书。必要时，上级人民检察院也可以直接作出批准逮捕决定，通知下级人民检察院送达公安机关执行。

3. 决定逮捕的程序

决定逮捕是人民检察院直接受理侦查案件，需要逮捕犯罪嫌疑人，人民检察院决定逮捕。决定逮捕的程序包括两种类型：第一种是本院移送审查决定逮捕程序；第二种是下级院报请审查决定逮捕程序。

本院移送审查决定逮捕程序：

（1）提出逮捕意见和理由。最高人民检察院、省级人民检察院办理直接受理的案件，在侦查的过程中，需要逮捕犯罪嫌疑人时，由侦查部门填写逮捕犯罪嫌疑人意见书，连同案卷材料、讯问犯罪嫌疑人录音、录像一并移送本院侦查监督部门审查。犯罪嫌疑人已被拘留的，侦查部门应当在拘留后7日以内将案件移送本院侦查监督部门审查。

（2）决定逮捕或不逮捕。侦查监督部门对于本院侦查部门移送审查逮捕的案件，应当根据审查情况提出决定逮捕或者不予逮捕的意见，经部门负责人审核，检察长决定，重大案件应当经检察委员会决定后，制作逮捕决定书或者不予逮捕决定书。对犯罪嫌疑人已被拘留的，应当在侦查监督部门收到逮捕犯罪嫌疑人意见书后的7日以内，由检察长或者检察委员会决定是否逮捕，特殊情况下，决定逮捕的时间可以延长1日至3日；犯罪嫌疑人未被拘留的，应当在侦查监督部门收到逮捕犯罪嫌疑人意见书后的15日以内由检察长或者检察委员会决定是否逮捕，重大、复杂的案件，不得超过20日。

下级院报请审查决定逮捕程序：

（1）提出逮捕的理由和意见。省级以下（不含省级）人民检察院直接受理立案侦查的案件，需要逮捕犯罪嫌疑人的，应当报请上一级人民检察院审查决定。监所、林业等派出人民检察院立案侦查的案件，需要逮捕犯罪嫌疑人的，应当报请上级人民检察院审查决定。由侦查部门制作报请逮捕书，报检察长或者检察委员会审批后，连同案卷材料、讯问犯罪嫌疑人录音、录像一并报上一级人民检察院审查，报请逮捕时应当说明犯罪嫌疑人的社会危险性并附相关证据材料。犯罪嫌疑人已被拘留的，下级人民检察院侦查部门应当在拘留后 7 日以内报上一级人民检察院审查逮捕。上一级人民检察院应当在收到报请逮捕书后 7 日以内作出是否逮捕的决定，特殊情况下，决定逮捕的时间可以延长 1 日至 3 日。犯罪嫌疑人未被拘留的，上一级人民检察院应当在收到报请逮捕书后 15 日以内作出是否逮捕决定，重大、复杂的案件，不得超过 20 日。报送案卷材料、送达法律文书的路途时间计算在上一级人民检察院审查逮捕期限以内。

（2）决定逮捕或者不逮捕。上一级人民检察院决定逮捕的，应当将逮捕决定书连同案卷材料一并交下级人民检察院，由下级人民检察院通知同级公安机关执行。必要时，下级人民检察院可以协助执行。下级人民检察院应当在公安机关执行逮捕 3 日以内，将执行回执报上一级人民检察院。上一级人民检察院决定不予逮捕的，应当将不予逮捕决定书连同案卷材料一并交下级人民检察院，同时书面说明不予逮捕的理由。犯罪嫌疑人已被拘留的，下级人民检察院应当通知公安机关立即释放，并报上一级人民检察院；案件需要继续侦查，犯罪嫌疑人符合取保候审、监视居住条件的，由下级人民检察院依法决定取保候审或者监视居住。上一级人民检察院作出不予逮捕决定，认为需要补充侦查的，应当制作补充侦查提纲，送达下级人民检察院侦查部门。

上一级人民检察院审查时认为应当讯问犯罪嫌疑人的，可以当面讯问，也可以通过视频讯问。通过视频讯问的，上一级人民检察院应当制作笔录附卷。下级人民检察院应当协助做好提押、讯问笔录核对、签字等工作。因交通、通信不便等原因，不能当面讯问或者视频讯问的，上一级人民检察院可以拟定讯问提纲，委托下级人民检察院侦查监督部门进行讯问。对已被拘留的犯罪嫌疑人，上一级人民检察院拟不讯问的，应当向犯罪嫌疑人送达听取犯罪嫌疑人意见书。因交通不便等原因不能及时送达的，可以委托下级人民检察院侦查监督部门代为送达。下级人民检察院应当及时回收意见书，并报上一级人民检察院。

4. 对几种特殊犯罪嫌疑人进行逮捕的审批程序

根据全国人民代表大会组织法和地方各级人民代表大会和地方各级人民政府组织法以及有关的司法解释的规定，对几种特殊犯罪嫌疑人进行逮捕时，要经过有关部门批准或报请有关部门备案，主要内容如下：

（1）人民检察院对担任本级人民代表大会代表的犯罪嫌疑人批准或者决定逮捕的，应当报请本级人民代表大会主席团或者常务委员会许可。对担任上级人民代表大会代表的犯罪嫌疑人批准或者决定逮捕的，应当呈报该代表所属的人民代表大会同级的人民检察院报请许可。对担任下级人民代表大会代表的犯罪嫌疑人批准或者决定逮捕，可以直接报请该代表所属的人民代表大会主席团或者常务委员会许可，也可以委托该代表所属的人民代表大会同级的人民检察院报请许可；对担任乡、民族乡、镇的人民代表大会代表的犯罪嫌疑人批准或者决定逮捕，由县级人民检察院报告乡、民族乡、镇的人民代表大会。对担任办案单位所在省、市、县（区）以外的其他地区人民代表大会代表的犯罪嫌疑人批准或者决定逮捕，应当委托该代表所属的人民代表大会同级的人民检察院报请许可；担任两级以上人民代表大会代表的，应当分别委托该代表所属的人民代表大会同级的人民检察院报请许可。

（2）外国人、无国籍人涉嫌危害国家安全犯罪的案件或者涉及国与国之间政治、外交关系的案件以及在适用法律上确有疑难的案件，需要逮捕犯罪嫌疑人的，由分、州、市人民检察院审查并提出意见，呈报最高人民检察院审查。最高人民检察院经征求外交部意见后，决定批准逮捕。经审查认为不需要逮捕的，可以直接作出不批准逮捕的决定。外国人、无国籍人涉嫌其他犯罪的案件，由分、州、市人民检察院审查并提出意见，报省级人民检察院审查。省级人民检察院经征求同级政府外事部门的意见后，决定批准逮捕的，同时报最高人民检察院备案。经审查认为不需要逮捕的，可以直接作出不批准逮捕的决定。

（3）人民检察院审查逮捕危害国家安全的案件、涉外案件以及检察机关直接立案侦查的案件，在批准逮捕后，应当报上一级人民检察院备案。上级人民检察院对报送的备案材料应当进行审查，发现错误的，应当在10日以内将审查意见通知报请备案的下级人民检察院或者直接予以纠正。

5. 逮捕的执行程序

逮捕犯罪嫌疑人、被告人，一律由公安机关执行。公安机关对于人民检察院批准或者决定，人民法院决定逮捕的犯罪嫌疑人、被告人，必须立即执行逮捕，并将执行的情况通知人民检察院或者决定逮捕的人民法院。公安机关执行逮捕，应当遵守下列程序：

（1）执行逮捕的人员不得少于2人。执行逮捕时，必须向被逮捕人出示《逮捕证》，宣布逮捕，并责令被逮捕人在《逮捕证》上签字或按手印，并注明时间。被逮捕人拒绝在《逮捕证》上签字或按手印的，应在《逮捕证》上注明。

（2）逮捕犯罪嫌疑人、被告人，可以采用适当的强制方法，包括使用武器和械具。

（3）执行逮捕后，应当立即将被逮捕人送看守所羁押。

（4）除无法通知的以外，应当在逮捕后24小时以内，通知被逮捕人的家属。

（5）人民法院、人民检察院对于各自决定逮捕的人，公安机关对于经人民检察院批准逮捕的人，都必须在逮捕后24小时以内进行讯问。在发现不应当逮捕的时候，必须立即释放，发给释放证明。

（6）到异地逮捕的，公安机关应当通知被逮捕人所在地的公安机关。公安机关到异地执行逮捕时，应携带《批准逮捕决定书》及其副本、《逮捕证》、介绍信以及被逮捕人犯罪的主要材料等，由当地公安机关协助执行。

6. 逮捕的撤销、解除和变更

刑事诉讼法和《刑诉规则》对逮捕措施规定了变更、撤销、解除程序，主要内容如下：

（1）人民法院、人民检察院和公安机关如果发现对犯罪嫌疑人、被告人采取逮捕不当的，应当及时撤销或者变更。

（2）犯罪嫌疑人、被告人及其法定代理人、近亲属或者辩护人有权申请变更逮捕措施。人民检察院侦查部门或者公诉部门审查后报请检察长决定，应当在3日以内作出决定，在作出决定的同时通知公安机关执行；不同意变更强制措施的，应当告知申请人，并说明不同意的理由。对于被羁押的犯罪嫌疑人变更强制措施的，侦查部门或者公诉部门应当及时通报本院监所检察部门和案件管理部门。

（3）对被采取逮捕措施法定期限届满的犯罪嫌疑人、被告人应当予以释放、解除取保候审、监视居住或者依法变更强制措施。犯罪嫌疑人及其法定代理人、近亲属或者辩护人对于人民法院、人民检察院或者公安机关采取强制措施法定期限届满的，有权要求解除强制措施。

（4）犯罪嫌疑人、被告人被羁押的案件，不能在法定的侦查羁押、审查起诉、一审、二审期限内办结的，对犯罪嫌疑人应当予以释放；需要继续查证、审理的，对犯罪嫌疑人、被告人可以取保候审或者监视居住。

7. 对逮捕措施的监督

刑事诉讼法和《刑诉规则》赋予了人民检察院对逮捕工作的监督权，主要内容如下：

（1）人民检察院在审查批准逮捕工作中发现公安机关的违法行为，对于情节较轻的，可以由检察人员以口头方式向侦查人员或者公安机关负责人提出纠正意见，并及时向本部门负责人汇报；必要的时候，由部门负责人提出。对于情节较重的违法情形，应当报请检察长批准后，向公安机关发出纠正违法通知书。构成犯罪的，移送有关部门依法追究刑事责任。

（2）犯罪嫌疑人、被告人被逮捕后，人民检察院仍应当对羁押的必要性进行审查。对不需要继续羁押的，应当建议予以释放或者变更强制措施。有关机关应当在10日以内将处理情况通知人民检察院。

具体而言，人民检察院可以采取以下方式进行羁押必要性审查：①对犯罪嫌疑人、被告人进行羁押必要性评估；②向侦查机关了解侦查取证的进展情况；③听取有关办案机关、办案人员的意见；④听取犯罪嫌疑人、被告人及其法定代理人、近亲属、辩护人、被害人及其诉讼代理人或者其他有关人员的意见；⑤调查核实犯罪嫌疑人、被告人的身体健康状况；⑥查阅有关案卷材料，审查有关人员提供的证明不需要继续羁押犯罪嫌疑人、被告人的证明材料。

人民检察院发现有下列情形之一的，可以向有关机关提出予以释放或者变更强制措施的书面建议：①案件证据发生重大变化，不足以证明有犯罪事实或者犯罪行为系犯罪嫌疑人、被告人所为的；②案件事实或者情节发生变化，犯罪嫌疑人、被告人可能被判处管制、拘役、独立适用附加刑、免予刑事处罚或者判决无罪的；③犯罪嫌疑人、被告人实施新的犯罪，毁灭、伪造证据，干扰证人作证，串供，对被害人、举报人、控告人实施打击报复，自杀或者逃跑等的可能性已被排除的；④案件事实基本查清，证据已经收集固定，符合取保候审或者监视居住条件的；⑤继续羁押犯罪嫌疑人、被告人，羁押期限将超过依法可能判处的刑期的；⑥羁押期限届满的；⑦因为案件的特殊情况或者办理案件的需要，变更强制措施更为适宜的。人民检察院释放或者变更强制措施的建议书应当说明不需要继续羁押犯罪嫌疑人、被告人的理由及法律依据，同时应当要求有关办案机关在10日以内将处理情况通知本院。有关办案机关没有采纳人民检察院建议的，应当要求其说明理由和依据。

（十五）检察机关收缴犯罪赃款赃物的条件和程序

在侦查过程中，收缴赃款赃物既是获取证据的重要手段，也是为国家挽回经济损失的重要措施。特别是检察机关负责立案侦查的经济犯罪案件，收缴赃款赃物尤其重要。检察机关在侦查过程中，收缴赃款赃物的主要方法有：搜查、查封、扣押、冻结和没收等。

1. 搜查，是侦查机关对被告人、犯罪嫌疑人、可能隐藏罪犯或者犯罪证据的人的人身、物品、住所和其他有关的地方进行搜索。搜查是一项强制性措施。搜查的任务是发现和收集与案件有关的证据，查获犯罪人。搜查是查获赃物、赃款和有关证据的措施。因此，搜查必须有计划、有步骤地进行。搜查前应由检察长签发《搜查证》。根据刑事诉讼法第 134 条的规定，侦查人员可以对犯罪嫌疑人以及可能隐藏罪犯或者犯罪证据的人的人身、物品、住处和其他有关的地方都进行搜查。在搜查时，应当有被搜查人或者他的家属、邻居或者其他与案件有关的见证人在场，必要时，可通知当地公安派出所或者有关单位派人参加。在搜查前，应对被搜查人或者其家属进行必要的思想教育，启发他们主动交出赃款、物证、书证，并告知他们阻碍搜查应负的法律责任。对见证人应讲明其依法应承担的义务。搜查工作结束后，应将搜查情况写成笔录。搜查笔录内容有：采取搜查措施的依据；执行搜查的检察人员及见证人的姓名；搜查的简要情况；搜查开始和结束的时间；最后由检察人员、被搜查人员或者家属、见证人签名或盖章。如果家属拒绝签名、盖章，应在笔录上注明。

2. 查封、扣押赃款赃物，是指侦查机关依法强行提取、留置和封存与案件有关的钱款、物品的一项强制性措施。按照我国刑事诉讼法第 139 条的规定："在侦查活动中发现的可用以证明犯罪嫌疑人有罪或者无罪的各种财物、文件，应当查封、扣押；与案件无关的财物、文件，不得查封、扣押。"可见，扣押的目的是发现、保全证据和保障国家和人民的财产少受损失。对于扣押物品、钱款，检察人员应会同见证人及物品持有人查点清楚，并当场开具《查封、扣押物品清单》一式 2 份。扣押物品清单应写明物品的准确名称、型号、数量、质量、规格、特征及其来源等。清单由检察人员、见证人和物品持有人签名或盖章后，一份交物品持有人，一份附卷备查。如果物品持有人在逃，或者拒绝签名、盖章，应当在《查封、扣押物品清单》上注明。对不提走的物品，可以加封，交物品持有人保管，并单独开具《查封、扣押物品清单》一式 2 份，一份交持有人，一份附卷备查。清单上应注明，查封、扣押物品由持有人保管，不得转移、变卖、毁损。对于查封、扣押的物品、钱款应交保管部门或指派专人负责妥善保管，不得使用、调换、毁损、丢失或自行处理。对于不能存入卷宗的物证，应当拍照附卷。在案件侦查终结后，凡是被查封、扣押的不属犯罪嫌疑人的物品，与案件无关的、或无证据作用的赃物应在3日内发还。发还非赃证物品时应当填写《处理非赃物品清单》，应与查封、扣押物品清单相一致。发还时，应逐件交物品持有人当场清点无误后，由收领人在清单上签字盖章。

3. 冻结与案件有关的银行存款时，经检察长批准，填写《查询个人储蓄存款通知书》或《停止支付储蓄存款通知书》通知银行执行。当无须冻结时，也需检察长批准，填写《解除停止支付储蓄存款通知书》通知有关部门执行。犯罪嫌疑人的存款、汇款已被冻结的，不得重复冻结。

4. 没收，是侦查机关为控制赃款赃物，对犯罪用品、违法犯罪所得，采取上缴国库的一种强制性措施。没收的对象是：犯罪用品，如犯罪工具；犯罪的资本，如走私物品；违禁品，如鸦片等；犯罪违法所得，如走私获取利润等。检察机关在侦查中对上述赃款赃物，应当没收，并开具没收赃款赃物清单，记清名称、单位、数量、特征、性质。没收人员和持有人签名盖章，一式2份，一份交持有人，一份存档备查。对于没收的赃款赃物应依法全部上缴国库，不允许私留使用。

（十六）检察机关技术侦查措施的条件和程序

检察机关技术侦查，是指人民检察院根据侦查犯罪的需要，在经过严格的批准手续后，运用技术设备收集证据或查获犯罪分子的一种特殊侦查措施。根据侦查实践，技术侦查措施包括监听、监视、密取、网络监控、截取电子邮件、秘密拍照、秘密录像、电子通信定位等。显然，这些侦查措施必须依赖高科技设备或手段方能进行，因而具有高度的技术性。

根据刑事诉讼法和《刑诉规则》以及《检察机关执法工作基本规范》的规定，技术侦查应当符合以下程序和要求：

1. 技术侦查的适用范围

技术侦查的适用范围包括两个方面：（1）案件范围。人民检察院在立案后，对于涉案数额在10万元以上、采取其他方法难以收集证据的重大贪污、贿赂犯罪案件以及利用职权实施的严重侵犯公民人身权利的重大犯罪案件，经过严格的批准手续，可以采取技术侦查措施，交有关机关执行。贪污、贿赂犯罪包括刑法分则第八章规定的贪污罪、受贿罪、单位受贿罪、行贿罪、对单位行贿罪、介绍贿赂罪、单位行贿罪、利用影响力受贿罪。利用职权实施的严重侵犯公民人身权利的重大犯罪案件包括有重大社会影响的、造成严重后果的或者情节特别严重的非法拘禁、非法搜查、刑讯逼供、暴力取证、虐待被监管人、报复陷害等案件。所以作上述限制，主要是为了防止技术侦查措施的滥用，有效保护公民的隐私权、居住安全权等宪法性权利不受侵犯。（2）对象范围。人民检察院办理直接受理立案侦查的案件，需要追捕被通缉或者批准、决定逮捕的在逃犯罪嫌疑人、被告人的，经过批准，可以采取追捕所必需的技术侦查措施，不受案件范围的限制。

2. 技术侦查的批准

人民检察院采取技术侦查措施应当根据侦查犯罪的需要，确定采取技术侦查措施的种类和适用对象，按照有关规定报请批准。批准决定自签发之日起3个月以内有效。对于不需要继续采取技术侦查措施的，应当及时解除；对于复杂、疑难案件，期限届满仍有必要继续采取技术侦查措施的，应当在期限届满前10日以内制作呈请延长技术侦查措施期限报告书，写明延长的期限及理由，经过原批准机关批准，有效期可以延长，每次不得超过3个月。

3. 技术侦查措施的执行

人民检察院不能自己采取技术侦查措施，而必须按照规定交有关机关（通常是公安机关）执行。公安机关采取技术侦查措施，必须严格按照批准的措施种类、适用对象和期限执行。采取技术侦查措施收集的物证、书证及其他证据材料，侦查人员应当制作相应的说明材料，写明获取证据的时间、地点、数量、特征以及采取技术侦查措施的批准机关、种类等，并签名和盖章。检察人员对采取技术侦查措施过程中知悉的国家秘密、商业秘密和个人隐私，应当保密；对采取技术侦查措施获取的与案件无关的材料，应当及时销毁，并对销毁情况制作记录。

此外，采取技术侦查措施获取的材料，只能用于对犯罪的侦查、起诉和审判，不得用于其他用途。根据刑事诉讼法第152条的规定，对于通过实施技术侦查措施收集的证据，如果使用该证据可能危及有关人员的人身安全，或者可能产生其他严重后果的，应当采取不暴露有关人员身份、技术方法等保护措施，必要时可以由审判人员在庭外对证据进行核实。

（十七）侦查终结的条件和程序

侦查终结，是侦查机关对刑事案件侦查活动的终了总结。侦查机关通过一系列的侦查活动，认为案件事实清楚，证据确实、充分或者有事实证明不应对犯罪嫌疑人追究刑事责任，就可以作侦查终结。侦查终结是侦查活动的最后一道程序，侦查终结要对案件提出处理决定，包括作出起诉或者不起诉意见、撤销案件。

1. 侦查终结的条件

根据我国刑事诉讼法第160条、第161条的规定，侦查终结的条件是根据不同案件，有不同终结条件：

（1）对决定提起公诉意见案件，侦查终结的条件是：①犯罪事实和情节全部清楚；②证据确实、充分；③案件性质认定准确；④各种法律手续完备；⑤没有遗漏犯罪和其他应当追究刑事责任的人。

（2）对决定不起诉意见案件，侦查终结的条件是：①犯罪情节轻微；②依照刑法规定不需要判处刑罚或者免除刑罚的。

（3）对决定撤销案件，侦查终结的条件是：犯罪嫌疑人不应追究刑事责任。在侦查过程中，发现本案有下列情形之一，不应当对犯罪嫌疑人追究刑事责任的，应当侦查终结，撤销案件：①情节显著轻微、危害不大，不认为是犯罪的；②犯罪已过追诉时效期限；③经特赦令免除刑罚的；④依照刑法规定告诉才处理的犯罪没有告诉或者撤回告诉的；⑤犯罪嫌疑人死亡的；⑥没有犯罪事实，或者依照刑法规定不负刑事责任或者不是犯罪的；⑦虽有犯罪事实，但不是犯罪嫌疑人所为的。

2. 侦查终结的程序

根据我国刑事诉讼法和《刑诉规则》的规定，作出起诉或者不起诉意见的侦查终结程序有：

（1）审查案件事实和证据。侦查机关经过侦查，对案件事实和收集、调取的证据材料予以核实。经审查认为符合侦查终结的全部要件和要求的，提出侦查终结的意见。

（2）制作侦查终结报告。侦查人员侦查终结时，应当制作侦查终结报告。侦查终结报告的内容：①犯罪嫌疑人的基本情况，如姓名、性别、年龄、籍贯、文化程度、住址、有无前科等，是否采取强制措施及羁押场所；②案由、案件来源以及侦查经过；③查明案件的事实，定案的证据及态度和表现等；④需要说明的问题；⑤结论和处理意见等。

（3）侦查终结决定。侦查终结报告应经部门负责人审核同意后，向本机关主管负责人报告。一般案件经审核，认为案件已符合侦查终结的条件，该机关主管负责人审查批准即可终结侦查；对重大、特别重大的案件应由部门负责人提交领导成员集体讨论、决定。

（4）移送检察机关审查。对作出起诉意见的侦查终结的案件，侦查人员应写出起诉意见书，连同案卷材料、证据一并移送同级人民检察院公诉部门审查决定。

根据《刑诉规则》的规定，作出撤销案件的程序如下：

（1）对拟撤销案件的审查。人民检察院在侦查过程中或者侦查终结后，发现具有刑事诉讼法第15条规定情形之一或者发现没有犯罪事实的，或者依照刑法规定不负刑事责任或者不是犯罪的或者虽有犯罪事实，但不是犯罪嫌疑人所为的，侦查部门应当制作拟撤销案件意见书，报请检察长或者检察委员会决定，检察长或者检察委员会决定撤销案件的，侦查部门应当将撤销案件意见书连同本案全部案卷材料，在法定期限届满7日前报上一级人民检察院审查；重大、复杂案件在法定期限届满10日前报上一级人民检察院审查。对于共同犯罪的案件，如发现符合上述情形的犯罪嫌疑人，应当撤销对该犯罪嫌疑人的立案。对于共同犯罪案件，应当将处理同案犯罪嫌疑人的有关法律文书以及案件事实、证据材料复印件等，一并报送上一级人民检察院。上一级人民检察院侦查部门应当对案件事实、证据和适用法律进行全面审查，必要时可以讯问犯罪嫌疑人。上一级人民检察院侦查部门经审查后，应当提出是否同意撤销案件的意见，报请检察长或者检察委员会决定。上一级人民检察院审查下级人民检察院报送的拟撤销案件，应当于收到案件后7日以内批复；重大、复杂案件，应当于收到案件后10日以内批复下级人民检察院。情况紧急或者因其他特殊原因不能按时送达的，可以先行通知下级人民检察院执行。

（2）对撤销案件的决定。上一级人民检察院同意撤销案件的，下级人民检察院应当作出撤销案件决定，并制作撤销案件决定书；不同意撤销案件的，下级人民检察院应当执行上一级人民检察院的决定。报请上一级人民检察院审查期间，犯罪嫌疑人羁押期限届满的，应当依法释放犯罪嫌疑人或者变更强制措施。撤销案件的决定，应当分别送达犯罪嫌疑人所在单位和犯罪嫌疑人。犯罪嫌疑人死亡的，应当送达犯罪嫌疑人原所在单位。如果犯罪嫌疑人在押，应当制作决定释放通知书，通知公安机关依法释放。决定撤销案件的，应当告知控告人、举报人，听取其意见并记明笔录。

（3）撤销案件后涉案财产、物品的处理。人民检察院作出撤销案件决定的，侦查部门应当在30日以内对犯罪嫌疑人的违法所得作出处理，并制作查封、扣押、冻结款物的处理报告，详细列明每一项款物的来源、去向并附有关法律文书复印件，报检察长审核后存入案卷，并在撤销案件决定书中写明对查封、扣押、冻结的涉案款物的处理结果。情况特殊的，经检察长决定，可以延长 30 日。人民检察院撤销案件时，对犯罪嫌疑人的违法所得应当区分不同情形，作出相应处理：①因犯罪嫌疑人死亡而撤销案件，依照刑法规定应当追缴其违法所得及其他涉案财产的，按照犯罪嫌疑人、被告人逃匿、死亡案件违法所得的没收程序处理。②因其他原因撤销案件，对于查封、扣押、冻结的犯罪嫌疑人违法所得及其他涉案财产需要没收的，应当提出检察建议，移送有关主管机关处理。③对于冻结的犯罪嫌疑人存款、汇款、债券、股票、基金份额等财产需要返还被害人的，可以通知金融机构返还被害人；对于查封、扣押的犯罪嫌疑人的违法所得及其他涉案财产需要返还被害人的，直接决定返还被害人。

查封、扣押、冻结的款物，除依法应当返还被害人或者经查明确实与案件无关的以外，不得在诉讼程序终结之前处理，处理时应当由办案部门提出意见，报请检察长决定。负责保管涉案款物的管理部门会同办案部门办理相关的处理手续。

（十八）检察机关补充侦查案件的范围

补充侦查，是指人民检察院在审查起诉和人民法院法庭审理过程中，认为案件事实不清、证据不足，需要进一步查清事实、补充证据，根据人民检察院的决定或申请，将案件退回公安机关作进一步侦查或者由人民检察院自行侦查的诉讼活动。检察机关补充侦查，是指检察机关对公安机关、国家安全机关等侦查机关侦查的案件需要补充侦查而进行的自行侦查活动。补充侦查有利于准确地查清案件事实，客观公正地处理案件；有利于贯彻分工负责、互相配合、互相制约的原则；有利于更好地揭露犯罪、惩罚犯罪、保护无罪的人不受刑事追究。

检察机关补充侦查的范围相当广泛，可以说一切侦查机关侦查的所有刑事案件的所有内容都可能进行补充侦查。具体有：

1. 从案件原侦查机关看，检察机关可以补充侦查公安机关侦查的案件。检察机关可以补充侦查公安机关侦查的全部案件，也可以补充侦查国家安全机关侦查的案件，这类案件主要是危害国家安全罪案件。实践中，这类案件的补充侦查多数是与国家安全机关共同进行补充侦查。检察机关直接侦查的案件也有补充侦查的问题。检察机关内部实行分工制约，负责贪污贿赂案件、渎职侵权案件侦查的部门侦查的案件，刑事公诉部门认为需要补充侦查的，也可以进行补充侦查。总之，检察机关对所有侦查部门的案件需要补充检查的，都可以进行补充侦查。

2. 从案件的性质来看，所有公诉案件，需要补充侦查的，检察机关都可以进行补充侦查。

3. 从案件的内容来看，凡是与案件有关的犯罪事实、证据和法律依据，检察机关都可以补充侦查。例如，对犯罪主体的年龄、刑事责任能力、主观罪过、犯罪行为、犯罪时间、犯罪地点、犯罪方法、犯罪证据收集等都可以进行补充侦查。当然，检察机关的补充侦查只是对涉及定罪量刑的重要问题进行补充侦查。对于那些不影响定罪量刑的次要问题，一般不进行补充侦查。

（十九）检察机关提前介入侦查的条件和程序

检察机关提前介入，是指检察机关侦查监督部门在侦查机关提请批捕和移送起诉之前，通过参与公安等侦查机关进行现场勘验、尸体解剖、人身检查、侦查实验以及参与讯问犯罪嫌疑人、询问证人、进行案件讨论等侦查活动，使侦查监督工作提前到侦查活动阶段的诉讼行为。

1. 提前介入的条件

根据我国刑事诉讼法第 85 条的规定："公安机关要求逮捕犯罪嫌疑人的时候，应当写出提请批准逮捕书，连同案卷材料、证据，一并移送同级人民检察院批准。必要的时候，人民检察院可以派人参加公安机关对重大案件的讨论。"《刑诉规则》第 567 条规定："人民检察院根据需要可以派员参加公安机关对于重大案件的讨论和其他侦查活动，发现违法行为，情节较轻的可以口头纠正，情节较重的应当报请检察长批准后，向公安机关发出纠正违法通知书。"此外，最高人民检察院与公安部在 2000 年 8 月《关于公安机关刑侦部门、检察机关批捕部门、起诉部门加强工作联系的通知》中，还进一步明确了检察机关批捕部门提前介入，在充分了解案情的基础上，对侦查活动提出积极建议的任务。

根据上述法律规定，司法实践中，检察机关对下列案件应提前介入侦查：（1）重大复杂疑难案件；（2）在本辖区有重大影响的突发性恶性案件；（3）司法解释不明确、争议比较大，又属刑法和刑事诉讼法修改完善后新出现的案件；（4）侦查、检察双方认为有必要提前介入的其他刑事案件。凡是具有上述情形之一的，检察机关一般要提前介入。

2. 提前介入的程序

检察机关对刑事案件提前介入有两种程序：（1）侦查机关在立案侦查

阶段，主动要求检察机关派员介入侦查活动，要求检察机关派员出席现场勘查或参与重大案件的讨论，必要时可参与对犯罪嫌疑人的讯问和对受害人及证人的询问，检察机关提前了解案情。（2）检察机关认为有必要提前介入的刑事案件，可以主动与侦查机关联系，要求派员提前介入侦查活动，了解案情，进行侦查监督。不论按照哪种程序，提前介入侦查的检察人员都应由检察长委派或由侦查监督的部门领导指定，并应由 2 名以上检察人员同时介入。提前介入人员只是了解案情，不能代替侦查机关的侦查。提前介入人员要认真填写《提前介入案件登记表》，并提出处理意见，经侦查监督部门领导审批后及时向侦查机关反馈。

3. 提前介入的改革

为了加强对侦查机关的侦查监督，更好地提前介入，最高人民检察院、全国整顿和规范市场经济秩序领导小组办公室、公安部于 2004 年 3 月 18 日颁布了《关于加强行政执法机关与公安机关、人民检察院工作联系的意见》中规定，建立起行政执法机关与公安机关、人民检察院相互配合的长效工作机制。主要有：

（1）树立全局观念，形成打击合力。各级行政执法机关、公安机关、人民检察院实现行政执法与刑事执法的有效衔接，促进执法资源的合理利用，提高工作效率。

（2）加强联系配合，建立信息共享机制。各级行政执法机关、公安机关、人民检察院要做到信息共享、密切合作。要建立信息联网、联席会议制度，定期或不定期召开不同层次的联席会议，沟通情况，统一认识。

（3）强化案件移送工作，推动涉嫌犯罪案件及时进入司法程序。行政执法机关查处的破坏社会主义市场经济秩序违法的案件，及时向公安机关移送，并向人民检察院备案。对于案情重大、可能涉嫌犯罪的案件，行政执法机关在查处过程中应及时向公安机关、人民检察院通报，并可以就涉嫌犯罪的标准、证据的固定和保全等问题进行咨询，公安机关、人民检察院应当认真研究，及时答复。对于行政执法机关不移送涉嫌犯罪的案件，有关单位、个人举报或者群众反映强烈的，人民检察院可以向行政执法机关查询案件情况；经协商同意，还可以派员查阅有关案卷材料，行政执法机关应予配合。必要时，人民检察院应当向行政执法机关提出检察意见，建议其按照管辖规定向公安机关移送涉嫌犯罪案件，行政执法机关应当反馈落实情况。行政执法机关仍不移送的，检察机关应将情况书面通知公安机关。公安机关经过审查，认为有犯罪事实需要追究刑事责任，且属于公安机关管辖的，应当立案侦查。

（4）加强立案监督工作，确保对涉嫌犯罪案件依法立案侦查。人民检察院对于行政执法机关已经移送公安机关的涉嫌犯罪案件，应当跟踪了解公安机关的立案情况。对于公安机关未及时受理或者立案的，应当依法开展立案监督，督促公安机关在法定期限内依法受理或者立案侦查；对立案后久侦不结的案件，要加强督促；在审查批准逮捕过程中，必要的时候，人民检察院可以派人参加公安机关对于重大案件的讨论，协助公安机关及时侦结案件。

（5）及时移送职务犯罪案件线索，依法惩治职务犯罪。行政执法机关在工作中发现行政执法人员贪污贿赂、徇私枉法、玩忽职守以及徇私舞弊不移交刑事案件等职务犯罪线索的，应依法及时向人民检察院移送。人民检察院对行政执法机关移送的职务犯罪线索应当认真审查，依法处理，并将处理结果及时通知移送案件的行政执法机关。

三、检察机关的公诉活动

（一）检察机关不起诉的条件和程序

不起诉，是指人民检察院对公安机关侦查终结移送起诉的案件和自己侦查终结的案件进行审查后，依法作出不将案件交付人民法院审判的一种处理决定。不起诉决定具有终止刑事诉讼的效力，不起诉决定必须依照法定条件作出，既防止不必要的审判，又不放过应当追究刑事责任的犯罪。

根据刑事诉讼法第173条第1款的规定："犯罪嫌疑人没有犯罪事实，或者有本法第15条规定的情形之一的，人民检察院应当作出不起诉决定。对于犯罪情节轻微，依照刑法规定不需要判处刑罚或者免除刑罚的，人民检察院可以作出不起诉决定。"第171条第4款的规定："对于二次补充侦查的案件，人民检察院仍然认为证据不足，不符合起诉条件的，应当作出不起诉的决定。"

1. 不起诉的条件

（1）法定不起诉，也称绝对不起诉，是指犯罪嫌疑人没有犯罪事实或者具有刑事诉讼法第15条规定情形之一的情形的不起诉。在这种情况下，人民检察院没有自由裁量权，否则便属于违法。法定不起诉除上述情形外，实践中还有一种情况，就是根据刑法规定不构成犯罪的不起诉。

（2）酌定不起诉，也称相对不起诉。根据刑事诉讼法第173条第2款规定："对于犯罪情节轻微，依照刑法规定不需要判处刑罚或者免除刑罚的，人民检察院可以作出不起诉决定。"是酌定不起诉。酌定不起诉的条件：一是犯罪情节轻微；二是依照刑法规定不需要判处刑罚或者免除刑罚的。这两个条件应当同时具备。犯罪嫌疑人的行为不构成犯罪以及虽构成犯罪但不应当追究其刑事责任的，都不能依此款规定作不起诉处理。

（3）证据不足不起诉，又称存疑不起诉。根据刑事诉讼法第171条第4款规定："对于二次补充侦查的案件，人民检察院仍然认为证据不足，不符合起诉条件的，应当作出不起诉的决定。"此规定中包含两个条件：一是案件已经过了二次补充侦查；二是证据不足，因而不符合起诉条件。符合此两个条件的案件应当做出不起诉的决定。另外，《刑诉规则》第404条规定具有下列情形之一，不能确定犯罪嫌疑人构成犯罪和需要追究刑事责任的，属于证据不足，不符合起诉条件：①犯罪构成要件的事实缺乏必要的证据予以证明的；②据以定罪的证据存在疑问，无法查证属实的；③据以定罪的证据之间、证据与案件事实之间的矛盾不能合理排除的；④根据证据得出的结论具有其他可能性，不能排除合理怀疑的；⑤根据证据认定案件事实不符合逻辑和经验法则，得出的结论明显不符合常理的。人民检察院根据刑事诉讼法第171条第4款规定决定不起诉的，在发现新的证据，符合起诉条件时，可以提起公诉。

2. 不起诉的程序

人民检察院决定不起诉的案件，应当制作《不起诉决定书》。不起诉决定书的主要内容包括：（1）被不起诉人的基本情况；（2）案由和案件来源；（3）案件事实，包括否定或者指控被不起诉人构成犯罪的事实以及作为不起诉决定根据的事实；（4）不起诉的根据和理由，写明作出不起诉决定适用的法律条款；（5）查封、扣押、冻结的涉案款物的处理情况；（6）有关告知事项。

人民检察院决定不起诉的案件，可以根据案件的不同情况，对被不起诉人予以训诫或者责令具结悔过、赔礼道歉、赔偿损失。对被不起诉人需要给予行政处罚、行政处分的，人民检察院应当提出检察意见，连同不起诉决定书一并移送有关主管机关处理，并要求主管机关及时通报处理情况。

对于不起诉决定书，人民检察院应当公开宣布，并且送达被不起诉人和他的所在单位。不起诉决定一经宣布，立即产生法律效力。如果被不起诉人的财物在侦查中被扣押、冻结的，人民检察院在宣布不起诉决定时，应解除扣押、冻结。

公安机关移送起诉的案件，人民检察院决定不起诉的，应当将不起诉决定书送达公安机关。公安机关认为不起诉的决定有错误的时候，可以要求复议，如果意见不被接受，可以向上一级人民检察院提请复核。

有被害人的案件，决定不起诉的，人民检察院应当将不起诉决定书送达被害人。被害人如果不服，可以自收到决定书后7日以内向上一级人民检察院申诉，请求提起公诉。人民检察院应当将复查决定告知被害人。对人民检察院维持不起诉决定的，被害人可以向人民法院起诉。被害人也可以不经申诉，直接向人民法院起诉。人民法院受理案件后，人民检察院应当将有关案件材料移送人民法院。对于人民检察院依照刑事诉讼法第173条第2款的规定作出的不起诉决定，被不起诉人如果不服，可以自收到决定书后7日以内向人民检察院申诉。人民检察院应当作出复查决定，通知被不起诉的人，同时抄送公安机关。

（二）检察机关提起公诉的条件和程序

提起公诉，是人民检察院代表国家将刑事犯罪嫌疑人提交人民法院审判，要求给予刑事处罚的刑事诉讼活动。提起公诉是法律赋予人民检察院的重要权力。我国刑事诉讼法第172条规定："人民检察院认为犯罪嫌疑人的犯罪事实已经查清，证据确实、充分，依法应当追究刑事责任的，应当作出起诉决定，按照审判管辖的规定，向人民法院提起公诉，并将案卷材料、证据移送人民法院。"

1. 提起公诉的条件

检察机关提公诉的条件有：

（1）犯罪嫌疑人的犯罪事实清楚。即犯罪嫌疑人的姓名、年龄、刑事责任能力，犯罪行为、时间、地点、方法、手段、结果，犯罪经过、动机、目的等都已查清楚，没有其他漏罪和其他需要追究刑事责任的人等。

（2）犯罪证据确实、充分。对于重要犯罪事实的过程、情节都有充分的证据证实，不存在任何矛盾和疑点。

（3）依法应当追究刑事责任的，被告应当受到刑罚处罚。在上述条件全都具备的情形下，就应当向人民法院提起公诉。

2. 提起公诉的程序

检察机关提起公诉的程序是：

（1）首先应由人民检察院检察长或者检察委员会作出提起公诉的决定，

并作出《起诉书》。《起诉书》是人民检察院代表国家向人民法院提起公诉，要求人民法院对被告人进行审判的法律文书。

（2）《起诉书》加盖公章并附有关证据目录、证人名单和主要证据复印件或者照片，移送人民法院提起公诉。根据最高人民法院、最高人民检察院、公安部有关联合通知规定，被告人可能判处无期徒刑或者死刑的案件，由地区检察分院或者省辖市、自治州人民检察院向同级人民法院提起公诉，其他案件由有审判管辖权的人民法院相对应的同级人民检察院起诉。如果认为属于上级或下级人民法院第一审管辖的，应当及时报送上级或者下级人民检察院向其同级人民法院提起公诉。

（3）人民检察院提起公诉后，如果发现自己起诉的案件需要补充侦查的，或者自己进行补充侦查或者退回公安机关、国家安全机关补充侦查；如果发现不应当追究刑事责任的，应作出不起诉决定。人民检察院发现下级人民检察院起诉确有错误时，有权要求下级人民检察院撤回起诉，下级人民检察院应当执行。

（三）检察机关撤回起诉的条件和程序

撤回起诉，是指人民检察院对已经向人民法院提起公诉的案件，决定撤销、收回公诉请求的刑事诉讼活动。刑事诉讼法中没有关于公诉案件撤回起诉的规定。在诉讼理论上，一般认为起诉、不起诉、撤销起诉、变更起诉、追加起诉，都属于起诉权不可分割的组成部分，由此构成完整、统一的起诉权。公诉权的内容，也包含对公诉进行变更、追加和撤回的权力。

《刑诉规则》第459条对公诉的变更、追加和撤回作了明确规定："在人民法院宣告判决前，人民检察院发现具有下列情形之一的，可以撤回起诉：（1）不存在犯罪事实的；（2）犯罪事实并非被告人所为的；（3）情节显著轻微、危害不大，不认为是犯罪的；（4）证据不足或证据发生变化，不符合起诉条件的；（5）被告人因未达到刑事责任年龄，不负刑事责任的；（6）法律、司法解释发生变化导致不应当追究被告人刑事责任的；（7）其他不应当追究被告人刑事责任的。"

对于撤回起诉的案件，人民检察院应当在撤回起诉后30日以内作出不起诉决定。需要重新侦查的，应当在作出不起诉决定后将案卷材料退回公安机关，建议公安机关重新侦查并书面说明理由。

对于撤回起诉的案件，没有新的事实或者新的证据，人民检察院不得再行起诉。

新的事实是指原起诉书中未指控的犯罪事实。该犯罪事实触犯的罪名既可以是原指控罪名的同一罪名，也可以是其他罪名。

新的证据是指撤回起诉后收集、调取的足以证明原指控犯罪事实的证据。

最高人民法院《关于适用〈中华人民共和国刑事诉讼法〉的解释》第242条规定，在开庭审理中，人民检察院要求撤回起诉的，是否准许由人民法院决定。由于撤销起诉的决定毕竟是在审判阶段提出的，为了避免影响人民法院审判权的行使，需要对撤回起诉权的行使进行必要限制。撤回起诉的时间，即必须在第一审人民法院宣告判决前提出。根据最高人民法院司法解释的规定，人民检察院撤回起诉的案件，由人民法院裁定是否准许。

具有下列情形之一的，可以要求撤回起诉：（1）发现不存在犯罪事实；（2）发现犯罪事实并非被告人所为；（3）发现不应当追究刑事责任。具有这三种情形，表明提起公诉的决定是根本错误的，本着"实事求是、有错必究"的原则，人民检察院应当及时撤回起诉，让被告人得以解脱，同时避免浪费司法资源。所谓发现不应当追究刑事责任，主要是两种情形：一是具有刑事诉讼法第15条规定的情形之一，不应追究被告人刑事责任；二是主要犯罪事实不清，证据不足，不符合起诉条件。如果被告人的行为已构成犯罪，但是依法不需要判处刑罚或者可以免除刑罚，虽然本可以决定不起诉，但既然已经提起公诉就没有必要再撤回，应当由人民法院依法审判。

根据《刑诉规则》的规定，撤回起诉的决定应当报经检察长或者检察委员会决定，并以书面方式在宣告判决前向人民法院提出。在法庭审理中，公诉人认为需要者撤回起诉的，应当要求法院休庭。

（四）检察机关派员出庭支持公诉的任务

支持公诉，是指人民检察院派员出席人民法院开庭审判公诉刑事案件，进一步揭露犯罪，证实犯罪，协助法庭作出正确判决的一种刑事诉讼活动。人民法院审判公诉案件，人民检察院应当派员以国家公诉人的身份出席法庭、支持公诉。检察人员出庭可以出示证据，澄清事实，听取被告人、辩护人的正当辩护和提出新的证据；同时，也可以反驳被告人及其辩护人的无罪辩解，澄清案件事实真相，为法院作出正确判决提供事实证据和法律依据。公诉人出庭支持公诉，主要承担四个方面的任务：

1. 代表国家指控、揭露和证实犯罪，提请人民法院对被告人依法审判。人民检察院之所以提起公诉，就是认为被告人实施的行为已经构成犯罪，应当追究刑事责任。但被告人究竟是否构成犯罪和应当给予何种刑事处罚，依法需要由人民法院通过审判确定。为了依法追究犯罪人的刑事责任，人民检察院仅仅提出起诉书是不够的，需要在开庭审判时充分运用证据证实起诉书所指控的犯罪事实，通过法庭调查、法庭辩论等活动，使人民法院准确认定事实和正确适用法律，公正地定罪量刑。可以说，出庭支持公诉是提起公诉在审判阶段的延伸。公诉人受检察长指派代表国家出席法庭，首要的任务就是支持公诉。

2. 对法庭审判活动是否合法进行监督。人民检察院是国家专门法律监督机关，负有对人民法院的审判活动是否合法进行监督的职责。法庭审理是审判的核心活动，因而对法庭审理活动的监督是审判监督工作的重点。公诉人代表人民检察院出席法庭，有责任对审判程序是否合法进行监督，以保证刑事诉讼法规定在法庭审理中切实得到执行。对法庭审理案件违反法定诉讼程序的情况，公诉人都应当记明笔录，在庭审后及时向检察长报告，以人民检察院名义向人民法院提出纠正意见。

3. 维护诉讼参与人的合法权利。根据刑事诉讼法规定，被告人、被害人和其他诉讼参与人在法庭审判中享有充分的诉讼权利，人民法院、人民检察院应当保障诉讼参与人依法享有的诉讼权利。对这些诉讼权利的保障，不仅关系到诉讼参与人的其他合法权益能否受到保护，也关系到刑事案件能否得到正确、公正、及时审判。公诉人出席法庭，是站在维护社会主义法制的立场上，代表国家和人民的利益，因而在追究犯罪的同时，也依法负有维护诉讼参与人合法权利的职责。

4. 结合案情进行法制宣传和教育。对公民进行法制宣传和教育，是社会治安综合治理的重要措施。人民检察院作为公诉机关，不仅负有追究犯罪的职责，也负有积极参与社会治安综合治理、努力预防犯罪的职责。公诉人在法庭上一方面要揭露犯罪、证实犯罪；另一方面要通过分析犯罪发生的原因、宣传法律知识，促使犯罪分子改过自新，教育其他公民引以为戒，自觉遵守法律，以达到预防犯罪的目的。

（五）检察机关刑事抗诉的条件和程序

刑事抗诉，是指人民检察院对人民法院的刑事判决或者裁定，认为确有错误时，依法向人民法院提出重新审理要求的一种诉讼活动。

1. 抗诉的条件

根据我国法律规定，人民检察院提出抗诉的条件是人民检察院认为，人民法院的判决、裁定确有错误。根据司法经验，确有错误的表现主要有：

（1）主要事实不清。主要事实不清是指对被告人定罪量刑的事实没有调查清楚，例如，犯罪主体的年龄、刑事责任能力、主观罪过等没有调查清楚；犯罪行为方式、犯罪结果，犯罪行为与结果之间的因果关系没有调查清楚；重要的犯罪情节和对社会危害程度没有调查清楚等。犯罪事实是定罪量刑的基础，犯罪事实不清，定罪量刑就不可能准确。

（2）犯罪主要证据不足。对于犯罪的主要事实和情节没有证据或者证据不足。如对某种犯罪行为，只有被告人口供，没有其他任何证据，就是证据不足。另外，证据与犯罪事实之间、证据与证据之间没有必然的联系，甚至互相矛盾，也属于证据不足。

（3）定性不准，量刑不当。定性不准，主要是对犯罪的性质没有弄清楚，将故意犯罪定为过失犯罪；将危害国家安全罪定为危害国防利益罪等。还有把此罪定为彼罪，把一罪定为数罪等。一般地说，定罪不准，量刑就不可能准确。

（4）犯罪证据确实、充分，指控罪名成立，而法院作相反判决的。

（5）违反诉讼程序，影响对案件的公正处理。法庭组成人员身份、人数不符合法律规定，审判人员应当回避而不回避，依据其定罪量刑的证据在法庭上没有进行调查质证不应管辖而管辖等。这些违反程序规定的行为，都可能影响案件的公正处理。对上述原则问题上有错误，应认为判决、裁定确有错误，人民检察院一般应提出抗诉。人民检察院对于下列几种情况，一般不提出抗诉：

①认定主要犯罪事实清楚，虽然有遗漏次要犯罪事实，但不影响定罪量刑的案件。

②认定罪名不确切，但判处的刑罚基本适当的案件。

③量刑在法定刑内，有偏轻或偏重，但与被告人罪行的危害程度基本相适应的案件。

④人民检察院、法院对定性、适用法律有分歧，又无司法解释，没有确切把握的案件。

⑤有轻微违反法定程序，但尚未造成重大影响，尚未造成错误判决、裁定的案件。对上述情况，检察机关可以采取口头或者书面的方式向人民法院提出意见，加以纠正，不必提起抗诉。

2. 刑事抗诉的程序

抗诉的种类不同，抗诉的程序也有所不同。

（1）一审抗诉程序，又称上诉程序抗诉。人民检察院对尚未发生法律效力的第一审判决、裁定，经审查认为确实有错误需要抗诉时，应当填写《刑事判决、裁定审查表》，提出具体审查意见，经处（科）负责人审核，呈报主管检察长审批或经检察委员会讨论决定。对重大、复杂案件的抗诉，可事先向上级检察机关汇报，确定是否提出抗诉。对作出抗诉决定的案件，必须在法定期限内制作抗诉书，通过原审人民法院向上级人民法院提出抗诉，并将抗诉书副本抄送上一级人民检察院。上级人民检察院接到下级人民检察院抗诉书副本后，经过审查并查阅案卷，认为抗诉正确的应做好出席二审法庭的准备；认为抗诉不当时，可以向同级人民法院撤回抗诉，同时通知提出抗诉的下级人民检察院。下级人民检察院如认为上级人民检察院撤回抗诉不当时，可以提出意见或向再上一级检察机关反映。

（2）再审抗诉程序，又称审判监督程序抗诉。地方人民检察院对同级人民法院已生效的刑事判决、裁定，经审查认为确有错误时，审查人员要制作《提请抗诉报告书》，报请上级检察院提出抗诉。上级人民检察院办案人员经审查提请抗诉报告后，应填写《提请抗诉案件审批表》，提出具体审查意见经处（科）长审核，报主管检察长批准或者检察委员会讨论决定。如果决定抗诉的，应制作抗诉书向同级人民法院提出抗诉。最高人民检察院对各级人民法院，上级人民检察院对下级人民法院已生效的判决、裁定，发现确有错误，可以直接决定提出抗诉，而不必由下级人民检察院提请。提出抗诉的人民检察院应将抗诉书正本送同级人民法院，并将副本报送上级人民检察院和抄送原起诉人民检察院，同时做好出庭的准备。

（六）刑事上诉程序抗诉与审判监督程序抗诉的区别

刑事抗诉，是指人民检察院对人民法院的刑事判决或者裁定，认为确有错误时，依法向人民法院提出重新审理要求的一种诉讼活动。根据我国刑事诉讼法规定，人民检察院的刑事抗诉可分为两种：一种是上诉程序的抗诉；另一种是审判监督程序的抗诉。

根据我国刑事诉讼法第217条规定"地方各级人民检察院认为本级人民法院第一审的判决、裁定确有错误的时候，应当向上一级人民法院提出抗诉"。这种抗诉是对第一审判决、裁定未生效的情况下，人民检察院在上诉期限内提出的抗诉，称为上诉程序的抗诉。

我国刑事诉讼法第243条第3款规定："最高人民检察院对各级人民法院已经发生法律效力的判决和裁定，上级人民检察院对下级人民法院已经发生法律效力的判决和裁定，如果发现确有错误，有权按照审判监督程序向同级人民法院提出抗诉。"所谓已经发生法律效力的判决、裁定，包括已过法定期限没有上诉、抗诉的一审判决、裁定和终审判决、裁定，以及最高人民法院或经最高人民法院授权的高级人民法院核准死刑的，或者高级人民法院核准死刑缓期2年执行的判决、裁定，这种抗诉是在人民法院的判决、裁定已发生法律效力以后，按审判监督程序提起的抗诉。所以，称为审判监督程序的抗诉。上诉程序抗诉和审判监督程序抗诉的区别主要有：

1. 抗诉的范围不同。上诉程序抗诉的范围仅限于同级人民法院的未发生法律效力的一审判决、裁定，发现确有错误，才有权提出抗诉；而审判监督程序抗诉的范围是已发生法律效力的判决、裁定，认为确有错误而提出的抗诉。

2. 抗诉的主体不同。上诉程序抗诉的主体是地方各级人民检察院对本级人民法院第一审未生效的判决、裁定提出抗诉；而审判监督程序抗诉则是除最高人民检察院有权对各级人民法院的生效判决、裁定提出抗诉外，只有上级人民检察院对下级人民法院的生效判决、裁定才能提出抗诉，地方人民检察院对本级人民法院生效的判决、裁定不能提出抗诉，如果发现已生效的同级人民法院判决确有错误的，可提请上级人民检察院提出抗诉。

3. 抗诉的时限不同。上诉程序抗诉按刑事诉讼法规定，对判决的抗诉时限为10日，对裁定的抗诉时限为5日。而审判监督程序抗诉，则没有时间限制，在判决、裁定发生法律效力以后的任何时间都可以抗诉。

4. 审理的程序不同。上诉程序抗诉，除发回原审法院重新审理外，都是按照第二审程序审理，所作的判决、裁定是终审判决、裁定，不能再按上诉程序提出抗诉。而审判监督程序抗诉，如果原来是第一审案件，应当按照第一审程序进行重新审判，所作的判决、裁定可以按上诉程序抗诉；如果原来是第二审案件，应当依照第二审程序进行重新审判，所作的判决、裁定，不能按上诉程序提出抗诉。

总之，上述两种刑事抗诉活动，都是为制约人民法院依法正确审判，准确认定犯罪事实，正确适用法律，有效地惩治犯罪和保护公民的合法权益。上诉程序的抗诉，主要是为使人民法院的错误判决、裁定在生效以前得到纠正；审判监督程序抗诉，则是使法院的生效判决、裁定得到纠正，做到有错必纠。

（七）检察机关提出民事抗诉的条件和程序

依据我国民事诉讼法的规定，最高人民检察院对各级人民法院已经发生法律效力的判决、裁定，上级人民检察院对下级人民法院已经发生法律效力的判决、裁定，符合抗诉条件的，应当按照审判监督程序提出抗诉。也就是提出再审的意见，人民法院按照审判监督程序对该案件依法进行再审的诉讼程序。

1. 民事抗诉的条件

根据我国民事诉讼法规定，民事抗诉条件有：

（1）原判决、裁定认定事实的主要证据不足的；

（2）原判决、裁定适用法律确有错误的；

（3）人民法院违反法定程序，可能影响案件正确判决、裁定的；

（4）审判人员在审理该案件时有贪污受贿，徇私舞弊，枉法裁判行为的。

根据《人民检察院民事行政抗诉办案规则》的规定，原判决、裁定认定事实的主要证据不足的是指：认定了没有证据或者没有足够证据的事实，或者对有足够证据支持的事实却没有认定；把伪证作为认定事实的主要证据的；在符合人民法院应当进行调查取证的条件时，法院没有调查取证，从而影响了正确认定事实；作为证据采信的鉴定意见的鉴定程序违法或者鉴定人不具备鉴定资格的；以及原审法院应当进行鉴定或者勘验而未鉴定、勘验的；等等。

原判决、裁定适用法律确有错误是指对法律关系的性质、民事法律关系的主体、权利归属、责任划分等认定错误；遗漏诉讼请求或者超出原告诉讼请求范围判令被告承担责任的；以及对未超过诉讼时效的诉讼请求不予支持，或者对超过诉讼时效的诉讼请求予以支持的等情形。

人民法院违反法定程序，可能影响案件正确判决、裁定，是指审理案件的审判人员、书记员依法应当回避而没有回避的；应当开庭审理的案件，没有经过开庭审理就作出判决、裁定的；以及适用普通程序审理的案件，违反程序缺席判决、裁定的。

人民检察院受理民事抗诉案件的范围法律法规未作出明确限制，但一般认为人民检察院对生效的民事判决提出抗诉的范围，除了按照民事诉讼法特别程序审理的案件，如作出宣告失踪、宣告死亡、认定公民无民事行为能力、限制民事行为能力、认定财产无主、选民资格的民事判决以及适用公示催告程序作出的除权判决之外,其他生效的民事判决均属于人民检察院抗诉的范围。

人民检察院对生效的民事裁定提出抗诉的范围,除了不予受理、驳回起诉的民事裁定属于人民检察院抗诉范围外,其他生效的民事裁定,如先予执行的裁定、执行程序中作出的裁定、适用破产程序作出的裁定、诉前或者诉讼保全作出的裁定、人民法院就诉讼费负担作出的裁定、中止或者终结诉讼的裁定、准许或者不准许撤诉的裁定、不予执行仲裁裁决的裁定、不予执行公证机关赋予强制执行效力的债权文书的裁定等,均不属于人民检察院的抗诉范围。

2. 民事抗诉的程序

检察机关办理民事抗诉案件的程序包括案件的受理、立案、审查、提请抗诉、提起抗诉、出庭和检察建议。

(1) 受理。人民检察院受理民事抗诉案件的来源包括民事诉讼当事人或者其他利害关系人申诉、国家权力机关(即全国人民代表大会及其常委会以及地方各级人民代表大会)或者其他机关(例如行政机关)转办、上级人民检察院交办以及人民检察院自行发现。当事人或者其他利害关系人不服人民法院判决、裁定,向人民检察院控告申诉部门申诉的,如人民法院的判决、裁定已经发生法律效力,并且有具体的申诉理由和请求,人民检察院应当受理。

(2) 立案。有抗诉权或者有提请抗诉权的人民检察院受理的民事抗诉案件,符合民事诉讼法规定的抗诉条件的,人民检察院应当自受理之日起30日内立案。立案应当通知申诉人和其他当事人,其他当事人可以在收到《立案通知书》之日起15日内提出书面意见。人民检察院决定不立案的案件,应当通知申诉人。在立案以后人民检察院应当调(借)阅人民法院审判案卷,并在调(借)阅审判案卷后3个月内审查终结。

(3) 审查。人民检察院立案以后,应当及时指定检察人员对人民法院的民事审判活动进行审查。对不服人民法院生效判决、裁定的案件,应当就民事判决、裁定是否符合我国民事诉讼法第185条规定的抗诉条件进行审查。人民检察院审查民事案件,应当就原审案卷进行审查,原则上不应当进行调查,除非确实有调查的必要。当申诉人撤回申诉而且并不损害国家利益和社会公共利益、人民法院已经决定再审,或者当事人自行和解时,人民检察院应当终止审查，并且向当事人送达《终止审查决定书》。民事案件审查终结时，应当制作《审查终结报告》。对于决定不抗诉的案件，应当分别情况作出处理，制作《不抗诉决定书》，通知当事人或者送达提请抗诉的人民检察院。

（4）提请抗诉。地方各级人民检察院对同级人民法院已经发生法律效力的判决、裁定，经审查认为符合抗诉条件的，应当提请上一级人民检察院抗诉。人民检察院提请抗诉，应当制作《提请抗诉报告书》，并将审判卷宗、检察卷宗报上级人民检察院。《提请抗诉报告书》应当写明以下内容：案件来源、当事人基本情况、基本案情、诉讼过程、当事人申诉理由、提请抗诉理由及法律依据。对下级人民检察院提请抗诉的案件，上级人民检察院应当在3个月内审查终结，并依法作出抗诉或者不抗诉决定。需要延长审查期限的，由检察长批准。

（5）提起抗诉。人民检察院提出抗诉，由检察长批准或者检察委员会决定。抗诉应当由有抗诉权的人民检察院向同级人民法院提出。决定抗诉的案件，应当制作《抗诉书》。《抗诉书》应当载明：案件来源、基本案情、人民法院审理情况及抗诉理由。《抗诉书》由检察长签发，加盖人民检察院印章。抗诉书副本应当送达当事人，并报送上一级人民检察院。人民检察院发现本院抗诉不当的，应当由检察长或者检察委员会决定撤回抗诉。人民检察院决定撤回抗诉，应当制作《撤回抗诉决定书》，送达同级人民法院，通知当事人，并报送上一级人民检察院。上级人民检察院发现下级人民检察院抗诉不当的，有权撤销下级人民检察院的抗诉决定。下级人民检察院接到上级人民检察院的《撤销抗诉决定书》，应当制作《撤回抗诉决定书》，送达同级人民法院，通知当事人，并报送上一级人民检察院。

（6）出庭和检察建议。人民法院开庭审理抗诉案件，人民检察院应当派员出席再审法庭。检察人员出席抗诉案件再审法庭的任务是：宣读抗诉书；发表出庭意见；发现庭审活动违法的，向再审法院提出建议。人民检察院在一定条件下可以向有关单位提出检察建议：有关国家机关或者企业事业单位存在制度隐患的；有关国家机关工作人员、企业事业单位工作人员严重违背职责，应当追究其纪律责任的；应当向有关单位提出检察建议的其他情形。

（八）检察机关对行政案件提出抗诉的条件和程序

检察机关对行政案件提出抗诉，是指人民检察对人民法院已生效的行政判决、裁定认为确有错误，按审判监督程序提起抗诉的行政诉讼活动。

1. 行政抗诉的条件

《人民检察院民事行政抗诉案件办案规则》规定了行政抗诉的条件：

（1）人民法院对依法应予受理的行政案件，裁定不予受理或者驳回起诉的；

（2）人民法院裁定准许当事人撤诉违反法律规定的；

（3）原判决、裁定违反《中华人民共和国立法法》第78条至第86条的规定适用法律、法规、规章的；

（4）原判决、裁定错误认定具体行政行为的性质、存在或者效力的；

（5）原判决、裁定认定行政事实行为是否存在、合法发生错误的；

（6）原判决、裁定违反《中华人民共和国行政诉讼法》第32条规定的举证责任规则的；

（7）原判决、裁定认定事实的主要证据不足的；

（8）原判决确定权利归属或责任承担违反法律规定的；

（9）人民法院违反法定程序，可能影响案件正确判决、裁定的；

（10）审判人员在审理该案件时有贪污受贿、徇私舞弊或者枉法裁判行为的；

（11）原判决、裁定违反法律、法规的其他情形。法律法规未明确人民检察院办理行政抗诉的案件类型，关于行政抗诉的条件实际上限定了人民检察院办理行政抗诉案件的范围。

2. 行政抗诉程序

检察机关办理行政抗诉案件的程序包括案件的受理、立案、审查、提请抗诉、提起抗诉、出庭和检察建议。

（1）受理。人民检察院受理行政抗诉案件的来源包括行政诉讼当事人或者其他利害关系人申诉、国家权力机关（即全国人民代表大会及其常委会以及地方各级人民代表大会）或者其他机关（例如行政机关）转办、上级人民检察院交办以及人民检察院自行发现。当事人或者其他利害关系人不服人民法院判决、裁定，向人民检察院控告申诉部门申诉的，如人民法院的判决、裁定已经发生法律效力，并且有具体的申诉理由和请求，人民检察院应当受理。

（2）立案。有抗诉权或者有提请抗诉权的人民检察院受理的行政抗诉案件，符合行政诉讼法规定的抗诉条件的，人民检察院应当自受理之日起30日内立案。立案应当通知申诉人和其他当事人，其他当事人可以在收到

《立案通知书》之日起15日内提出书面意见。人民检察院决定不立案的案件，应当通知申诉人。在立案以后人民检察院应当调（借）阅人民法院审判案卷，并在调（借）阅审判案卷后3个月内审查终结。

（3）审查。人民检察院立案以后，应当及时指定检察人员对人民法院的行政审判活动进行审查。对不服人民法院生效判决、裁定的案件，应当就行政判决、裁定是否符合抗诉条件进行审查。人民检察院审查行政案件，应当就原审案卷进行审查，原则上不应当进行调查，除非确实有调查的必要。当申诉人撤回申诉而且并不损害国家利益和社会公共利益、人民法院已经决定再审、或者当事人自行和解时，人民检察院应当终止审查，并且向当事人送达《终止审查决定书》。行政案件审查终结时，应当制作《审查终结报告》。对于决定不抗诉的案件，应当分别情况作出处理，制作《不抗诉决定书》，通知当事人或者送达提请抗诉的人民检察院。

（4）提请抗诉。地方各级人民检察院对同级人民法院已经发生法律效力的判决、裁定，经审查认为符合抗诉条件的，应当提请上一级人民检察院抗诉。人民检察院提请抗诉，应当制作《提请抗诉报告书》，并将审判卷宗、检察卷宗报上级人民检察院。《提请抗诉报告书》应当写明以下内容：案件来源、当事人基本情况、基本案情、诉讼过程、当事人申诉理由、提请抗诉理由及法律依据。对下级人民检察院提请抗诉的案件，上级人民检察院应当在3个月内审查终结，并依法作出抗诉或者不抗诉决定。需要延长审查期限的，由检察长批准。

（5）提出抗诉。人民检察院提出抗诉，由检察长批准或者检察委员会决定。抗诉应当由有抗诉权的人民检察院向同级人民法院提出。决定抗诉的案件，应当制作《抗诉书》。《抗诉书》应当载明：案件来源、基本案情、人民法院审理情况及抗诉理由。《抗诉书》由检察长签发，加盖人民检察院印章。抗诉书副本应当送达当事人，并报送上一级人民检察院。人民检察院发现本院抗诉不当的，应当由检察长或者检察委员会决定撤回抗诉。人民检察院决定撤回抗诉，应当制作《撤回抗诉决定书》，送达同级人民法院，通知当事人，并报送上一级人民检察院。上级人民检察院发现下级人民检察院抗诉不当的，有权撤销下级人民检察院的抗诉决定。下级人民检察院接到上级人民检察院的《撤销抗诉决定书》，应当制作《撤回抗诉决定书》，送达同级人民法院，通知当事人，并报送上一级人民检察院。

（6）出庭和检察建议。人民法院开庭审理抗诉案件，人民检察院应当派员出席再审法庭。检察人员出席抗诉案件再审法庭的任务是：①宣读抗诉书；②发表出庭意见；③发现庭审活动违法的，向再审法院提出建议。人民检察院在一定条件下可以向有关单位提出检察建议：①有关国家机关或者企业事业单位存在制度隐患的；②有关国家机关工作人员、企业事业单位工作人员严重违背职责，应当追究其纪律责任的；③应当向有关单位提出检察建议的其他情形。

四、犯罪嫌疑人、被告人及其辩护人的诉讼权利和义务

（一）侦查阶段犯罪嫌疑人及其辩护人的诉讼权利

根据刑事诉讼法和《刑诉规则》的规定，犯罪嫌疑人及其辩护人在侦查阶段有以下诉讼权利：

1. 犯罪嫌疑人的权利

（1）有权委托律师作为辩护人的权利。根据刑事诉讼法第33条规定，犯罪嫌疑人自被侦查机关第一次讯问或者采取强制措施之日起，有权委托辩护人；在侦查期间，只能委托律师作为辩护人。"第一次讯问"是指刑事立案后进行第一次讯问犯罪嫌疑人，而不是立案前的调查询问。"采取强制措施之日"，是指采取拘传、取保候审、监视居住、拘留或者逮捕措施之日的。只要实施了其中行为之一的，侦查人员都必须向犯罪嫌疑人告知，其可以聘请律师作为辩护人，而且应将告知情况记录在讯问笔录中。犯罪嫌疑人、被告人在押期间要求委托辩护人的，人民法院、人民检察院和公安机关应当转达其要求。

（2）有要求会见律师的权利。根据刑事诉讼法第37条第2款的规定："辩护律师持律师执业证书、律师事务所证明和委托书或者法律援助公函要求会见在押的犯罪嫌疑人、被告人的看守所应当及时安排会见，至迟不得超过48小时。"

（3）犯罪嫌疑人对侦查人员提问的与本案无关的问题，有拒绝回答的权利。

（4）犯罪嫌疑人有核对讯问笔录的权利。根据刑事诉讼法第121条的规定，讯问笔录应当交犯罪嫌疑人核对，对没有阅读能力的犯罪嫌疑人，侦查人员应当向其宣读讯问笔录，如果讯问笔录记载有遗漏或者差错的，犯罪嫌疑人可以提出补充或者改正，犯罪嫌疑人可以亲笔书写供词。

（5）犯罪嫌疑人有用本民族语言文字进行诉讼的权利。根据刑事诉讼法第9条、第119条的规定,犯罪嫌疑人在侦查阶段有获得语言文字翻译的权利,对聋、哑的犯罪嫌疑人讯问时,犯罪嫌疑人有获得通晓聋、哑手势的人参加的权利,并且将这种情况记明笔录。

(6)犯罪嫌疑人有要求解除超期羁押的权利。根据刑事诉讼法第97条的规定,犯罪嫌疑人对于侦查机关对其超期羁押的,有权要求解除羁押强制措施的权利。

(7)犯罪嫌疑人有申诉、控告的权利。刑事诉讼法第115条规定,犯罪嫌疑人对侦查人员违法侵犯其权利的行为,有提出申诉、控告的权利。

(8)犯罪嫌疑人有申请鉴定的权利。根据刑事诉讼法第146条的规定,侦查机关应当将用作证据的鉴定意见告知犯罪嫌疑人,如果犯罪嫌疑人提出申请,有提出补充鉴定或者重新鉴定的权利。

(9)申请回避的权利。对侦查人员或者他的近亲属和本案有利害关系的,侦查人员接受当事人及其委托的人的请客送礼违反规定会见当事人及其委托的人的,犯罪嫌疑人有要求其回避的权利。

(10)有获得赔偿的权利。犯罪嫌疑人的人身权利、财产权利,因侦查机关错误立案侦查、检察机关错误批捕等受到侵犯的,有取得赔偿的权利。

2. 辩护律师在侦查阶段的权利

(1)辩护律师有会见犯罪嫌疑人的权利。根据《刑诉规则》的规定,辩护律师对于不涉及国家秘密的案件,提出会见在押的犯罪嫌疑人的,侦查部门应当在48小时以内安排会见的具体时间;对于贪污贿赂犯罪等重大复杂的2人以上的共同犯罪案件,可以在5日以内安排会见的具体时间;对于涉及国家秘密的案件,侦查部门应根据案件的情况和需要在5日以内作出是否批准受委托的律师会见在押犯罪嫌疑人的决定。

(2)有了解案件情况的权利。根据刑事诉讼法第37条的规定,辩护律师会见在押的犯罪嫌疑人,可以了解案件有关情况,提供法律咨询等。

(3)有为犯罪嫌疑人提供帮助的权利。刑事诉讼法第36条规定,辩护律师在侦查期间可以为犯罪嫌疑人提供法律帮助;代理申诉、控告;申请变更强制措施;向侦查机关了解犯罪嫌疑人涉嫌罪名和案件有关情况,提出意见。

(4)有要求解除对犯罪嫌疑人超期羁押的权利。根据刑事诉讼法第97条的规定,犯罪嫌疑人委托的辩护律师对于侦查机关超期限羁押犯罪嫌疑人的,有要求解除强制措施的权利。

(5) 有调查收集材料的权利。根据刑事诉讼法第41条的规定，辩护律师经证人或者其他有关单位和个人的同意，可以向他们收集与本案有关的材料。

(6) 有要求侦查机关调取辩护证据的权利。根据刑事诉讼法第39条的规定，辩护人认为在侦查期间公安机关、人民检察院收集的证明犯罪嫌疑人无罪或者罪轻的证据材料未提交的，有权申请人民检察院、人民法院调取。

3. 其他辩护人的权利

其他辩护人，是指除律师以外的刑事辩护人，包括：人民团体或者犯罪嫌疑人、被告人所在单位推荐的人；犯罪嫌疑人、被告人的监护人、亲友。根据刑事诉讼法第97条的规定，其他辩护人在刑事侦查阶段，对于侦查机关采取羁押措施超过法定期限的，有权要求解除强制措施的权利。

(二) 在起诉阶段犯罪嫌疑人、被告人及其辩护人的诉讼权利和义务

1. 犯罪嫌疑人、被告人的权利

根据刑事诉讼法的规定，在起诉阶段，犯罪嫌疑人主要享有以下诉讼权利。

(1) 委托辩护人的权利。公诉案件自案件移送审查起诉之日起，犯罪嫌疑人有权委托辩护人。

(2) 申请回避的权利。对审判人员、检察人员、侦查人员和本案有利害关系的，接受当事人及其委托的人的请客送礼，违反规定会见当事人及其委托的，犯罪嫌疑人有权要求其回避。

(3) 使用本民族语言文字进行诉讼的权利。

(4) 申请取保候审的权利。被羁押的犯罪嫌疑人及其法定代理人、近亲属和聘请的律师有权申请取保候审。

(5) 对与本案无关问题的讯问，有拒绝回答的权利。

(6) 要求解除强制措施的权利。犯罪嫌疑人及其法定代理人、近亲属或者犯罪嫌疑人委托的律师及其他辩护人对于采取强制措施超过法定期限的，有权要求解除强制措施。强制措施的期限：传唤、拘传持续时间，不得超过12小时；拘留时间，不得超过37日；取保候审时间，不得超过12个月；监视居住时间，不得超过6个月；羁押（拘留或逮捕）时间，不得超过法定侦查羁押、审查起诉、一审、二审期限。

(7) 申请补充鉴定或者重新鉴定的权利。对用作证据的鉴定意见，犯罪嫌疑人可以申请补充鉴定或重新鉴定。

（8）核对笔录的权利。讯问笔录应当交犯罪嫌疑人核对，如果记载有遗漏或者有差错，犯罪嫌疑人可以提出补充或者纠正。

（9）对侵权提出控告的权利。对于侵犯公民诉讼权利和人身侮辱的行为，有提出控告的权利。

（10）获得赔偿的权利。犯罪嫌疑人的人身权利、财产权利因侦查、检察机关违法行使职权受到侵犯的，有取得赔偿的权利。犯罪嫌疑人、被告人应承担的诉讼义务，主要是对检察人员的讯问应当如实回答，不能伪造证据、隐匿证据、毁灭证据。

2. 辩护人的权利和义务

根据刑事诉讼法的有关规定，辩护律师接受委托在案件的审查起诉阶段开始介入刑事诉讼后，其主要权利有：

（1）与担负有关案件审查起诉任务的检察院联系，向承办案件的检察人员提交授权委托书，律师事务所出具的刑事辩护函等法律文书，以确定律师参加刑事诉讼的地位和资格。

（2）查阅、摘抄、复制本案的诉讼文书和技术性鉴定资料。律师在摘抄、复制本案有关材料时应当注意保证其准确性、完整性，切忌断章取义，并应将材料入卷装订，妥善保管，注意保密，防止毁坏和丢失。

（3）同在押的犯罪嫌疑人会见和通信，了解涉嫌案件的事实和情节、犯罪嫌疑人在案件侦查过程中的有罪陈述或罪轻、无罪的辩解，了解侦查机关在案件侦查过程中程序、手段是否合法，征询其对起诉意见书的看法，核实案卷材料，尽可能地向犯罪嫌疑人收集新的线索和证据。

（4）调查和收集本案有关材料，进一步核实案卷材料，揭示材料与事实的矛盾之处，以便充分有力地行使辩护权。

（5）在收集材料、掌握案情的基础上，向人民检察院提出辩护意见。

辩护律师或其他辩护人的主要义务是：

（1）会见在押犯罪嫌疑人、被告人时，要遵守看管场所的规定；

（2）辩护律师未经人民检察院许可，不得向被害人及被害人提供的证人收集与本案有关的材料；

（3）辩护律师和其他辩护人不得帮助犯罪嫌疑人、被告人串供、隐匿、毁灭、伪造证据，不得威胁、引诱证人改变证言或者作伪证及进行其他干扰司法机关诉讼活动的行为，否则应当依法追究法律责任。

根据律师法第33条、第35条、第36条、第42条以及第29条第2款的规定，辩护律师还应：

（1）不得私自接受委托，私自向委托人收取费用，收受委托人的财物，也不得利用提供法律服务的便利接受对方当事人的财物；

（2）不得违反规定会见检察官；

（3）不得向检察官以及其他有关工作人员请客送礼或者行贿，或者指使、诱导当事人行贿；

（4）不得提供虚假证据，隐瞒事实或者威胁、引诱他人提供虚假证据，隐瞒事实以及妨碍对方当事人合法取得证据；

（5）不得干扰法庭秩序，干扰诉讼的正常进行；

（6）保守履行辩护人职责中知悉的国家秘密和当事人的商业秘密，不得泄露当事人的隐私；

（7）曾担任法官、检察官的律师，从人民检察院离任后2年内，不得担任辩护人；

（8）无正当理由，不得拒绝辩护。

（三）在侦查、起诉阶段，被害人及其代理人的权利和义务

刑事诉讼中的被害人，是指其人身权利、财产权利、民主权利和其他合法权利遭受犯罪行为侵害的当事人。为了切实保障被害人的合法权益，法律规定了被害人一系列诉讼权利和义务。

1. 被害人的权利

根据我国刑事诉讼法的规定，被害人的权利有：

（1）有权控告犯罪。被害人对侵犯其人身权利、财产权利和其他合法权益的犯罪事实或者犯罪嫌疑人，有权向公安机关、人民检察院或者人民法院报案或者控告。如果认为公安机关应当立案侦查而不立案侦查的，还可以要求检察机关查明情况，督促立案。

（2）对人民检察院认为犯罪情节轻微，依法不需要判处刑罚或者免除刑罚而作出不起诉决定如果不服，在法定期限内，可以向上一级人民检察院提出申诉，请求提起公诉。如果意见不被接受，被害人可以向人民法院起诉。被害人也可以不经过申诉，直接向人民法院起诉。

（3）在诉讼中，被害人依法可以对审判人员、检察人员、侦查人员等申请回避。

（4）在审查起诉阶段，被害人有权向检察人员反映对案件的意见；

（5）公诉案件自移送人民检察院审查起诉之日起，有权委托诉讼代理

人。人民检察院在审查起诉时,应当听取被害人及其委托人的意见。根据法律规定,被害人的代理人在诉讼中只能代理行使法律赋予被害人的权利,因此,被害人的诉讼权利也就是被害人代理人的代理范围。律师接受被害人委托后,首先要了解案件情况,弄清对被害人有利和不利的各种情节。对于不清的事实,代理律师可以向检察人员询问或者要求补充侦查。

2. 被害人的义务

被害人在侦查和起诉阶段应承担以下诉讼义务:(1)有如实提供案件真实情况的义务。被害人陈述是一种重要的证据来源,它对查清案件事实、正确处理案件有着重要的意义。(2)有接受传唤到指定地点提供证言的义务。

(四)被羁押的犯罪嫌疑人和被羁押的罪犯的诉讼权利

1. 被羁押的犯罪嫌疑人的权利

根据我国刑事诉讼法的规定,被羁押的犯罪嫌疑人有以下权利:

(1)犯罪嫌疑人在被侦查机关第一次讯问后或者采取强制措施之日起,可以聘请律师作为辩护人为其提供法律咨询,代理申诉、控告,申请变更强制措施等法律帮助。

(2)委托辩护人的权利。公诉案件自案件移送审查起诉之日起,犯罪嫌疑人有权委托辩护人。人民检察院应当在收到移送审查起诉的案件材料之日起3日内,告知犯罪嫌疑人有权委托辩护人。在押的犯罪嫌疑人有权与辩护人会见和通信。

(3)申请回避的权利。对检察人员或者他的近亲属和本案有利害关系的,检察人员接受当事人及其委托的人的请客送礼违反规定会见当事人及其委托的人的,犯罪嫌疑人有权要求其回避。

(4)使用本民族语言文字进行诉讼的权利。

(5)申请取保候审的权利。被羁押的犯罪嫌疑人及其法定代理人、近亲属和被聘请的律师有权申请取保候审。

(6)对与本案无关的问题的讯问,有拒绝回答的权利。

(7)要求解除强制措施的权利。犯罪嫌疑人及其法定代理人、近亲属或者犯罪嫌疑人委托的律师及其他辩护人对于人民检察院采取强制措施超过法定期限的,有权要求解除强制措施。

(8)申请补充鉴定或者重新鉴定的权利。对用作证据的鉴定意见,犯罪嫌疑人可以申请补充鉴定或重新鉴定。

（9）对人民检察院作出的不起诉决定申诉的权利。犯罪嫌疑人对人民检察院作出的不起诉决定，可向人民检察院申诉。

（10）核对笔录的权利。讯问笔录应当交犯罪嫌疑人核对，如果记载有遗漏或差错，犯罪嫌疑人可以提出补充或者纠正。

（11）对侵犯其权利的行为提出控告的权利。对于检察人员侵犯公民的诉讼权利和人身侮辱的行为，有提出控告的权利。

（12）获得赔偿的权利。犯罪嫌疑人的人身权利、财产权利因人民检察院及其工作人员违法行使职权受到侵犯的，有取得赔偿的权利。

2. 罪犯在关押期间的权利

根据我国监狱法等有关法律的规定，罪犯在关押期间主要享有下列诉讼权利：

（1）罪犯对人民法院的判决有申诉的权利。

（2）罪犯有在任何情况下人格不受侮辱、人身安全不受侵犯的权利。对监管工作人员刑讯逼供、体罚虐待等违法行为，罪犯有向人民检察院、人民法院、人民政府或其他机构揭发和控告的权利。

（3）没有被剥夺政治权利的罪犯，有依法行使选举的权利。

（4）罪犯有维持身体健康的权利，罪犯享受免费医疗，每年定期接受健康检查，生病得到及时诊治。患有严重疾病的罪犯，有依法获得保外就医的权利。怀孕或正在哺乳自己婴儿的女性罪犯，享受监外执行的待遇。对于患有疑难病症的罪犯，监狱、劳改场所均应邀请社会上的医学专家会诊或送社会医院诊治。

（5）罪犯有与亲友通信，定期接见亲属的权利。

（6）中国政府对未成年犯、女犯、老弱病残罪犯以及少数民族罪犯、外籍罪犯，在充分考虑他们的生理、心理、体力和生活习惯等方面特点的前提下，在生活、管理、劳动等方面给予不同于其他罪犯的特殊待遇。

（7）罪犯在服刑期间表现好的有获得依法减刑、假释的权利。

（五）刑事案件辩护律师会见在押的犯罪嫌疑人及应办理的手续

根据刑事诉讼法第33的条规定，犯罪嫌疑人在被侦查机关第一次讯问或者采取强制措施之日起，有权委托律师作为辩护人。侦查阶段辩护律师介入的职责主要是：为犯罪嫌疑人提供法律帮助，即提供法律咨询，代理申诉控告，为被逮捕的犯罪嫌疑人申请取保候审；对侦查机关的违法行为提出纠正意见；维护犯罪嫌疑人的合法权益。

根据刑事诉讼法第33条和《刑诉规则》的规定，侦查阶段律师介入的程序如下：

1. 聘请律师的程序

（1）侦查人员第一次讯问犯罪嫌疑人后或者对其采取强制措施之日起，应当告知犯罪嫌疑人可以聘请1名至2名律师作为辩护人为其提供法律咨询、代理申诉、控告或者为其申请取保候审，并将告知情况记明笔录。

（2）在押的犯罪嫌疑人提出聘请律师要求的，人民检察院应当记明笔录。对于不涉及国家秘密的案件，如果犯罪嫌疑人提出明确的律师事务所名称或者律师姓名直接委托的，人民检察院应当将犯罪嫌疑人的委托意见及时转送到该律师事务所；如果犯罪嫌疑人提出由亲友代为聘请的，人民检察院应当将聘请意见及时转递到该亲友；如果犯罪嫌疑人提出聘请律师，但没有具体聘请对象和代为聘请人的，人民检察院应当通知当地律师协会或司法行政机关为其聘请律师。对于涉及国家秘密的案件，人民检察院应当在3日以内作出是否批准的决定；作出不批准决定的，应当向犯罪嫌疑人说明。

2. 律师会见在押的犯罪嫌疑人程序

（1）受委托的律师会见在押的犯罪嫌疑人，应当提前告知人民检察院，并且向人民检察院提供犯罪嫌疑人的授权委托书、律师执业证明和律师事务所介绍信；对于不涉及国家秘密的案件，律师提出会见在押的犯罪嫌疑人的，人民检察院应当在48小时内安排会见的时间；对于特别重大贿赂犯罪案件，辩护律师提出会见在押的或被指定居所监视居住的犯罪嫌疑人的，人民检察院应当在3日以内作出是否批准的决定。

（2）人民检察院安排律师会见在押的犯罪嫌疑人时，应当根据案件的情况和需要决定是否派员在场；决定不派员在场的，应当出具同意会见证明。受委托的律师凭人民检察院的同意会见证明或者由人民检察院派员陪同会见在押的犯罪嫌疑人。

（3）受委托的律师会见在押犯罪嫌疑人时检察人员不得监听。

3. 监督律师依法履行职责程序

人民检察院发现律师在刑事诉讼中有违反法律或者有关规定的行为的，应当及时制止并向有关律师管理部门通报情况，涉嫌犯罪的，应当移送公安机关。

五、检察机关在刑事特别程序中的活动

（一）检察机关在未成年人刑事案件诉讼程序中的活动

1. 检察机关对未成年人刑事案件审查批准逮捕的条件和程序

根据刑事诉讼法、《刑诉规则》和最高人民检察院、团中央等六部门《关于进一步建立和完善办理未成年人刑事案件配套工作体系的若干意见》的要求，审查批准逮捕未成年犯罪嫌疑人，要切实贯彻"教育、感化、挽救"方针和"教育为主、惩罚为辅"原则，严格限制逮捕适用，坚持可捕可不捕的不捕，最大限度地降低未成年犯罪嫌疑人的批捕率、羁押率。

（1）审查批准逮捕的条件

审查批准逮捕未成年犯罪嫌疑人，应当把是否已满14、16、18周岁的临界年龄，作为重要事实予以查清。对难以判断犯罪嫌疑人实际年龄，影响案件认定的，应当作出不批准逮捕的决定，需要补充侦查的，同时通知公安机关。对于罪行较轻，具备有效监护条件或者社会帮教措施，没有社会危险性或者社会危险性较小，不逮捕不致妨害诉讼正常进行的未成年犯罪嫌疑人，应当不批准逮捕。对于罪行比较严重，但主观恶性不大，有悔罪表现，具备有效监护条件或者社会帮教措施，具有下列情形之一，不逮捕不致妨害诉讼正常进行的未成年犯罪嫌疑人，可以不批准逮捕：①初次犯罪、过失犯罪的；②犯罪预备、中止、未遂的；③有自首或者立功表现的；④犯罪后如实交代罪行，真诚悔罪，积极退赃，尽力减少和赔偿损失，被害人谅解的；⑤不属于共同犯罪的主犯或者集团犯罪中的首要分子的；⑥属于已满14周岁不满16周岁的未成年人或者系在校学生的；⑦其他可以不批准逮捕的情形。人民检察院审查批准逮捕未成年犯罪嫌疑人，应当根据未成年犯罪嫌疑人涉嫌犯罪的事实、主观恶性、有无监护与社会帮教条件等，综合衡量其社会危险性，确定是否有逮捕必要，慎用逮捕措施。

（2）审查批准逮捕程序

①审查批准逮捕未成年人刑事案件，应当讯问未成年犯罪嫌疑人。讯问未成年犯罪嫌疑人一般不得使用械具。对于确有人身危险性，必须使用械具的，在现实危险消除后应当立即停止使用。应当通知其法定代理人到场，告知法定代理人依法享有的诉讼权利和应当履行的义务。无法通知、法定代理人不能到场或者法定代理人是共犯的，也可以通知未成年犯罪嫌疑人的其他成年亲属，所在学校、单位或者居住地的村民委员会、居民委员会、未成

年人保护组织的代表到场，并将有关情况记录在案。到场的法定代理人可以代为行使未成年犯罪嫌疑人的诉讼权利，行使时不得侵犯未成年犯罪嫌疑人的合法权益。到场的法定代理人或者其他人员认为办案人员在讯问中侵犯未成年犯罪嫌疑人合法权益的，可以提出意见。讯问笔录应当交由到场的法定代理人或者其他人员阅读或者向其宣读，并由其在笔录上签字、盖章或者捺指印确认。讯问女性未成年犯罪嫌疑人，应当有女性检察人员参加。

②审查批准逮捕未成年犯罪嫌疑人，应当认真审查公安机关移送的社会调查报告或无法进行社会调查的书面说明、办案期间表现等有关认定有逮捕必要的证据和材料，全面掌握案情和未成年人的身心特点，根据未成年犯罪嫌疑人涉嫌犯罪的事实、主观恶性、有无监护与社会帮教条件等，综合衡量其社会危险性，确定是否有逮捕必要，慎用逮捕措施，可捕可不捕的不捕。对于公安机关没有随案移送上述材料的，人民检察院可以要求公安机关提供，公安机关应当提供。对于罪行较轻，具备有效监护条件或者社会帮教措施，没有社会危险性或者社会危险性较小，不会妨害诉讼正常进行的未成年犯罪嫌疑人，一般不予批准逮捕。

③在审查批捕阶段，人民检察院应当告知未成年犯罪嫌疑人及其法定代理人有关诉讼权利和义务，在告知其有权委托律师提供帮助的同时，应当告知其如果经济困难，可以向法律援助机构申请法律援助。未成年犯罪嫌疑人及其法定代理人提出委托律师意向，但因经济困难或者其他原因没有委托的，人民检察院应依法为其申请法律援助提供帮助。未成年犯罪嫌疑人委托的律师提出不构成犯罪、无逮捕必要、不适宜羁押、侦查活动有违法犯罪情形等书面意见以及相关证据材料的，应当认真审查。必要时，可以当面听取受委托律师的意见。人民检察院对律师提出的意见及相关证据材料，应当在审查逮捕案件意见书中说明是否采纳的情况和理由。

④在审查批准逮捕未成年犯罪嫌疑人时，应当考虑未成年人的生理和心理特点，根据其平时表现、家庭情况、犯罪原因、悔罪态度等，实施针对性教育。人民检察院审查批准逮捕未成年人犯罪嫌疑人，应当依法保护涉案未成年人的名誉，尊重其人格尊严，不得公开或者传播涉案未成年人的姓名、住所、照片、图像及可能推断出该未成年人的资料。未成年人刑事案件的法律文书和工作文书，应当注明未成年人的出生年月日。对未成年犯罪嫌疑人的有关情况和办案人员开展教育感化工作的情况，应当记录在卷，随案移送。对未成年犯罪嫌疑人的档案应严格保密，建立档案的有效管理制度。非

有法定事由，不得公开未成年人的有关涉嫌犯罪、被采取强制措施的记录。人民检察院办理未成年人刑事案件，可以应犯罪嫌疑人家属、被害人及其家属的要求，告知其审查逮捕的进展情况，并对有关情况予以说明和解释。

⑤在作出不批准逮捕决定前，应当审查其监护情况，参考其法定代理人、学校、居住地公安派出所及居民委员会、村民委员会的意见，并在《审查逮捕意见书》中对未成年犯罪嫌疑人是否具备有效监护条件或者社会帮教措施进行具体说明。

2. 检察机关对未成年人刑事案件附条件不起诉的条件和程序

附条件不起诉，是指检察机关在审查起诉时，根据犯罪嫌疑人的年龄、性格、情况、犯罪性质和情节、犯罪原因以及犯罪后的悔过表现等，对较轻罪行的犯罪嫌疑人设定一定的条件，如果在法定的期限内，犯罪嫌疑人履行了相关的义务，检察机关就应作出不起诉的决定。

（1）附条件不起诉的条件

附条件不起诉的适用范围限于未成年人涉嫌刑法分则第四章、第五章和第六章规定的侵犯公民人身权利、民主权利犯罪，侵犯财产犯罪和妨害社会管理秩序的犯罪案件。附条件不起诉的适用条件有三：一是案件符合起诉条件，这是作出附条件不起诉决定的前提条件，如果是不构成犯罪或者是事实不清、证据不足的案件等，由于不符合起诉条件，不能作出附条件不起诉的决定；二是根据未成年人的犯罪性质、情节等，可能判处一年有期徒刑以下刑罚（包括一年有期徒刑），这是作出附条件不起诉决定的主要条件，对于可能判处一年有期徒刑以上刑罚（不包括一年有期徒刑）的，不能作出附条件不起诉的决定；三是未成年犯罪嫌疑人有悔罪表现，这是作出附条件不起诉决定的必要条件。

（2）附条件不起诉的适用程序

①听取意见程序。人民检察院在作出附条件不起诉决定前，应当听取公安机关、被害人的意见；人民检察院在作出附条件不起诉决定前，应当征得未成年犯罪嫌疑人及其法定代理人的同意，对于未成年犯罪嫌疑人及其法定代理人对人民检察院决定附条件不起诉有异议的，人民检察院不应当作出附条件不起诉的决定，而应当作出起诉的决定。

②附条件不起诉决定书的制作、送达、宣布程序。人民检察院作出附条件不起诉的决定后，应当制作附条件不起诉决定书，并在3日以内送达公安机关、被害人或者其近亲属及其诉讼代理人、未成年犯罪嫌疑人及其法定代

理人、辩护人。人民检察院应当当面向未成年犯罪嫌疑人及其法定代理人宣布附条件不起诉决定书,告知考验期限、在考验期内应当遵守的规定以及违反规定应负的法律责任,并制作笔录附卷。

③附条件不起诉的救济程序。对附条件不起诉的决定,公安机关要求复议、提请复核或者被害人申诉的,适用刑事诉讼法第175条、第176条规定的不起诉的救济程序。对公安机关的复议、复核、被害人的申诉的审查由公诉部门或者未成年人犯罪检察工作机构负责。

④附条件不起诉的考察机制,包括考察主体、考验期、考察内容、考察结果。附条件不起诉的监督考察主体是人民检察院,即在附条件不起诉的考验期内,由人民检察院对被附条件不起诉的未成年犯罪嫌疑人进行监督考察,未成年犯罪嫌疑人的监护人,应当对未成年犯罪嫌疑人加强管教,配合人民检察院做好监督考察工作。《刑诉规则》第496条进一步规定"人民检察院可以会同未成年犯罪嫌疑人的监护人、所在学校、单位、居住地的村民委员会、居民委员会、未成年人保护组织等的有关人员,定期对未成年犯罪嫌疑人进行考察、教育,实施跟踪帮教"。刑事诉讼法第272条第2款规定:"附条件不起诉的考验期为六个月以上一年以下,从人民检察院作出附条件不起诉的决定之日起计算。"刑事诉讼法第272条第3款规定了考察内容,即被附条件不起诉的未成年犯罪嫌疑人应当遵守以下规定:一是遵守法律、行政法规,服从监督;二是按照考察机关的规定报告自己的活动情况;三是离开所居住的市、县或者迁居,报经考察机关批准;四是按照考察机关的要求接受教育矫治。《刑诉规则》对第4项"按照考察机关的要求接受教育矫治"进行了细化,在第498条规定"人民检察院可以要求被附条件不起诉的未成年犯罪嫌疑人接受下列矫治和教育:(一)完成戒瘾治疗、心理辅导或者其他适当的处遇措施;(二)向社区或者公益团体提供公益劳动;(三)不得进入特定场所,与特定的人员会见或者通信,从事特定的活动;(四)向被害人赔偿损失、赔礼道歉等;(五)接受相关教育;(六)遵守其他保护被害人安全以及预防再犯的禁止性规定。"刑事诉讼法第273条第1款规定了考察结果:被附条件不起诉的未成年犯罪嫌疑人,在考验期内发现有下列情形之一的,人民检察院应当撤销附条件不起诉的决定,提起公诉:一是实施新的犯罪或者发现决定附条件不起诉以前还有其他罪需要追诉的;二是违反治安管理规定或者考察机关有关附条件不起诉的监督管理规定,情节严重的。《刑诉规则》对"情节严重"予以界定,即"造

成严重后果或者多次违反"。根据第 273 条第 2 款的规定，被附条件不起诉的未成年犯罪嫌疑人，在考验期内没有上述情形，考验期满的，人民检察院应当作出不起诉的决定。

⑤附条件不起诉的撤销程序。考验期届满，办案人员应当制作附条件不起诉考察意见书，提出起诉或者不起诉的意见，经部门负责人审核，报请检察长决定。被附条件不起诉的未成年犯罪嫌疑人，在考验期内没有违反规定的情形，考验期满的，人民检察院应当作出不起诉的决定。被附条件不起诉的未成年犯罪嫌疑人，在考验期内有下列情形之一的，人民检察院应当撤销附条件不起诉的决定，提起公诉：a. 实施新的犯罪的；b. 发现决定附条件不起诉以前还有其他犯罪需要追诉的；c. 违反治安管理规定，造成严重后果，或者多次违反治安管理规定的；d. 违反考察机关有关附条件不起诉的监督管理规定，造成严重后果，或者多次违反考察机关有关附条件不起诉的监督管理规定的。

3. 检察机关对未成年人刑事案件的分案起诉程序

由于在未成年人与成年人共同犯罪案件中，未成年人大多数处于从属性地位，并案起诉往往不利于对未成年人合法权利的保护，为此，对于未成年人与成年人共同犯罪案件原则上应当分案起诉，只有特殊情况可以不分案起诉，即人民检察院审查未成年人与成年人共同犯罪案件，一般应当将未成年人与成年人分案起诉。但是具有下列情形之一的，可以不分案起诉：（1）未成年人系犯罪集团的组织者或者其他共同犯罪中的主犯的；（2）案件重大、疑难、复杂，分案起诉可能妨碍案件审理的；（3）涉及刑事附带民事诉讼，分案起诉妨碍附带民事诉讼部分审理的；（4）具有其他不宜分案起诉情形的。

分案起诉的具体操作。对于分案起诉的未成年人与成年人共同犯罪案件，一般应当同时移送人民法院。对于需要补充侦查的，如果补充侦查事项不涉及未成年犯罪嫌疑人所参与的犯罪事实，不影响对未成年犯罪嫌疑人提起公诉的，应当对未成年犯罪嫌疑人先予提起公诉；对于分案起诉的未成年人与成年人共同犯罪案件，在审查起诉过程中可以根据全案情况制作一个审结报告，起诉书以及出庭预案等应当分别制作。人民检察院对未成年人与成年人共同犯罪案件分别提起公诉后，在诉讼过程中出现不宜分案起诉情形的，可以及时建议人民法院并案审理。为明确人民法院分案审理的程序，保证认定案件事实证据的一致性以及量刑的公平性，避免重复劳动、司法资源的浪费等，最高人民法院《关于适用〈中华人民共和国刑事诉讼法〉的解释》（法释〔2012〕21号）亦在第464条规定："对分案起诉至同一人民法院的未成年人与成年人共同犯罪案件，可以由同一个审判组织审理；不宜由同一个审判组织审理的，可以分别由少年法庭、刑事审判庭审理。未成年人与成年人共同犯罪案件，由不同人民法院或者不同审判组织分别审理的，有关人民法院或者审判组织应当互相了解共同犯罪被告人的审判情况，注意全案的量刑平衡。"

4. 检察机关对未成年人刑事案件的犯罪记录封存的程序

刑事诉讼法规定，犯罪的时候不满18岁，被判处5年有期徒刑以下刑罚的，应当对相关犯罪记录予以封存。犯罪记录被封存的，不得向任何单位和个人提供，但司法机关为办案需要或者有关单位根据国家规定进行查询的除外。依法进行查询的单位，应当对被封存的犯罪记录的情况予以保密。《刑诉规则》进一步对犯罪记录封存的具体程序、方法、对不起诉相关记录的封存以及发现漏罪时满足什么条件解除封存作出规定。

（1）封存程序的启动

根据《刑诉规则》第503条的规定，人民检察院收到人民法院的生效判决后，只要符合有关条件，即自行启动犯罪记录封存程序，即"犯罪的时候不满十八周岁，被判处五年有期徒刑以下刑罚的，人民检察院应当在收到人民法院生效判决后，对犯罪记录予以封存"。另外，需要指出的是，封存犯罪记录要以人民法院作出生效判决为前提，但是，在生效判决作出之前，根据刑事诉讼法和相关法律关于保护未成年人的立法精神和具体规定，办理案件的机关也有义务控制未成年人刑事案件的案件情况和犯罪嫌疑人、被告人具体情况的知情面，不能加以扩散。因此，《刑诉规则》第502条规定，"人民检察院办理未成年人刑事案件过程中，应当对涉案未成年人的资料予以保密，不得公开或者传播涉案未成年人的姓名、住所、照片、图像及可能推断出该未成年人的其他资料"。《刑诉规则》第504条规定，"人民检察院应当将拟封存的未成年人犯罪记录、卷宗等相关材料装订成册，加密保存，不予公开，并建立专门的未成年人犯罪档案库，执行严格的保管制度"。

（2）封存犯罪记录的效力

《刑诉规则》第505条规定"除司法机关为办案需要或者有关单位根据国家规定进行查询的以外，人民检察院不得向任何单位和个人提供封存的犯罪记录，并不得提供未成年人有犯罪记录的证明"。

（3）查询犯罪记录程序

根据刑事诉讼法第275条第2款的规定，对封存的未成年人犯罪记录，司法机关为办案需要或者有关单位根据国家规定可以进行查询。依法查询的单位，应当对被封存的犯罪记录的情况予以保密。为此《刑诉规则》第505条规定，"司法机关或者有关单位需要查询犯罪记录的，应当向封存犯罪记录的人民检察院提出书面申请，人民检察院应当在七日以内作出是否许可的决定"。

（4）解除犯罪记录封存程序

《刑诉规则》第506条规定，"被封存犯罪记录的未成年人，如果发现漏罪，且漏罪与封存记录之罪数罪并罚后被决定执行五年有期徒刑以上刑罚的，应当对其犯罪记录解除封存"。

（5）作出不起诉决定后封存相关记录

《刑诉规则》第507条规定，"人民检察院对未成年犯罪嫌疑人作出不起诉决定后，应当对相关记录予以封存"。应当注意的问题是，不起诉记录封存并非刑事诉讼法上的"犯罪"记录封存，二者是有区别的，因为根据刑事诉讼法第12条的规定，"未经人民法院依法判决，对任何人不得确定有罪"，因此，所有不起诉包括相对不起诉的法律后果都是无罪的，不起诉记录封存准确地说应当是涉罪记录封存。

（二）检察机关在当事人和解的公诉案件诉讼程序中的活动

1. 检察机关参与当事人和解的公诉案件的范围和适用条件

刑事诉讼法第277条和《刑诉规则》第510条采取明确列举和禁止的方式规定了公诉案件当事人和解程序的适用范围：

（1）因民间纠纷引起，涉嫌刑法分则第四章、第五章规定的犯罪案件，可能判处3年有期徒刑以下刑罚的。这类案件必须符合以下三个条件：一是"因民间纠纷引起"。民间纠纷一般是指公民之间有关人身、财产权益和其他日常生活中发生的纠纷，公民与法人以及其他民事主体之间发生的纠纷不属于民间纠纷。二是"涉嫌刑法分则第四章、第五章规定的犯罪案件"。刑法分则第四章规定的是"侵犯公民人身权利、民主权利罪"，第五章规定的是"侵犯财产罪"。但是，这两章中的检察机关自侦案件除外。因此，即使是因民间纠纷引起的，但不属于刑法分则第四章、第五章规定的犯罪案件，也不适用于和解。三是"可能判处三年有期徒刑以下刑罚"。主流刑法理论认为,三年有期徒刑以下刑罚属于轻罪。将当事人和解的适用限于轻罪是为了充分发挥其积极作用,尽可能规避其负面影响。以上三个条件必须同时具备,缺一不可。

(2)除渎职犯罪以外的可能判处7年有期徒刑以下刑罚的过失犯罪案件。这类案件也必须同时符合以下三个条件:一是"过失犯罪"。所谓"过失犯罪"是指应当预见自己的行为可能发生危害社会的结果,因为疏忽大意而没有预见,或者已经预见而轻信能够避免,以致发生这种结果的犯罪。过失犯罪,法律有规定的才负刑事责任。刑法分则明确规定了过失犯罪的罪名。二是"可能判处七年有期徒刑以下刑罚"。"七年有期徒刑"是过失犯罪的最高刑罚,这与过失犯罪的刑罚是相对应的。三是渎职犯罪除外。渎职犯罪是指刑法分则第九章规定的犯罪类型。渎职犯罪违背了公务职责的公正性、廉洁性、勤勉性,妨害国家机关正常的职能活动,是严重损害国家和人民利益的行为,因而不属于当事人和解的范围。

(3)犯罪嫌疑人、被告人在5年以内曾经故意犯罪的案件不得适用当事人和解程序。换言之,即使属于上述两种案件的范围,但如果该犯罪嫌疑人、被告人在5年内曾经故意犯罪,不论其是否被判处刑罚,禁止适用当事人和解。在此类案中,犯罪嫌疑人、被告人的社会危害性、人身危险性以及主观恶性较大,属于从重处罚的情节。因此,此类案件不得适用对犯罪嫌疑人、被告人从轻处罚的当事人和解制度。

此外,上述公诉案件应当同时符合以下条件:
(1)犯罪嫌疑人真诚悔罪、向被害人赔偿损失、赔礼道歉等;
(2)被害人明确表示对犯罪嫌疑人予以谅解;
(3)双方当事人自愿和解,符合有关法律规定;
(4)属于侵害特定被害人的故意犯罪或者有直接被害人的过失犯罪;
(5)案件事实清楚、证据确实、充分。

2.检察机关参与当事人和解的公诉案件的程序

刑事诉讼法第277条、第278条和第279条规定的公诉案件当事人和解诉讼程序的基本内容如下:

(1)当事人和解的主体

我国刑事诉讼中当事人和解的主体是犯罪嫌疑人、被告人与被害人。除双方当事人可以达成和解协议外,下列人员在特殊情况下也可成为和解主体:被害人死亡的,其法定代理人、近亲属可以与犯罪嫌疑人和解;被害系无行为能力或者限制行为能力人的,其法定代理人可以代为和解;犯罪嫌疑人系限制行为能力人,其法定代理人可以代为和解;犯罪嫌疑人在押的,经犯罪嫌疑人同意,其法定代理人、近亲属可以代为和解。另外,在我国刑事诉讼中其他当事人如自诉人与被告人之间,附带民事诉讼的原告人和被告人之间的和解均不属于本条规定的公诉案件当事人和解程序之范围。

(2) 刑事和解的内容

双方当事人可以就赔偿损失、赔礼道歉等民事责任事项进行和解,并且可以就被害人及其法定代理人或者近亲属是否要求或者同意公安机关、人民检察院、人民法院对犯罪嫌疑人依法从宽处理进行协商,但不得对案件的事实认定、证据采信、法律适用和定罪量刑等依法属于公安机关、人民检察院、人民法院职权范围的事宜进行协商。双方当事人可以自行达成和解,也可以经人民调解委员会、村民委员会、居民委员会、当事人所在单位或者同事、亲友等组织或者个人调解后达成和解。人民检察院可以建议当事人进行和解,并告知相应的权利义务,必要时可以提供法律咨询。

(3) 刑事和解的条件与方式

首先,犯罪嫌疑人、被告人自愿真诚悔罪,这是当事人和解的前提条件。悔罪是指犯罪分子犯罪后,法院裁判前认罪并悔悟的情况。认罪是承认犯罪并如实交代犯罪事实,悔悟是指有悔悟之心、悔不当初,并有悔悟的实际表现。其次,犯罪嫌疑人、被告人应当通过赔偿损失和赔礼道歉等方式取得被害人谅解。赔偿损失包括赔偿物质损失和精神损失,这与附带民事诉讼只赔偿物质损失有所不同,因为在有的案件中被害人往往物质损失不大而精神遭受到严重打击。赔偿损失的方式主要是指经济赔偿。道歉既可以通过书面的方式,也可以通过口头的方式进行。这两种方式是司法实务中最常见的方式,但不限于这两种方式,还包括提供劳务等。最后,被害人必须是自愿和解。这里强调了被害人对犯罪嫌疑人、被告人谅解的基础上自愿和解,防止出现强迫被害人和解的现象。即便犯罪嫌疑人、被告人愿意和解,但被害人不愿意和解的,就不得和解。只有在双方当事人和解的前提下,公安司法机关才能介入对和解进行审查。

(4) 审查的内容

对于当事人和解的公诉案件,公诉部门应当对和解的自愿性、合法性进行审查。"自愿性"是指当事人和解的内容反映了双方当事人的真实意愿,而非出于对方当事人或第三方的各种强迫方法所致。"合法性"是指和解必须符合法律规定,包括实体上的合法性和程序上的合法性。重点审查以下内容:双方当事人是否自愿和解;犯罪嫌疑人是否真诚悔罪,是否向被害人赔礼道歉,经济赔偿数额与其所造成的损害和赔偿能力是否相适应;被害人及其法定代理人或者近亲属是否明确表示对犯罪嫌疑人予以谅解;是否符合法律规定;是否损害国家、集体和社会公共利益或者他人的合法权益;是否符合社会公德。审查时,应当听取双方当事人和其他有关人员对和解的意见,告知刑事案件可能从宽处理的法律后果和双方的权利义务,并制作笔录附卷。

(5) 审查的结果

检察机关审查后,认为和解符合自愿性和合法性的,就主持制作和解协议书。"和解协议书"是公安机关、人民检察院和人民法院主持制作的记载双方当事人和解内容的诉讼文书。和解协议书是具有法律效力的诉讼文书,对双方当事人均具有法律拘束力。检察机关一般不主持双方当事人的刑事和解活动,但经审查认为双方自愿和解,内容合法,且符合刑事诉讼法规定的刑事和解的范围和条件的,应当主持制作和解协议书。和解协议书的主要内容包括:①双方当事人的基本情况;②案件的主要事实;③犯罪嫌疑人真诚悔罪,承认自己所犯罪行,对指控的犯罪没有异议,向被害人赔偿损失、赔礼道歉等;赔偿损失的,应当写明赔偿的数额、履行的方式、期限等;④被害人及其法定代理人或者近亲属对犯罪嫌疑人予以谅解,并要求或者同意司法机关对犯罪嫌疑人依法从宽处理。和解协议书应当由双方当事人签字,可以写明和解协议书系在检察机关主持下制作。检察人员不在当事人和解协议书上签字,也不加盖人民检察院印章。和解协议书一式三份,双方当事人各持一份,另一份由检察机关附卷备查。

(6) 刑事和解协议书的履行

和解协议书应当在双方签署后立即履行,至迟在人民检察院作出从宽处理决定前履行。确实难以一次性履行的,被害人同意并提供有效担保的情况下,也可以分期履行。

(7) 刑事和解案件的处理

刑事和解协议在侦查阶段达成,公安机关向人民检察院提出从宽处理建议的,人民检察院在审查逮捕和审查起诉时应当充分考虑,可以作为是否需要判处刑罚或者免除刑罚的因素予以考虑,符合不起诉条件的,可以决定不起诉。人民检察院拟对当事人达成和解的公诉案件作出不起诉决定的,应当听取双方当事人对和解的意见，并且查明犯罪嫌疑人是否已经切实履行和解协议、不能即时履行的是否已经提供有效担保，将其作为是否决定不起诉的因素予以考虑。当事人在不起诉决定作出之前反悔的，可以另行达成和解。不能另行达成和解的，人民检察院应当依法作出起诉或者不起诉决定。当事人在不起诉决定作出之后反悔的，人民检察院不撤销原决定，但有证据证明和解违反自愿、合法原则的除外。

对于依法应当提起公诉的，人民检察院可以向人民法院提出从宽处理的量刑建议。犯罪嫌疑人或者其亲友等以暴力、威胁、欺骗或者其他非法方法强迫、引诱被害人和解，或者在协议履行完毕之后威胁、报复被害人的，应当认定和解协议无效。已经作出不批准逮捕或者不起诉决定的，人民检察院根据案件情况可以撤销原决定，对犯罪嫌疑人批准逮捕或者提起公诉。

（三）检察机关在犯罪嫌疑人、被告人逃匿、死亡案件违法所得的没收程序中的活动

1. 检察机关参与犯罪嫌疑人、被告人逃匿、死亡案件违法所得的没收程序以及当事人和解的公诉案件的范围和适用条件

犯罪嫌疑人、被告人逃匿、死亡案件违法所得的没收程序作为特别程序，其适用应当有严格的条件限制。按照我国刑事诉讼法的相关规定，此程序适用应具备以下条件：

（1）适用的案件范围

按照刑事诉讼法第280条的规定，犯罪嫌疑人、被告人逃匿、死亡案件违法所得的没收程序适用的案件范围是"贪污贿赂犯罪、恐怖活动犯罪等重大犯罪案件"。此处"贪污犯罪"，应从广义理解，即不仅包括贪污罪，还包括挪用公款罪、私分国有资产罪、私分罚没财物罪、巨额财产来源不明罪、隐瞒境外存款罪。"贿赂犯罪"包括受贿罪、行贿罪、介绍贿赂罪等。"恐怖活动犯罪"包括组织、领导、参加恐怖组织罪、资助恐怖活动罪、劫持航空器罪、劫持船只、汽车罪、暴力危及飞行安全罪。

需要注意的是，法条对于没收程序适用案件范围采取的是非完全列举的方式，即除了明确列举"贪污贿赂犯罪、恐怖活动犯罪"这两类外，还包括这两类罪名之外的一些犯罪案件，这些案件属于法条中"等"的范畴。这些案件应该具备两个条件：其一，涉及追缴其违法所得及其他涉案财产。如果案件不涉及追缴违法所得或者其他涉案财产，就不存在"没收"的必要。其二，属于重大犯罪案件。根据立法要求和精神，此类案件的性质要与

贪污贿赂犯罪和恐怖活动犯罪严重程度相当。这些案件包括危害国家安全、颠覆政权的犯罪、走私罪、金融诈骗罪、走私、贩卖、运输、制造毒品罪、组织、强迫、引诱、容留、介绍卖淫罪，等等。

（2）适用条件

适用违法所得没收程序还应当具备两个方面的主要条件：

①被追诉人不能到案。按照刑事诉讼法第280条的规定，犯罪嫌疑人、被告人逃匿、死亡案件违法所得的没收程序的适用条件，只有对于贪污贿赂犯罪、恐怖活动犯罪等重大犯罪案件，犯罪嫌疑人、被告人潜逃，在通缉1年后不能到案，或者犯罪嫌疑人、被告人死亡的情形下才能适用。据此，被追诉人不能到案有两种情形：一种情形是因为主观原因不能到案，即"犯罪嫌疑人、被告人潜逃"。在此种情形下，还必须符合时间条件，即"在通缉一年后不能到案"。这也意味在一般情况下，相关机关应当采取有关措施保证犯罪嫌疑人、被告人到案，只有在长时间通缉后（1年），仍然不能将其缉拿归案，才能适用没收程序。这也说明了立法本意是尽量保证被追诉人的参与权和辩护权。另一种情形是因为客观原因犯罪嫌疑人、被告人不能到案，即"死亡"。在此情形下，由于被追诉人死亡，没有必要也不可能追究其刑事责任，但是相关的涉案财物并没有处理，因此有必要专门针对财物适用没收程序。

②依照刑法规定应当追缴犯罪嫌疑人、被告人违法所得及其他涉案财产。对于贪污贿赂犯罪、恐怖活动犯罪等重大案件，如果犯罪嫌疑人、被告人潜逃或者死亡，也只有在依照刑法规定应当追缴其违法所得及其他涉案财产的，如需要追缴贪污财产、没收涉及恐怖活动资金等，才能启动此没收程序。如果犯罪嫌疑人、被告人逃匿、死亡，但是案件并不涉及财物，就不需要启动没收程序。另外，需要注意的是，有些被追诉人死亡的案件，即使涉及非法所得或相关财物，但这些财物金额并不大，检察机关从诉讼效益的角度考虑，也可以不启动没收程序。也正因为如此，法律规定人民检察院"可以"而不是"应当"向法院提出没收违法所得的申请。

2. 检察机关对于被追诉人逃匿、死亡违法所得没收案件的审查程序

根据《刑诉规则》的规定，公诉部门对公安机关移送的没收违法所得案件和自侦部门移送违法所得案件的审查程序作了具体规定。

（1）检察机关对公安机关移动的没收违法所得案件审查程序

①审查没收违法所得意见书

《刑诉规则》第528条规定了人民检察院对公安机关移送的没收违法所

得意见书进行审查的主要内容，包括九项：一是是否属于本院管辖；二是是否符合刑事诉讼法第 280 条第 1 款规定的条件；三是犯罪嫌疑人身份状况，包括姓名、性别、国籍、出生年月日、职业和单位等；四是犯罪嫌疑人涉嫌犯罪的情况；五是犯罪嫌疑人逃匿、被通缉或者死亡的情况；六是违法所得及其他涉案财产的种类、数量、所在地，以及查封、扣押、冻结的情况；七是与犯罪事实、违法所得相关的证据材料是否随案移送，不宜移送的证据的清单、复制件、照片或者其他证明文件是否随案移送；八是证据是否确实、充分；九是相关利害关系人的情况。

②审查期限

《刑诉规则》第 529 条第 1 款规定，人民检察院应当在接到公安机关移送的没收违法所得意见书后 30 日以内作出是否提出没收违法所得申请的决定。30 日以内不能作出决定的，经检察长批准，可以延长 15 日。人民检察院审查公安机关移送的没收违法所得意见书应当严格按照规定期限办结案件。

③决定提出或者不提出没收违法所得申请

经过审查，对于符合修改后的刑事诉讼法第 280 条第 1 款规定条件的，人民检察院可以作出提出没收违法所得申请的决定。但是，对于不符合修改后刑事诉讼法第 280 条第 1 款规定条件的，应当作出不提出没收违法所得申请决定。不符合条件的情形包括：犯罪嫌疑人、被告人没有犯罪事实，或者涉罪名不属于恐怖活动犯罪等重大犯罪案件的；犯罪嫌疑人、被告人没有逃匿死亡，或者犯罪嫌疑人、被告人逃匿后，通缉尚不满 1 年的；涉案财产不属依照刑法规定应当追缴的违法所得及其他涉案财产的；事实不清，证据不足的。检察机关应当制作不提出没收违法所得申请决定书，并送达移送没收违法所得意见书的公安机关。决定书中应当重点说明不提出没收违法所得申请理由。

④补充证据

根据《刑诉规则》第 529 条第 2 款的规定，人民检察院在审查没收违法所得意见书的过程中，发现公安机关移送的案件犯罪事实不清，违法所得及其他涉案财产的相关证据不够确实、充分的，可以由公安机关补充证据；也可以由检察机关自行调查。人民检察院退回补充证据，应当制作补充证据通知书，并书面写明需要补充调查的事项，连同案卷材料一并退回公安机关。公安机关补充证据的时间不计入人民检察院办案期限。人民检察院自行调查时，可以要求公安机关提供一定的协助。

⑤终止审查

刑事诉讼法第283条第1款规定："在审理过程中，在逃的犯罪嫌疑人、被告人自动投案或者被抓获的，人民法院应当终止审理。"适用没收程序的前提是犯罪嫌疑人、被告人逃匿或死亡，其自动投案或者被抓获归案的，没收程序丧失了前提，应当终止没收程序。因此，《刑诉规则》第532条规定，在审查公安机关移送的没收违法所得意见书的过程中，在逃的犯罪嫌疑人、被告人自动投案或者被抓获的，人民检察院应当终止审查，并将案卷退回公安机关处理。

⑥没收违法所得申请书的主要内容

对于侦查机关移送的违法所得申请案件，人民检察院经审查，对于符合刑事诉讼法规定的违法所得没收条件的，应按照《刑诉规则》第526条的规定，向人民法院提出没收违法所得的申请，并应当制作没收违法所得申请书。没收违法所得申请书的主要内容包括：a.犯罪嫌疑人、被告人的基本情况，包括姓名、性别、出生年月日、出生地、户籍地、身份证号码、民族、文化程度、职业、工作单位及职务、住址等；b.案由及案件来源；c.犯罪嫌疑人、被告人的犯罪事实；d.犯罪嫌疑人、被告人逃匿、被通缉或者死亡的情况；e.犯罪嫌疑人、被告人的违法所得及其他涉案财产的种类、数量、所在地及查封、扣押、冻结的情况；f.犯罪嫌疑人、被告人近亲属和其他利害关系人的姓名、住址、联系方式及其要求等情况；g.提出没收违法所得申请的理由和法律依据。

⑦对公安机关在违法所得没收程序调查活动的监督

《刑诉规则》第531条规定了检察机关对公安机关在违法所得没收程序中的调查活动的监督：人民检察院发现公安机关在违法所得没收程序的调查活动中有违法情形的，应当向公安机关提出纠正意见。公安机关在违法所得没收程序的调查活动中的违法情形主要包括：非法取证的；伪造、隐匿、销毁、调换、私自涂改证据的；对不属于违法所得或其他涉案财产的财物采取查封、扣押、冻结措施，或者应当解除查封、扣押冻结不解除的；贪污、挪用、私分、调换、违反规定使用查封、扣押、冻结的财物及其孳息的；等等。检察机关发现违法情形的，应当提出纠正意见。提出纠正意见的具体方式主要有两种：一种是口头提出纠正意见；另一种是发出纠正违法通知书。口头方式适用于情节较轻的违法行为，可以由履行监督职责的检察人员直接提出，但应当及时向本部门负责人汇报，必要时也可以由部门负责人提出。书面方式适用于情节较重的违法行为，且必须经检察长批准。所谓情节较重的违法行为，是指严重违反法律规定但未达到犯罪程度的行为，如严重违反诉讼程序可能导致实体错误的；暴力取证的；贪污、挪用赃款赃物的；多次口头纠正仍不改正的；等等。对于情节较重的违法行为，必须以纠正违法通知书的方式予以纠正，不应以口头纠正的方式代替。

（2）检察机关对自侦部门启动违法所得没收程序

①自侦部门启动违法所得没收程序

《刑诉规则》第533条第1款规定，人民检察院直接受理立案侦查的案件，犯罪嫌疑人逃匿或者犯罪嫌疑人死亡而撤销案件，符合刑事诉讼法第280条第1款规定条件的，侦查部门应当启动违法所得没收程序进行调查。检察机关自侦部门启动违法所得没收程序的原因分为两种：一种是因犯罪嫌疑人逃匿；另一种是因犯罪嫌疑人死亡而撤销案件。根据《刑诉规则》第290条的规定，在侦查过程中或者侦查终结后，犯罪嫌疑人死亡的，应当撤销案件。因此，犯罪嫌疑人死亡的，侦查部门应当撤销案件，对于符合刑事诉讼法第280条第1款规定的条件的，应当启动违法所得没收程序。

②自侦部门对有关情况进行调查

《刑诉规则》第533条第2款规定，侦查部门进行调查应当查明犯罪嫌疑人涉嫌的犯罪事实，犯罪嫌疑人逃匿、被通缉或者死亡的情况，以及犯罪嫌疑人的违法所得及其他涉案财产的情况，并可以对违法所得及其他涉案财产依法进行查封、扣押、查询、冻结。

③自侦部门移送没收违法所得意见书

《刑诉规则》第533条第3款规定，侦查部门认为符合刑事诉讼法第280条第1款规定条件的，应当写出没收违法所得意见书，连同案卷材料一并移送有管辖权的人民检察院侦查部门，并由有管辖权的人民检察院侦查部门移送本院公诉部门。因此，侦查部门写出没收违法所得意见书后，如果自身没有管辖权，不能直接移送有管辖权的人民检察院公诉部门，而是需要先移送有管辖权的人民检察院侦查部门，再由有管辖权的人民检察院侦查部门移送该院公诉部门。

④公诉部门对没收违法所得意见书进行审查

《刑诉规则》第533条第4款规定，公诉部门对没收违法所得意见书进行审查，作出是否提出没收违法所得申请的决定，具体程序参照《刑诉规则》第528条、第529条的规定。审查完毕后，公诉部门应当作出提出没收违法所得申请或者不提出没收违法所得申请的决定。

（四）检察机关在依法不负刑事责任的精神病人的强制医疗程序中的活动

1. 检察机关在参与依法不负刑事责任的精神病人强制医疗程序的适用条件

我国刑事诉讼法第284条规定："实施暴力行为，危害公共安全或者严重危害公民人身安全，经法定程序鉴定依法不负刑事责任的精神病人，有继续危害社会可能的，可以予以强制医疗。"按照此规定，在我国采取强制医疗的对象应当同时具备前提条件、医学条件和社会危险性条件。

（1）前提条件

我国强制医疗只有在行为人"实施暴力行为，危害公共安全或者严重危害公民人身安全"的情形下才有可能适用。按照此要求，即使一些精神病人实施了暴力行为，但是情节并没有达到危害公共安全或者严重危害公民人身安全的程度，也不能对其采取刑事诉讼法规定的强制医疗。对于何为"危害公共安全或者严重危害公民人身安全"，应当理解为精神病人的行为在客观上达到了犯罪程度。换言之，如果精神正常的公民实施了这些行为，则应当被追究刑事责任，而由于精神病人是在不能辨认或者不能控制自己行为的时候造成危害结果，不负刑事责任。这种理解与刑法第18条第1款规定"精神病人在不能辨认或者不能控制自己行为的时候造成危害结果，经法定程序鉴定确认的，不负刑事责任"精神相一致。对于没有实施危害公共安全或者严重危害公民人身安全的精神病患者，只能由其近亲属或者监护人妥善看管、照顾，防止其伤害自身、危害他人或者社会。

（2）医学条件

强制医疗只能对经过鉴定程序确定为精神病人的行为人才有可能适用。确定犯罪嫌疑人、被告人是否适用强制医疗程序的关键，是查明其在实施暴力行为时是否患有精神病或者严重精神障碍而丧失辨别能力、控制能力，而这其中的关键手段是进行司法精神病学鉴定。一旦经过确定犯罪嫌疑人、被告人系精神病人而且不负刑事责任，应当及时终止普通诉讼程序，并根据其社会危害性的大小决定是否启动强制医疗程序。

（3）社会危险性条件

在我国对行为人采取强制医疗，行为人除了满足上述前提条件和医学条件外，还应具有继续危害社会的可能性。所谓社会危险性是指由于精神病人已实施的行为性质及其精神、生理状态等，使法律保护的社会关系处于危险状态。总的看来，"社会危险性"往往需要由法院结合具体情形来认定。综合精神病人实施的行为以及事后的状态分析，如果有继续危害社会的可能性，则应对其采取强制医疗；否则，就没有必要采取此措施。据此，如果行为人在实施暴力行为时没有刑事责任能力，但诉讼时恢复正常，或者没有继续危害社会的可能性，则不需要对其进行强制医疗。

2. 人民检察院参与依法不负刑事责任的精神病人的强制医疗程序中的程序

（1）强制医疗的申请程序

公安机关在侦查阶段如果发现犯罪嫌疑人可能是精神病人，应当按照有关法律规定进行鉴定，如果鉴定结果确认犯罪嫌疑人是精神病人，且在不能辨认或者不能控制自己行为的时候造成危害结果的，应当撤销刑事案件，写出强制医疗意见书，然后移送人民检察院。对于公安机关移送的或者在审查起诉过程中发现的精神病人符合强制医疗条件的，人民检察院应当向人民法院提出强制医疗的申请。

需要特别指出的是，精神病人强制医疗的决定机关是人民法院，决定是否强制医疗要进行审理。无论是人民检察院向人民法院提出强制医疗申请的，还是人民法院在案件审理过程中发现的，只要人民法院认为不负刑事责任的精神病人符合强制医疗条件的，都可以直接作出强制医疗的决定。

（2）强制医疗的审理程序

刑事诉讼法对强制医疗的审理程序，提出了两方面的要求：一是对强制医疗的申请人民法院应当组成合议庭审理。因为强制医疗案件除了要查明行为人是否实施了暴力行为，还要查明行为人实施暴力行为时是否患有精神病、是否因精神病而无刑事责任能力、是否现在仍因精神病而具有社会危险性必须予以强制医疗，这些情况的判断往往比较疑难、复杂。二是赋予被申请人或者被告人必要的诉讼权利。人民法院有必要为被强制医疗人提供法律援助，以更好地维护被申请人或者被告人诉讼权利和其他合法权益，保证强制医疗的申请得到公正准确的处理。按照我国刑事诉讼法第287条的规定，法院对于被申请人或者被告人符合强制医疗条件的，应当在一个月内作出强制医疗的决定。强制医疗案件的审理期限，应当自收到检察机关的强制医疗的申请书起算。由于不可抗拒的原因致使案件审理程序中止的，或者由于被申请人、被告人更换诉讼代理人延期审判的，此期限不应计算在审限以内。

（3）对强制医疗决定的救济机制程序

为了进一步保障被决定强制医疗人、被害人的诉讼权利，及时纠正错误的强制医疗决定，刑事诉讼法赋予了被决定强制医疗人、被害人及其法定代理人、近亲属对强制医疗决定不服的申请复议权。

强制医疗机构执行人民法院决定强制医疗过程中，既要对被强制医疗的人实施必要的控制，防止其继续实施危害社会的行为，还应当本着治病救人的宗旨，根据被强制医疗的人的患病程度和人身危险性的不同，采用不同的治疗方法对其进行治疗，并定期进行诊断评估，对于已经恢复健康，不具有人身危险性，不需要继续强制医疗的，强制医疗机构应当及时提出解除强制医疗的意见，报请决定强制医疗的人民法院批准予以解除。为了保障被强制医疗的人的合法权益，防止强制医疗措施被滥用或者不必要的延长强制医疗时间，刑事诉讼法还规定，被强制医疗的人及其近亲属有权申请解除强制医疗。

被强制医疗的人认为自己不应当被强制医疗，或者经过强制医疗的治疗已经痊愈，符合解除强制医疗的条件，有权向强制医疗机构提出申请，要求强制医疗机构作出诊断评估，提出解除意见，报请决定强制医疗的人民法院批准；也有权直接向作出强制医疗决定的人民法院提出解除强制医疗的申请。被强制医疗的人的近亲属如果认为被强制医疗的人不应当被强制医疗或者已经治愈，也有权申请解除强制医疗。

（4）人民检察院对强制医疗的监督程序

主要包括两个方面：一是对强制医疗的决定实行监督。在强制医疗的决定程序中，既包括公安机关的侦查活动，也包括人民法院的审理活动。人民检察院对公安机关在侦查阶段的监督，主要是通过审查公安机关提出的强制医疗意见及相关办案工作来实现监督的，包括侦查机关在收集精神病人实施暴力行为的证据材料，对精神病人进行鉴定的程序，对实施暴力行为的精神病人采取临时的保护性约束措施是否合法等。人民检察院对人民法院在审理阶段的监督，主要通过审查人民法院审理强制医疗是否符合法律规定的程序，对强制医疗的决定是否正确、合法等来实现的。二是对强制医疗的执行实行监督。包括强制医疗机构的执行活动，也包括人民法院解除强制医疗的批准活动。人民检察院对强制医疗机构的执行活动进行监督，主要审查强制医疗机构是否对被强制医疗的人实施必要的治疗，是否按照要求定期对被强制医疗的人进行诊断评估，是否按照要求提出解除强制医疗的申请，是否保障被强制医疗的人合法权利等。人民检察院对人民法院批准解除强制医疗的监督，主要体现在人民法院解除强制医疗的批准程序和批准决定是否合法，是否存在徇私舞弊行为等。

第六讲　检察法律监督职能

> **本讲重点提示：**
>
> 　　检察法律监督职能是检察机关本质特征集中体现，贯彻于我国刑事诉讼活动、民事诉讼活动、行政诉讼活动始终，延伸到公权力机关的职务犯罪预防领域。

一、检察法律监督理论基础

　　法律监督是社会主义法制的重要组成部分。国家的法制应当包括：立法、执法、守法和法律监督，即董必武同志所指出的，法制是有法可依，有法必依，执法必严，违法必究，这才是完备的法制。首先，立法是前提，必须有立法机关制定法律，这是法制的前提条件；没有法律不成为法制。其次，守法是目的，立法的目的是规范人们的行为，人们遵守法律才是法制；有法不遵守，也不是法制。再次，执法是关键，必须有专门机关专门人员执行法律才是法制；法律不被遵守就要有执法机关负责强制执行，法律没有专门机关执行也不是完备法制。最后，法律监督是保障，只有监督立法，守法、执法，才能保证法律有效正确实施；这是完备的法制。没有法律监督作保障，立法机关有可能制定出不符合国家意志的法律，法律也不可能得到正确的遵守和执行，这不是完备的法制。法律监督是完备法制的重要组成部分，只有建立起完备的法制，才能有效地依法治国。

（一）法律监督的概念和特征

　　法律监督，是指国家和社会对立法、执法、守法活动监察、督促，并对违法犯罪进行检举、处理的总称。

　　法律监督是以国家法律规定为标准，监督立法、守法、执法活动严格依法实施，其目的是保障国家法律的统一和正确实施。法律监督的性质与法律的性质是一致的，是掌握国家政权的统治阶级意志的反映。正如列宁在

《大难临头，出路何在》一文中指出的那样："监督的全部问题归根到底在于谁监督谁，也就是说哪一个阶级是监督阶级，哪一个阶级是被监督阶级。"① 封建社会有封建的法律监督，资本主义社会有资本主义的法律监督，社会主义社会有社会主义的法律监督。我国检察机关是社会主义国家法律监督的专门机关。

（二）法律监督的特点

法律监督与权力监督、公民监督、媒体监督相比较，有以下特征：（1）监督的主体广泛。凡是知法、懂法的国家机关、社会团体及其工作人员和公民都可以成为法律监督的主体，都可以依法监督违法犯罪行为。（2）监督的对象集中。凡是违法犯罪的法人和自然人都可以成为法律监督的对象。（3）监督的标准明确。法律监督以国家法律规定的内容为标准，凡是违反国家法律规定的，都可实行法律监督。（4）监督的方法是通过监察、督促。通过监督、监察，对违法犯罪进行检举，提出处理意见。法律监督主体通过法律监督揭示违法犯罪，提出纠正意见的方法，追究违法犯罪的法律责任，保护公民的合法利益，保证国家法律的统一正确实施。

（三）列宁法律监督思想的基本点

列宁在领导苏联社会主义国家政权建设时，以其法律监督思想为指导建立起苏联的社会主义检察制度。我国社会主义检察制度是以列宁法律监督思想为指导，结合我国的实际情况建立起具有中国特色的社会主义检察制度。列宁法律监督思想的基本点有：

1. 社会主义国家的法制应当是统一的，法律监督的首要任务是监督国家法律的真正统一。建立统一的法制，克服一切落后的不文明的旧习惯势力是精神文明和物质文明建设的重要组成部分。列宁认为，"检察长的唯一职权和必须做的事情只有一件：监视整个共和国对法制有真正一致的了解，不管任何地方的差别，不受任何地方的影响"。② 并提出建立专门的法律监督机关。

2. 检察机关是国家法律监督的专门机关。列宁首先提出检察权的概念，并指出检察权的内容不仅包括对刑事犯罪和民事违法行为的监督，而且也包括对行政机关及其工作人员的一般违法行为以及国家机关和公职人员是否遵

---

① 列宁：《列宁选集》（第3卷），人民出版社1975年版，第148页。
② 列宁：《刘宁全集》（第33卷），人民出版社1975年版，第325~327页。

守法律实施法律监督。列宁主张检察机关是专门的法律监督机关，检察机关既不隶属于行政机关，也不隶属于审判机关，而是在国家最高权力机关领导下，独立行使检察权的最高法律监督机关。

3. 检察机关与行政机关、审判机关分开，独立行使检察法律监督权。

4. 检察机关必须实行集中的垂直领导。苏联检察机关实行垂直领导，不受地方干涉。各级检察长独立行使检察权，不受任何地方机关政权干涉。

5. 检察权的行使，必须实行集中领导。各级检察机关独立行使检察权，不受任何地方机关干涉，只服从苏联总检察长，总检察长只服从国家最高权力机关，在检察机关内部实行检察长一人负责制。

我国继承并发展了列宁的法律监督思想。我国在国家政权建设过程中，在列宁法律监督思想指导下，建立我国社会主义检察制度，并且结合我国的实际情况发展了列宁的法律监督思想。主要有以下几个方面：

1. 我国检察机关是专门法律监督机关，而不是最高法律监督机关。在我国，法律监督是多方面的，最高法律监督机关是最高国家权力机关，即全国人民代表大会及其常务委员会。检察机关只是法律监督的专门机关，其不具有最高法律监督的权力。

2. 最高检察机关与地方检察机关、专门检察机关之间不实行垂直领导，而是实行中央和地方双重领导。即最高人民检察院领导地方各级人民检察院和专门人民检察院，上级人民检察院领导下级人民检察院；同时，各级检察院受同级人民代表大会及其常委会的监督，充分发挥中央和地方两个方面法律监督的积极性。

3. 检察机关内部不实行检察长一长制，而是在检察机关内设检察委员会，检察委员会内部实行民主集中制，实行少数服从多数，如果检察长不同意多人的决定时，有权提请同级人大常委会决定，这是把民主集中制与检察长负责制结合起来的一种特殊的民主集中制，具有中国特色。

4. 我国检察机关只对国家工作人员职务犯罪实行法律监督，对其一般违法行为由国家纪检监察部门实行法律监督。上述有关方面都是我国对列宁法律监督思想的发展，具有中国特色。

二、检察机关的诉讼法律监督

（一）检察机关实施刑事立案监督

刑事立案是刑事诉讼的第一道程序，是涉及公民和单位的行为是否构成犯罪，应否负刑事责任的关键阶段。检察机关对刑事立案监督是关系到司法机关能否依法准确追究犯罪和保护公民合法权利的正确开端。

1. 检察刑事立案监督的概念

检察刑事立案监督，是指人民检察院对于司法机关是否依法将公民或者单位的行为立为刑事案件实行的法律监督。

刑事立案是公安机关、国家安全机关、军队保卫部门、监狱、人民检察院、人民法院等司法机关对于单位、个人报案、控告、举报以及自首的材料进行审查，认为有犯罪事实或者犯罪嫌疑人，需要追究刑事责任的，依据案件管辖范围，作出立案决定的刑事诉讼活动。立案活动是否依法进行，立案决定是否正确，涉及能否有效地追究犯罪，保护公民合法权益及刑事诉讼质量问题。因此，检察机关实行刑事立案监督是十分必要的。

我国刑事诉讼法不但规定人民检察院对刑事诉讼活动实行监督的一般规定，而且对刑事立案监督作了具体规定。刑事诉讼法第111条规定："人民检察院认为公安机关对应当立案侦查的案件不立案侦查的，或者被害人认为公安机关对应当立案侦查的案件而不立案侦查，向人民检察院提出的，人民检察院应当要求公安机关说明不立案的理由。人民检察院认为公安机关不立案理由不能成立的，应当通知公安机关立案，公安机关接到通知后应当立案。"公安机关在收到人民检察院《要求说明不立案理由通知书》后7日内应当将说明情况书面答复人民检察院。人民检察院认为公安机关不立案理由不能成立的，发出《通知立案书》时，应当将有关证明应该立案的材料同时移送公安机关。公安机关在收到《通知立案书》后，应当在15日内决定立案，并将立案决定书送达人民检察院。我国刑事诉讼法第18条还规定，经省级以上人民检察院决定，可以由人民检察院立案侦查。上述法律规定是检察机关实行立案监督的法律依据。

2. 刑事立案监督的内容

刑事立案监督的内容，主要有：

（1）对审查材料进行监督。我国刑事诉讼法第108条第1款规定："任何单位和个人发现有犯罪事实或者犯罪嫌疑人，有权利也有义务向公安机关、人民检察院或者人民法院报案或者举报。"人民法院、人民检察院、公安机关、国家安全机关等立案侦查机关对于报案或者举报和自首的材料，应当按照管辖范围，迅速进行审查。检察机关对审查材料进行监督有两个方面的内容：

一方面，监督报案、控告、举报或者自首的材料本身的真假。经审查，材料真实，支持立案侦查，对提供材料的人应提出检察建议，建议有关部门进行鼓励和表扬；对提供虚假材料的，进行批评教育，建议有关部门给予行政、纪律处分；如果故意诬告、报复陷害他人，情节严重的，追究其刑事责任。

另一方面，检察监督有关司法机关对报案、控告、举报材料是否依法进行审查。如果不依法审查，长期拖着不处理，甚至根本不处理，应建议有关部门批评教育或者给予党纪、政纪处分，情节严重的依法追究刑事责任。

（2）对初查活动监督。司法机关在刑事立案前对案件材料进行审查时，如果发现事实不清，需要补充材料之后才能决定是否立案的，要进行必要的调查。这种在立案前进行的司法调查，在司法实践中称为初查。立案前的调查不同于立案后的侦查，立案前的调查不能采取人身强制措施和其他强制性措施。检察机关对司法机关的初查活动的监督，主要是：初查活动是否依法进行，例如是否由两个司法人员进行调查；司法人员在调查活动中是否有违法行为；对证人、知情人是否有逼取证言、引诱证人证言的行为；监督现场勘查是否依法进行；现场勘查是否有见证人参与；监督委托调查是否合法；委托调查是否经司法机关鉴别等。

（3）对立案条件的监督。我国刑事诉讼法规定，立案侦查的条件是司法机关经审查，认为有犯罪事实或者犯罪嫌疑人，需要追究刑事责任的，应当立案。检察机关对立案条件的监督就是依照刑事实体法规定，衡量行为人的行为是否具备犯罪构成条件。凡是具备犯罪构成条件，需要追究刑事责任的，就应当立案，不允许放纵犯罪；凡不具备犯罪构成条件，或者虽具备犯罪构成，但不需要追究刑事责任的，不能立案，不允许冤枉无辜。

（4）对立案程序的监督。按照我国刑事诉讼法规定，刑事立案程序是：办案人员对有关材料审查后，认为需要立案的，应当制作《立案请示报告》，分别经人民法院、人民检察院、公安机关领导或者组织决定或批准后，再制作《立案决定书》或者《不立案通知书》。《不立案通知书》应当通知控告、检举单位或者个人。检察立案程序监督的内容是：是否按立案程序决定立案或者不立案；是否将《不立案通知书》通知控告、检举的单位或者个人。

3. 刑事立案监督的方法

根据司法实践的经验和做法，检察机关刑事立案监督的做法，主要有：

（1）认真研究报案、控告、举报单位和个人对不服不立案决定申请复议。对应当立案的，建议有立案管辖权的司法机关立案。如果立案建议得不到支持，检察机关认为应当立案的，应当通知公安机关、国家安全机关立案；需要检察机关自己立案的，经省级以上人民检察院决定，可以由检察院自己立案侦查。

（2）认真研究有关知情人和犯罪嫌疑人反映意见，从中发现司法审查、调查人员有无违法调查的行为。

（3）进行必要的调查。检察机关与行政机关执法要相衔接，对行政违法案件处理结果进行审查，构成犯罪的移交刑事司法机关立案侦查。如果在督办中发现在报案、立案过程有违反刑法和刑事诉讼法行为，必要时可以进行调查。

（4）提出检察建议或者追究刑事责任。检察机关发现刑事立案中的一般违法行为，应当提出检察建议，建议有关部门予以纠正，对有关人员给予纪律或者行政处罚。对情节严重，构成犯罪的，检察机关应当依法立案侦查，追究有关人员的刑事责任。例如，行政执法人员不移交刑事案件的，依照刑法第402条规定的不移交刑事案件罪，追究刑事责任；司法工作人员对明知是无罪的人而使他受追诉，对明知是有罪的人而故意包庇不使他受追诉的，依照刑法第399条规定的徇私枉法罪追究刑事责任。

（二）检察机关实施刑事侦查监督

刑事侦查监督是刑事诉讼监督的重要组成部分，它是关系到能否准确查明犯罪事实，确保公民的合法权利，防止冤假错案的重要举措，检察机关十分重视对刑事案件侦查监督，专门设有侦查监督检察部门和审查起诉检察监督部门。

1. 侦查监督的概念

侦查监督，是指人民检察院对侦查机关侦查刑事案件实行的法律监督。刑事侦查监督包括对侦查机关在认定事实、适用法律是否正确实行监督和对侦查机关的侦查活动是否违法实行监督。前者通过审查批捕、审查起诉进行监督；后者通过提前介入、参与现场勘查等进行监督。

检察机关实行刑事侦查监督的法律依据是：我国刑事诉讼法第8条规定："人民检察院依法对刑事诉讼实行法律监督。"刑事诉讼法规定：人民检察院在审查批准逮捕工作中，如果发现公安机关的侦查活动有违法情况，应当通知公安机关予以纠正，公安机关应当将纠正的情况通知人民检察院。

人民检察院组织法第5条第3项规定:"对公安机关侦查的案件进行审查,决定是否逮捕、起诉或者免予起诉,对于公安机关的侦查活动是否合法实行监督。"根据上述法律规定,检察机关对公安等机关的侦查活动实行法律监督。

2. 刑事侦查监督的内容

刑事侦查监督的任务是保证侦查机关依照法定的程序收集能够证明犯罪嫌疑人有罪或者无罪、犯罪情节轻重的各种证据,以查明犯罪事实真相,既不冤枉无罪的人,也不放过犯罪者。检察侦查监督的主要内容有:

(1) 审查批捕监督。审查批捕监督,是检察机关通过对侦查机关提请逮捕犯罪嫌疑人的批准或不批准的活动,监督侦查机关依照法律规定调查取证,弄清犯罪事实,依法律规定的条件逮捕犯罪嫌疑人,防止错捕,侵犯公民的人身自由。主要有:对提请逮捕权的监督,法律规定有提请逮捕权的机关提请逮捕的,可以批准,无提请逮捕权的单位或者个人提请逮捕的,不能批准;对是否符合逮捕条件的监督,符合刑事诉讼法第79条规定的逮捕条件的,应当批准逮捕,不具备逮捕条件的,不批准逮捕;对批准或者不批准逮捕程序进行监督,批准逮捕或者不批准逮捕是否是经检察长或者检察委员会批准或者决定,对于批准逮捕的或者不批准逮捕的,公安等侦查机关是否依法定程序执行了逮捕或者不逮捕决定。

(2) 审查起诉监督。审查起诉监督,是人民检察院对侦查机关提请起诉、起诉、不起诉的法律监督。

检察机关审查起诉监督的主要内容是:提请起诉权的监督,对于不属于公诉案件,应由自诉人直接向人民法院起诉,没有提请公诉权的机关和个人不准提起公诉;对犯罪事实、犯罪证据、犯罪性质是否准确的监督,如果犯罪事实清楚,证据确实充分,必须作出起诉决定,如果主要事实不清、证据不足的,不起诉或者退回补充侦查;对漏掉犯罪或者漏掉犯罪嫌疑人实施监督,对一犯罪嫌疑人数罪漏掉其他犯罪没有起诉,或者共同犯罪漏掉其他同案犯的,不批准起诉;对附带民事诉讼监督,凡有刑事附带民事诉讼的,应进行附带,一并处理;对起诉所需材料监督,要求侦查机关补充起诉所需的必要材料。

(3) 刑事侦查活动监督。刑事侦查活动监督,是指人民检察院对侦查机关进行讯问被告人、询问证人、被害人、勘验、检查、搜查、扣押物证、书证、鉴定、通缉等专门调查活动以及采取人身强制措施和其他强制性措施的侦查活动是否合法实行的监督。《刑诉规则》第565条规定，侦查活动监督主要发现和纠正以下违法行为：①采用刑讯逼供以及其他非法方法收集犯罪嫌疑人供述的；②采用暴力、威胁等非法方法收集证人证言、被害人陈述，或者以暴力、威胁等方法阻止证人作证或者指使他人作伪证的；③伪造、隐匿、销毁、调换、私自涂改证据，或者帮助当事人毁灭、伪造证据的；④徇私舞弊，放纵、包庇犯罪分子的；⑤故意制造冤、假、错案的；⑥在侦查活动中利用职务之便谋取非法利益的；⑦非法拘禁他人或者以其他方法非法剥夺他人人身自由的；⑧非法搜查他人身体、住宅，或者非法侵入他人住宅的；⑨非法采取技术侦查措施的；⑩在侦查过程中不应当撤案而撤案的；⑪对与案件无关的财物采取查封、扣押、冻结措施，或者应当解除查封、扣押、冻结不解除的；⑫贪污、挪用、私分、调换、违反规定使用查封、扣押、冻结的财物及其孳息的；⑬应当退还取保候审保证金不退还的；⑭违反刑事诉讼法关于决定、执行、变更、撤销强制措施规定的；⑮侦查人员应当回避而不回避的；⑯应当依法告知犯罪嫌疑人诉讼权利而不告知，影响犯罪嫌疑人行使诉讼权利的；⑰阻碍当事人、辩护人、诉讼代理人依法行使诉讼权利的；⑱讯问犯罪嫌疑人依法应当录音或者录像而没有录音或者录像的；⑲对犯罪嫌疑人拘留、逮捕、指定居所监视居住后依法应当通知家属而未通知的；⑳在侦查中有其他违反刑事诉讼法有关规定的行为的。

3. 刑事侦查监督的方法

人民检察院应根据不同的监督内容采用不同方法进行监督，在一般情况下，是通过审查批捕、审查起诉工作一并进行法律监督，但也不排除通过其他途径和方法对侦查活动是否合法实施监督。根据法律规定和实践经验，人民检察院实行刑事侦查监督的方法，主要有：

（1）参与侦查机关对重大特大案件的侦查活动。人民检察院对侦查机关侦查重大特大犯罪案件，可以派员参与现场勘查或预审，并可参加公安机关对案件的讨论。这一方面是为了提前了解案情，缩短批捕的时间；另一方面是对侦查机关的侦查活动是否合法进行监督，及时发现和纠正侦查人员的违法行为，保证侦查活动依法进行。

（2）审查提请批捕和审查提请起诉的案件。人民检察院对侦查机关提请批捕或者提请起诉的案件进行审查，一方面要审查犯罪嫌疑人的犯罪事实是否清楚，证据是否确实充分，是否构成犯罪，区分罪与非罪的界限。另一方面，审查侦查机关在侦查活动中有无违法行为，审讯犯罪嫌疑人、询问证人、被害人和采取强制性侦查措施是否合法。

（3）接待群众的控告、申诉、要求复议。人民群众特别是诉讼参与人及其亲属，对侦查机关侦查活动中的违法行为，往往向人民检察院或者有关部门进行反映。人民检察院应当十分重视收集群众来信来访的意见，接待群众来信来访，倾听群众的意见。对群众反映的意见应进行必要的调查，轻者，通知侦查机关纠正；重者，构成犯罪的，应追究其刑事责任。例如，办案人员有无收受贿赂，有无接受当事人及其委托人的请客送礼，有无违反规定会见当事人及其委托人等。

（三）检察机关实施刑事审判监督

刑事审判监督是人民检察院刑事诉讼监督的重要组成部分，是保证刑事诉讼依法进行的一道关键的法律监督程序。

1. 刑事审判监督的概念

刑事审判监督，是指人民检察院依法对人民法院刑事审判工作是否依法进行的法律监督。根据我国法律规定，对刑事审判工作的监督包括对人民法院所作的刑事判决、裁定在认定事实、适用法律上是否正确实行的法律监督，以及对人民法院在进行刑事审判活动中有无违法行为实行的法律监督。前者主要是通过抗诉实行，后者主要是通过参与庭审活动实行。

检察刑事审判监督的法律根据是：我国刑事诉讼法第8条规定："人民检察院依法对刑事诉讼实行法律监督。"其中就包括对刑事审判监督。刑事诉讼法第217条规定："地方各级人民检察院认为本级人民法院第一审的判决、裁定确有错误的时候，应当向上一级人民法院提出抗诉。"刑事诉讼法第243条第3款规定："最高人民检察院对各级人民法院已经发生法律效力的判决和裁定，上级人民检察院对下级人民法院已经发生法律效力的判决和裁定，如果发现确有错误，有权按照审判监督程序向同级人民法院提出抗诉。"刑事诉讼法第203条规定："人民检察院发现人民法院审理案件违反法律规定的诉讼程序，有权向人民法院提出纠正意见。"人民检察院组织法第5条规定：人民检察院"对于人民法院的审判活动是否合法，实行监督。"上述法律规定了人民检察院对人民法院刑事审判活动，实行法律监督。

2. 刑事审判监督的内容

刑事审判监督的内容按其监督方式可分为四类：

（1）上诉程序抗诉审判监督。上诉程序抗诉，是指人民检察院对人民法院第一审判决、裁定，认为确有错误的时候，在上诉期内，向上一级人民法院提起抗诉。人民检察院按上诉程序实行抗诉，其本身就是对人民法院刑事判决的监督。上诉程序审判监督的内容有：第一，对一审判决认定的事实是否清楚，证据是否确实充分，实行监督。一审判决认定的事实不清，证据不足的，应属于违法判决，应当进行抗诉。第二，认定犯罪性质是否准确实行监督。定罪名不准确，量刑就不能准确，应进行抗诉监督。第三，适用法律不当，量刑有错误，实行抗诉监督。第四，犯罪事实清楚，证据确实充分，指控罪名成立，而法院作相反判决的，实行抗诉监督。第五，违反诉讼程序，影响定罪量刑，应实行抗诉监督。

（2）审判监督程序抗诉监督。审判监督程序抗诉监督，是指人民检察院对人民法院已发生法律效力的判决、裁定，依照审判监督程序提出抗诉的法律监督。审判监督程序抗诉监督的内容有：第一，被告人历次口供是否一致，有无翻供、查明原因；第二，证据与证据，证据与口供是否一致，出现矛盾现象的原因，法庭上是否提出新的证据；第三，在一、二审法庭辩论中，双方争论的焦点是否解决；第四，案外对案件处理的干扰情况等实行的审判监督程序的抗诉监督。

（3）刑事审判活动监督。刑事审判活动监督，是指人民检察院对人民法院在审判活动中是否违反法律进行的法律监督，如对法庭组成人员、法庭审理程序，判决、裁定的程序以及审判时限等，是否依法进行的法律监督。具体内容有：第一，法庭组成人员是否合法的监督；第二，审判程序是否合法实行监督；第三，是否侵犯被告人和其他诉讼参与人的合法权利实行监督；第四，是否有徇私舞弊，枉法裁判实行监督等。

（4）死刑复核案件法律监督。为了确保死刑案件的复核质量，刑事诉讼法第240条第2款规定："在复核死刑案件过程中，最高人民检察院可以向最高人民法院提出意见。最高人民法院应当将死刑复核结果通报最高人民检察院。"此规定表明，最高人民检察院对死刑复核程序实行法律监督并可以提出意见；作为最高人民法院接受监督是义务，同时还应当对提出的意见予以答复，并将复核结果通报最高人民检察院。即不论核准死刑或不核准死刑的案件都应当通报最高人民检察院。

3. 刑事审判监督的途径和纠正的方法

刑事审判监督的途径，主要有：

（1）派员出席法庭，进行监督。人民检察院派员出席法庭，参与刑事庭审活动是刑事审判监督的重要途径，出席法庭的检察人员的重要任务就是监督法庭审判活动是否依法进行。

（2）列席人民法院审判委员会会议。根据刑事诉讼法规定，人民法院审判委员会对重大、疑难案件的决定，"合议庭应当执行"，说明审判委员会的决定是有法律效力的。人民检察院检察长列席审判委员会会议是人民法院审判委员会对重大、疑难问题作出决定的监督。

（3）审查人民法院的判决、裁定。人民检察院审查人民法院的判决、裁定是否正确，从中发现人民法院的判决是否符合法律规定。特别是人民法院书面形式审理的二审刑事案件的审判要重点实行监督。

（4）接待群众举报、申诉。人民检察院通过接待群众来信来访、听取群众意见，特别是诉讼参与人的举报、控告和申诉，可以发现人民法院在审判活动中的违法行为。人民检察院纠正审判违法情形的方法有：

第一，口头提出纠正意见。人民检察院发现人民法院在庭审活动中有违法情形的，一般应及时以口头的方式提出纠正意见，主要是在闭庭后提出，以维护法庭的权威。如果在庭审活动中的违法行为可能影响正常审理和正确判决、裁定的，则应建议法庭延期审理，以便在闭庭后向法院提出纠正意见。

第二，书面通知纠正。对于比较严重的违法行为，经多次口头提出仍未改正的，应当报请检察长批准或者检察委员会决定后，向人民法院发出《纠正违法通知书》，要求人民法院纠正违法行为，并将《纠正违法通知书》抄报上级人民法院和同级人大常委会。

第三，追究违法者的法律责任。对于在审判活动中违法严重，需要给予纪律或者行政处分的，应建议人民法院给予违法者纪律或者行政处分。对于刑讯逼供、徇私枉法、贪污受贿，情节严重，已构成犯罪的，应当依法追究刑事责任。

（四）检察机关实施刑罚执行监督

刑罚执行监督是人民检察院对刑事法律实施法律监督的重要组成部分。我国刑事诉讼法规定：人民检察院对刑罚执行机关执行刑罚的活动是否合法实行监督。如果发现有违法的情况，应当通知执行机关纠正。刑罚执行与否，是关系到刑事法律规定的任务能否完成的问题。人民检察院通过刑罚执行监督，达到正确执行刑罚，起到惩治改造犯罪分子的作用，同时也能监督刑罚执行机关依法执行刑罚，确保罪犯的合法权利不被侵犯。

1. 刑罚执行监督的概念

刑罚执行监督，是指人民检察院对人民法院判处犯罪分子应执行的刑事处罚的执行情况进行的法律监督。刑事处罚执行监督包括对人民法院、公安机关、劳动改造等有关部门执行人民法院已发生法律效力的判决、裁定是否合法实行的监督，还包括对人民法院在罪犯服刑期间又犯新罪的判决以及对减刑、假释的裁定的执行是否合法，实行监督。根据人民法院发生效力的各种判决、裁定所处刑罚不同，执行机关和执行场所不同，刑罚执行监督可分为：对死刑执行监督；对监所执行刑罚监督（包括对死缓、无期徒刑、有期徒刑、拘役的执行监督）；对人民法院等有关机关和单位执行刑罚的监督（包括管制、罚金、没收财产、剥夺政治权利、缓刑、假释、监外执行的监督）。

2. 死刑执行监督

根据刑事诉讼法第 252 条第 1 款的规定和司法实践，人民法院在交付执行死刑 3 日以前，应当通知同级人民检察院派员临场监督。检察人员执行临场监督的主要内容包括：查明有无执行死刑命令或者是否由核准死刑的最高人民法院院长签发，以及签发的具体时间；有无刑事诉讼法第 251 条和第 252 条及最高人民法院的有关规定的"停止执行"和"暂停执行"的情形发生及应当采取的相应措施；执行死刑的指挥人员、执行人员及其执行死刑的场所、方法和程序是否合法；执行死刑的刑场秩序，有无足以造成他人伤亡的情况。经检察监督，只要发现以上情形其中之一者，应当及时提出纠正意见。

具体监督内容是：

（1）临场监督的检察人员监督的内容：执行死刑的法律手续是否合乎法律规定，即必须有最高人民法院院长的执行死刑命令，下级人民法院接到死刑执行命令是否在 7 日内如期交付执行；执行死刑的审判人员，在交付执行之前是否对罪犯验明正身，询问有无遗言、信札等；执行人员是否用枪决或者注射等方法执行；执行后，查明罪犯是否死亡，交付执行的人民法院是否通知罪犯的家属等。如果临场监督的检察人员发现执行死刑过程中有违法情形时，应当及时提出纠正，并对临场监督的执行情况，制作笔录存档。如果临场监督人员发现以下几种情形的，应当建议和要求人民法院停止执行死刑：在执行前发现判决在认定事实或者适用法律上可能有错误；执行前，罪犯揭发重大犯罪事实或者有其他重大立功表现，可能需要改判的；罪犯是正在怀孕的妇女的。

（2）临场监督执行死刑的停止执行的，必须遵守以下法定程序：下级人民法院对于判决死刑立即执行的罪犯停止执行的，必须立即报告下达执行死刑命令的最高人民法院作出停止执行的裁定；因为在执行前发现判决可能有错误或者罪犯揭发重大犯罪线索而停止执行的原因消失后，如果认为原判决是正确，应执行死刑的，必须报请下达执行死刑命令的最高人民法院院长再签发执行死刑命令后，才能执行；因为原判决确有错误或者罪犯揭发重大犯罪事实，有重大立功表现的，依法可以从轻处罚的，应当报请核准死刑的最高人民法院按照审判监督程序重新审判；因为罪犯正在怀孕而停止执行死刑的，要报请核准死刑的最高人民法院，依法改判。

人民检察院在临场监督时，发现应当停止执行死刑或者停止执行死刑的原因消失和不应适用死刑而未按上述法定程序办理的，应当及时提出建议，予以及时纠正。

3. 监所执行刑罚监督

监所执行刑罚监督，是指人民检察院对在监所执行的死缓、无期徒刑、有期徒刑、拘役的刑罚执行和变更等活动是否合法进行的法律监督。根据我国法律规定，被判处死刑缓期2年执行、无期徒刑、有期徒刑的罪犯在监狱、劳动改造管教队执行；被判处拘役的罪犯，在拘役所执行；未成年罪犯在未成年犯管教所执行；判处刑罚后余刑不满3个月，可以在看守所执行。人民检察院依法监督这些监所执行刑罚。监所执行刑罚监督的内容有：

（1）监督死刑缓期2年执行的变更。被判处死刑缓期2年执行的罪犯，在死缓期间，如果没有故意犯新罪的，缓刑2年执行期满，由执行机关提出书面意见，报请当地高级人民法院裁定减为无期徒刑或者减为15年以上20年以下有期徒刑；如果再故意犯新罪，经查证属实，由执行机关提出书面意见，报请当地高级人民法院批准后，报最高人民法院核准执行死刑。对于核准死刑的执行，人民检察院应当派员临场执行死刑临场监督。

（2）监督减刑的执行。人民检察院应当监督是否按法定的条件程序减刑，防止滥减刑和不按法定程序减刑。我国刑事诉讼法第263条规定："人民检察院认为人民法院减刑、假释的裁定不当，应当在收到裁定书副本后二十日以内，向人民法院提出书面纠正意见。人民法院应当在收到纠正意见后一个月以内重新组成合议庭进行审理，作出最终裁定。"

（3）监督监外执行的变更。根据我国刑事诉讼法的规定，对被判处无期徒刑、有期徒刑、拘役的犯罪分子，有下列情形之一的，可以暂予监外执行：有严重疾病需要保外就医；怀孕或者正在哺育自己婴儿的妇女；生活不能自理，适用暂予监外执行不致危害社会的。对于被判处无期徒刑或者判处有期徒刑，但有社会危害性的罪犯或者自伤自残的罪犯不得保外就医。对于保外就医，应当依照国家关于罪犯保外就医的规定执行。确定罪犯有严重疾病必须由省级人民政府指定医院开具证明文件，依照法律规定的程序审批。对于被判处有期徒刑生活不能自理又不致危害社会的罪犯，可以暂予监外执行，待监外执行条件消失后，罪犯刑期未满的，仍应收回监狱或其他劳动改造场所继续执行未执行的刑罚。人民检察院对是否符合监外执行条件实行法律监督。

（4）监督在刑罚执行期间又犯新罪的追究。犯罪分子在刑罚执行期间，又故意犯新罪的，人民检察院应当依法追究其刑事责任。

（5）监督在刑罚判决以前漏罪的追究。犯罪分子在刑罚执行期间，交代出在判决以前还有漏罪或者发现犯罪分子还有漏罪没有判决的，人民检察院应当依法监督追究漏罪的刑事责任。

（6）监督原判决的错误。罪犯在刑罚执行中，由于被告人的申诉或者处理其他案件时，发现人民法院原判决确有错误时，人民检察院应建议人民法院改判或者依照审判监督程序抗诉，予以纠正。

（7）监督监所等劳动改造机关在执行刑罚过程中的违法行为。监狱等劳动改造机关在罪犯刑罚执行过程中，有下列情形之一的，人民检察院应依法监督，追究有关人员的刑事责任：不按判决刑罚执行日期执行；私放罪犯；贪污受贿；虐待、体罚被监管人等。

4. 人民法院等有关机关、单位执行刑罚监督

根据我国刑法规定，在我国刑罚的执行主要由监狱及劳动改造管教队执行，但人民法院等有关机关和单位也负责一些刑罚的执行，人民检察院也应当依法实施监督。主要有以下几个方面：

（1）对人民法院执行财产刑的监督。根据法律规定，人民法院判决的罚金刑、没收财产刑由人民法院执行。人民检察院监督人民法院对财产的执行是否依法执行。

（2）监督管制的执行。管制是由人民法院判决，公安机关执行的刑罚。人民检察院监督管制的认真执行，主要是监督公安机关对被判处管制的罪犯执行管制规定的落实情况。人民检察院发现管制执行过程中存在的问题，应

当建议公安机关认真纠正。

(3)监督缓刑的考察。缓刑是有条件不执行原判刑罚,对犯罪分子判处刑罚,不执行刑罚,但进行必要的考察,考察被判缓刑的犯罪分子是否遵守法律规定的条件。如果犯罪分子不遵守考察条件,要撤销缓刑,执行原判刑罚。人民检察院应对缓刑的考察进行监督,监督考察机关是否进行考察,以及罪犯对考察条件是否遵守。

(4)监督剥夺政治权利刑的执行。剥夺政治权利是由人民法院判决,由公安机关执行的刑罚。人民检察院应当监督公安机关是否落实了被判处剥夺政治权利刑罚,犯罪分子在剥夺政治权利执行期间是否行使了政治权利,剥夺政治权利期满,是否宣布恢复犯罪人的政治权利。

(5)监督假释的考验。假释是有条件的不执行原判决剩余的刑罚。罪犯在假释期间,如果遵守假释的考验条件,又没有发现漏罪,不再犯新罪,原判刑罚的余刑就不再执行。人民检察院应监督公安机关对假释的犯罪分子是否进行了考察,也监督被假释的犯罪分子是否遵守假释条件,发现问题及时通知公安机关纠正。

另外,人民检察院对监外执行的犯罪分子也应当进行监督,如果犯罪分子监外执行的条件消失了,应向有关机关提出建议,把犯罪分子收监继续执行剩下的刑罚。

(五)检察机关实施民事诉讼监督

民事诉讼监督,是指人民检察院对人民法院民事审判等诉讼活动是否合法实施的法律监督。我国民事诉讼法第14条规定:"人民检察院有权对民事诉讼实行法律监督。"并将此作为民事诉讼活动的一项基本原则。同时又对人民检察院监督民事诉讼的范围作了具体规定,即第208条规定:最高人民检察院对各级人民法院已经发生法律效力的判决、裁定,上级人民检察院对下级人民法院已经发生法律效力的判决、裁定,发现有本法第200条规定情形之一的,或者发现调解书损害国家利益、社会公共利益的,应当提出抗诉。地方各级人民检察院对同级人民法院已经发生法律效力的判决、裁定,发现有本法第200条规定情形之一的,或者发现调解书损害国家利益、社会公共利益的,可以向同级人民法院提出检察建议,并报上级人民检察院备案;也可以提请上级人民检察院向同级人民法院提出抗诉。各级人民检察院对审判监督程序以外的其他审判程序中审判人员的违法行为,有权向同级人民法院提出检察建议。该法第200条规定的具体情形如下:

1. 有新的证据，足以推翻原判决、裁定的；
2. 原判决、裁定认定的基本事实缺乏证据证明的；
3. 原判决、裁定认定事实的主要证据是伪造的；
4. 原判决、裁定认定事实的主要证据未经质证的；
5. 对审理案件需要的主要证据，当事人因客观原因不能自行收集，书面申请人民法院调查收集，人民法院未调查收集的；
6. 原判决、裁定适用法律确有错误的；
7. 审判组织的组成不合法或者依法应当回避的审判人员没有回避的；
8. 无诉讼行为能力人未经法定代理人代为诉讼或者应当参加诉讼的当事人，因不能归责于本人或者其诉讼代理人的事由，未参加诉讼的；
9. 违反法律规定，剥夺当事人辩论权利的；
10. 未经传票传唤，缺席判决的；
11. 原判决、裁定遗漏或者超出诉讼请求的；
12. 据以作出原判决、裁定的法律文书被撤销或者变更的；
13. 审判人员审理该案件时有贪污受贿，徇私舞弊，枉法裁判行为的。

该条列举了13项可以提出抗诉的事由，其中前5项属于事实认定问题，第6项属于法律适用问题，第7项至第10项属于程序违法问题，第11项至第13项属于其他问题。

人民检察院提起抗诉的民事案件开庭时，人民法院通知人民检察院派员出席法庭。人民检察院对民事诉讼活动法律监督的具体程序有两种：

1. 民事诉讼严重违法监督程序

检察机关通过社会调查，接待人民群众来信来访以及其他途径发现民事诉讼违法行为，应及时进行登记，如果是检举揭发、控告的，要认真听取他们的意见，并作好笔录，笔录要经检举人审阅无误后签字，没有阅读能力的，应向其宣读，检举、控告人认为无误后签名盖章。如果检举、控告人不愿意暴露其身份，应当为其保密。民事诉讼法第208条第3款规定："各级人民检察院对审判监督程序以外的其他审判程序中审判人员的违法行为，有权向同级人民法院提出检察建议。"检察机关发现审判人员有违法行为，应当按照该规定向同级人民法院提出检察建议。检察机关已掌握的民事违法材料经认真审查，认为事实清楚、当事人双方责任明确的民事纠纷，可以转给人民法院或当地政府有关部门处理，并将移送的情况通知检举、控告人或者有关的当事人。对那些涉及侵犯国家和广大人民群众利益的违法行为，检察机关应当立案调查，查清事实，可向民事违法的单位或者个人发出民事违法行为通知书，也可向其单位或者上级主管部门发出纠正民事违法行为的检察建议。

有关单位或者个人对检察院的纠正违法建议应认真对待，立即纠正，并将纠正结果报告检察机关。制作检察建议书，由承办案件人员提出意见，并拟出纠正民事违法通知书或者建议书草稿，经集体讨论报主管检察长签发。对于坚持不改的民事违法行为根据有关试点单位的经验，在征得有管辖权的人民法院同意，人民检察院可以代表国家向人民法院提起民事诉讼，追究民事违法者的民事法律责任。

2. 民事抗诉监督程序

人民检察院通过审查人民法院已生效的民事判决、裁定，或者接待来信来访、申请的材料，认为人民法院的判决、裁定确有错误时，应当按照审判监督程序提起抗诉。最高人民检察院对各级人民法院已经发生法律效力的判决、裁定，上级人民检察院对下级人民法院已经发生法律效力的判决、裁定，认为确有错误的，按审判监督程序提起抗诉。地方各级人民检察院对同级人民法院已经发生法律效力的判决、裁定，认为确有错误的，应当提请上级人民检察院依照审判监督程序提起抗诉。

检察院提起抗诉的民事案件，应首先由办案人员制作《民事案件抗诉意见书》，经集体讨论，部门负责人审核，检察长批准。必要时，要经检察委员会讨论决定。上级人民检察院如果认为下级人民检察院抗诉不当，应当撤回抗诉。人民检察院提出抗诉的案件，人民法院应当再审。人民法院再审时应当通知人民检察院派员出席法庭。出席再审法庭的检察人员在出庭前应查阅案卷，熟悉案情，做好出庭准备。在法庭上，检察人员应宣读抗诉书，参加法庭调查，有权询问当事人、证人、被害人。在法庭调查结束时，发表支持抗诉意见，在法庭辩论后就整个案件的事实、证据、适用法律和如何处理发表评论意见。出席法庭的检察人员对法庭审理过程中的违法行为，应及时提出纠正意见。如果发现有触犯刑律，需要追究刑事责任的行为，应建议法庭停止审判，将案件转移有管辖权的侦查部门侦查起诉。

（六）检察机关实施行政诉讼监督

我国宪法第129条规定："中华人民共和国人民检察院是国家的法律监督机关。"这一规定表明了我国检察机关的性质及其在国家政权体制中的地位，是人民检察院对行政诉讼活动实行法律监督的最高法律依据。我国行政诉讼法第 10 条规定："人民检察院有权对行政诉讼实行法律监督。"这是人民检察院对行政诉讼活动享有法律监督权的基本法律依据。实践中，检察机关主要通过以下方式实施行政诉讼监督：

1. 行政案件抗诉

我国行政诉讼法第 64 条规定："人民检察院对人民法院已经发生法律效力的判决、裁定，发现违反法律、法规规定的，有权按照审判监督程序提出抗诉。"最高人民法院《关于执行〈中华人民共和国行政诉讼法〉若干问题的解释》第 75 条规定："对人民检察院按照审判监督程序提出抗诉的案件，人民法院应当再审。人民法院开庭审理抗诉案件时，应当通知人民检察院派员出庭。"可见，审判监督程序的抗诉是法律明确规定的检察机关实施行政诉讼监督的一个重要方式，其最大优势在于再审强行性，即抗诉必然引起再审，人民法院没有选择的余地。

2. 追究贪污受贿、徇私舞弊、枉法裁判司法人员的刑事责任

我国刑法第 399 条第 2 款对司法工作人员在行政审判活动中的徇私舞弊、枉法裁判犯罪作了规定。检察机关作为法律监督机关的重要职责之一就是侦查国家公职人员的职务犯罪并依法提起公诉，制裁职务犯罪行为。检察机关在审查行政诉讼活动过程中发现法官贪污受贿、徇私舞弊、枉法裁判线索的，应及时立案、侦查乃至提起公诉，这是加强司法人员监督，遏制司法腐败的一个重要途径。

3. 其他监督方式

近年来检察机关在实践中实行的其他行政诉讼监督方式有：

（1）检察意见。检察机关收到当事人申诉，经过审查认为生效的行政判决、裁定确有错误的，由检察院直接向同级法院发出检察意见，建议法院启动审判监督程序进行再审。法院再审结束时将再审结果通知提出检察建议的人民检察院。原审法院不接受检察意见的，检察院可以向上级检察院提请抗诉。

（2）纠正违法通知书。对于人民法院在行政诉讼活动中较严重的程序违法或者错误现象，检察机关可以发出《纠正违法通知书》，请人民法院纠正错误。另外，行政诉讼活动中当事人或者有关单位的违法行为需要纠正的，检察机关也可以适用纠正违法通知的监督方式。

（3）检察建议。检察建议是对人民法院在行政诉讼活动中存在的一般的程序性错误或者应当予以改进的问题提出纠正或改进建议的一种监督方

式。实践中,人民检察院通过制作《检察建议书》的方式指出同级人民法院应当纠正或改进的问题,这种建议一般针对某些案件的共性问题提出,不具有特别的强制力。

(七)检察机关实施劳动教养监督

劳动教养是一种行政处罚措施,是对违反行政法律法规,情节严重的或者轻微犯罪不需给予刑事处罚的人,实行强制性教育改造的行政措施。

劳动教养制度创办于 1955 年 8 月。当时,中共中央发布指示,对那些不够判刑,而政治上又不适用于继续留用,放到社会上又增加失业的,则进行劳动教养,虽然不判刑,不完全失去自由,但亦应集中起来,替国家做工,由国家发给一定的工资。这是党中央提出的第一个关于劳动教养的指示。1956 年 1 月 10 日,党中央又发布了《关于各省、市应立即筹办劳动教养机构的指示》,对劳动教养的性质、任务、指导原则、审批权限、领导和管理等问题作了原则的规定。从此,劳动教养制度在我国诞生。

1957 年 8 月 1 日,经全国人大常委会批准,国务院公布了《关于劳动教养问题的决定》,这是我国第一部劳动教养法规。1979 年 11 月 29 日经全国人大常委会批准,国务院公布了《关于劳动教养问题的补充规定》并重新公布了《关于劳动教养问题的决定》。

1982 年 1 月 21 日,经国务院批准,公安部发布了《劳动教养试行办法》,对劳动教养的具体实施作了详细规定。劳动教养的对象,大体上应为以下几类人:一是违反《治安管理处罚条例》屡教不改的,包括有重复吸毒和卖淫嫖娼等违法行为的;二是犯罪情节轻微可以免予刑事处分或者不起诉,但又由于行为人具有较大人身危险性不宜马上放回社会的;三是依照刑法第 17 条的规定,因不满 16 周岁不予刑事处罚,而需要由政府收容教养的;四是依照刑法第 18 条的规定,需要由政府强制实行医疗的部分精神病人。

各省、自治区、直辖市和大中城市人民政府组成的劳动教养管理委员会,领导和管理劳动教养工作,审查批准收容劳动教养人员。劳动教养管理委员会下设办事机构,负责处理日常工作。公安机关设置的劳动教养工作管理机构,负责组织实施对劳动教养人员的管理、教育和改造工作。劳动教养机关的活动,接受人民检察院的监督。

检察机关对劳教检察监督的法律依据是:1979 年 11 月 29 日,第五届全国人民代表大会常务委员会批转的《关于劳动教养的补充规定》和 1982

年 1 月 21 日，国务院转发公安部制定的《劳动教养试行办法》中，明确规定人民检察院对劳动教养机关的活动实行法律监督。1987 年 7 月，最高人民检察院制定了《人民检察院劳动教养工作办法（试行）》，规定了检察机关对劳教检察的职权、任务和工作原则，以及业务范围和工作制度、方法。2008 年 2 月，最高人民检察院制定了《人民检察院劳教检察办法》进一步明确了劳教检察的工作职责任务和具体要求。

1. 人民检察院劳教检察职权

人民检察院劳教检察职权包括：（1）对劳教所执行劳教决定和监管活动是否合法实行监督；（2）对劳教所呈报和劳教管理机关批准延期、减期、提前解教、所外执行、所外就医活动是否合法实行监督；（3）对劳教执行和监管活动中发生的职务犯罪案件进行侦查，开展职务犯罪预防工作；（4）对公安机关侦查的劳教人员犯罪案件审查逮捕、审查起诉和出庭支持公诉；对公安机关的立案、侦查活动和人民法院的审判活动是否合法实行监督；（5）受理劳教人员及其法定代理人、近亲属的控告、举报和申诉。

2. 人民检察院劳教检察工作基本任务

人民检察院劳教检察工作的基本任务是：保证国家法律法规在劳动教养活动中的正确实施，维护劳教人员合法权益，维护劳教场所监管秩序稳定，保障惩治和矫正劳教人员工作的顺利进行。

3. 人民检察院劳教检察监督业务范围

具体包括：（1）对劳动教养决定执行情况的监督，例如，发现不够劳动教养条件的，建议原审批机关复核纠正等。（2）对劳动教养机关监管活动的检察，包括禁闭检察、事故检察、教育管理活动检察。（3）劳教变更执行检察，劳教变更执行包括变更执行期限和变更执行方式，前者包括延长劳动教养期限、减期、提前解除劳动教养，后者包括所外执行、所外就医。劳教变更执行检察是劳教检察工作的重点，它既包括对劳教所呈报劳教变更执行活动的同步监督，也包括对劳教管理机关和劳教所劳教变更执行决定活动的事后监督。（4）办理劳教人员犯罪案件。人民检察院监所检察部门负责公安机关侦查的劳教人员犯罪案件的审查逮捕、审查起诉和出庭支持公诉，以及立案监督、侦查监督和审判监督等工作。发现劳教人员有未被追究刑事责任的犯罪事实的，应当分别情形作出处理：适宜于劳教执行地人民法院审理的，由执行地人民检察院监所检察部门办理；适宜于原审批地或者犯罪地人民法院审理的，转交当地人民检察院办理。（5）受理控告、举报和申诉。例如,受理不服劳动教养决定的申诉,经复查确属错误劳动教养的,提请审批机关予以纠正等。(6)纠正违法和检察建议。

4. 人民检察院劳教检察的工作制度和方法

各级人民检察院的监所检察部门应配备相应数量的干部负责劳动教养检察监督。劳教检察监督工作应当采取经常检察和重点检察相结合的方法。做到对重大问题能及时发现,及时处理。劳教检察,可以听取劳动教养机关的情况介绍,调阅有关文件和档案材料,列席劳动教养机关的有关会议,召开干警、劳动教养人员座谈会、调查会、个别谈话,察看劳动教养人员的生产、生活、学习场所等。对检察中发现的违法行为,应当查明事实和原因,向劳动教养机关提出纠正。派驻检察人员发现轻微违法情况,可以当场提出口头纠正意见,并及时向派驻检察机构负责人报告,填写《检察纠正违法情况登记表》;派驻检察机构发现严重违法情况,或者在提出口头纠正意见后被监督单位7日内未予纠正且不说明理由的,应当报经本院检察长批准,及时发出《纠正违法通知书》;人民检察院发出《纠正违法通知书》后15日内,被监督单位仍未纠正或者回复意见的,应当及时向上一级人民检察院报告。对严重违法情况,派驻检察机构应当填写《严重违法情况登记表》,向上一级人民检察院监所检察部门报送并续报检察纠正情况。检察发现劳教执行和监管活动中存在执法不规范等可能导致执法不公和重大事故等苗头性、倾向性问题,应当报经本院检察长批准,向有关单位提出检察建议。监所检察部门应当和劳动教养管理委员会、劳动教养管理所(院)、公安机关等部门建立联系制度,互通情况,交换意见,及时研究和解决存在的问题。

三、检察机关预防职务犯罪法律监督

(一)检察机关预防职务犯罪的任务、原则、重点和措施

预防职务犯罪是检察机关的职责。中国共产党第十五届五中全会要求,反腐要坚持标本兼治,努力从源头上遏制腐败现象滋生蔓延。我国检察机关在不断加大查办职务犯罪案件力度的同时,大力开展预防职务犯罪工作。最高人民检察院于2000年12月13日《关于进一步加强预防职务犯罪工作的决定》中,对检察机关预防职务犯罪的任务、原则、重点、措施、制度和领导都作了明确规定。

1. 检察机关预防职务犯罪的目标和任务

检察机关预防职务犯罪的目标和任务是:适应21世纪依法治国和党风

廉政建设的要求,围绕经济建设中心,结合检察职能,按照"教育是基础,法制是保证,监督是关键"的精神,积极探索建立在党的领导下与有关部门配合,专门预防和系统预防、检察机关预防同社会预防相结合的预防职务犯罪工作机制,有效遏制和减少职务犯罪。

2. 预防职务犯罪工作的原则

预防职务犯罪工作的原则包括:(1)坚持党中央关于反腐败要标本兼治的方针。对贪污贿赂、渎职等职务犯罪实行综合治理,惩治于既然,防患于未然,促进惩治和预防职务犯罪工作的深入发展。(2)坚持党的领导,依靠社会力量和群众参与。主动把预防职务犯罪工作置于党委的领导下,纳入党和国家反腐败斗争和综合治理总体格局中,在党委领导、人大监督和政府支持下,依靠有关部门和全社会的支持、配合和参与,积极开展预防职务犯罪工作。(3)坚持服务党和国家工作大局。(4)坚持立足检察职能。紧密结合查办职务犯罪案件和各项检察职能开展预防职务犯罪工作,把预防职务犯罪工作贯穿于检察工作全过程,落实到检察业务工作的各个环节。(5)坚持实事求是。注意结合本地情况和检察工作实际,自觉贴近社会生活、经济活动和国家机关的公务活动,及时发现和分析倾向性问题,加大治本力度,努力从体制、机制、制度和管理监督方面提出预防对策,积极协助有关部门、单位建立健全内部防范机制。

3. 预防职务犯罪工作的重点

当前和今后一个时期,检察机关预防职务犯罪的重点是:国家推进经济结构战略性调整和体制创新、加入世界贸易组织扩大对外开放、西部大开发等重大战略部署和决策实施过程中发生的职务犯罪;行政执法和司法人员的职务犯罪;金融证券、国有大中型企业、重大建设项目等关系国计民生的重要领域内的职务犯罪;同走私、骗汇、制假售假、偷税骗税、经济诈骗等经济违法犯罪分子相勾结,严重破坏经济秩序的职务犯罪;群体性和智能化的职务犯罪,以及对社会公众利益可能造成严重危害的职务犯罪。

4. 加强预防职务犯罪工作的措施

检察机关预防职务犯罪的具体措施有:

(1)积极推动建立各有关单位、部门参加,检察机关充分发挥职能作用的预防职务犯罪组织,形成预防职务犯罪的网络。加强与纪检监察、政法部门、行政执法机关、行业主管部门的联系,建立联席会议等制度,及时交流信息,加强工作沟通和协调。广泛联系法律界、教育界、经济界、理论界、科技界等社会各界，充分运用社会资源共同开展预防职务犯罪工作。

（2）加强对社会主义市场经济条件下职务犯罪发生原因、特点和规律的专题调研。综合运用量化研究和实证分析等科学的调查研究方法，准确揭示产生职务犯罪的深层次原因和条件，提高对职务犯罪发展变化的规律性认识和及时发现、防治职务犯罪的预警能力。

（3）加强预防职务犯罪对策研究。根据有关系统、领域、部门和单位对预防工作的实际需求，注意运用和吸收企业管理、行政事务管理等方面的科学理论和现代化模式、手段，深入进行宏观对策和前瞻性研究，积极提出建立健全工作机制和管理监督制度等防范和遏制职务犯罪的对策和建议，配合有关系统、部门和单位科学规划预防方案，制定预防措施，推广预防经验。

（4）加强预防职务犯罪信息系统建设，建立预防工作信息库。研制开发职务犯罪案件统计分析、发案规律及发展变化趋势预测等方面的信息系统，广泛收集和利用同预防、揭露职务犯罪有关的信息资料，对典型案例和特定事项实行分类建档管理。

（5）加强检察建议工作，不断提高检察建议质量。进一步规范检察建议，增强针对性、实效性和权威性，结合办案，积极提出有内容、有分析、有措施的检察建议，并加强对相关单位的适时回访和落实情况的了解。对检察建议没有及时落实的，应当向其上级主管部门通报情况。预防职务犯罪检察建议，由职务犯罪预防部门负责归口管理，有关办案部门具体承办，检察长审核签发。

（6）加强预防职务犯罪宣传、教育和咨询。充分重视舆论监督的作用，广泛利用各种新闻媒体，特别是广播影视、互联网等现代传媒以及通过召开新闻发布会、举办讲座、以案释法、警示教育等多种有效形式，揭露职务犯罪的危害性，宣传查办和预防职务犯罪工作的成果，对典型案件进行剖析，促进国家工作人员树立良好的职业道德，严格自律，提高"免疫力"。根据有关方面的要求，积极开展预防措施咨询，促进社会公众积极参与预防职务犯罪。

（7）加强预防职务犯罪的法律政策研究。积极开展预防职务犯罪立法的调研和重大政策的论证，通过分析可能产生职务犯罪的薄弱环节和漏洞，提出完善立法和落实配套措施的建议，积极推动制定预防职务犯罪法律、法规，推进预防职务犯罪的法制化建设。

(8) 加强预防职务犯罪的专业化建设。充分发挥检察机关预防职务犯罪机构和各业务部门的职能作用，推进检察机关预防职务犯罪工作的专业化发展，逐步形成业务内容完整、工作措施有效、运作程序顺畅、专业水平较高的专门预防职务犯罪工作优势。

(9) 加强对预防职务犯罪工作的探索创新。在坚持以往行之有效做法的基础上，注意及时总结新经验，正确引导，不断充实、完善预防职务犯罪工作的内容、形式和方法，努力提高工作水平。

(10) 加强预防职务犯罪的理论研究。把预防职务犯罪的理论研究纳入检察理论研究规划，深入、系统探讨职务犯罪预防基本理论问题，多出高质量的职务犯罪预防研究成果，逐步建立和完善检察机关预防职务犯罪理论体系。

(11) 加强预防职务犯罪的国际交流和合作，科学借鉴有益经验。加强与有关国际组织、国外相关机构的交流，积极推动合作，广泛宣传我国预防职务犯罪工作成绩。结合国情，科学借鉴世界各国预防职务犯罪方面的有益经验。

(二) 国家工作人员的违法犯罪行为属于检察机关法律监督的范围

我国检察机关是国家法律实施的专门监督机关，从广义上讲，我国检察机关对国家工作人员的违法犯罪行为都可以实行法律监督，但根据违法犯罪行为的性质和社会危害程度不同，监督的方式方法有所不同，对国家工作人员的一般违法行为，只能用口头的或者书面的形式提出纠正意见或者检察建议，监督国家工作人员纠正一般违法行为。对国家工作人员的严重违法行为，构成犯罪的，检察机关依法追究犯罪人的刑事责任，如果国家工作人员没有利用职务实施犯罪行为，检察机关是通过批准逮捕、提起公诉、监督刑罚执行的方式实行法律监督；如果国家工作人员利用职务实施犯罪行为。

根据我国刑事诉讼法第18条的规定，检察机关以直接立案侦查、决定逮捕、起诉、监督刑罚执行的方法实行法律监督。根据我国现行刑事法律和司法解释规定，检察机关以直接立案侦查方法对国家机关工作人员犯罪行为实行法律监督的范围是：

1. 贪污贿赂犯罪行为

根据我国刑法分则第八章的规定，国家工作人员贪污贿赂犯罪行为，共有13种：贪污行为；挪用公款行为；受贿行为；单位受贿行为；利用影响力受贿行为；行贿行为；对单位行贿行为；介绍贿赂行为；单位行贿行为；

隐瞒境外存款行为；巨额财产来源不明行为；私分国有财产行为；私分罚没财物行为。

2. 渎职犯罪行为

根据刑法分则第九章的规定，国家机关工作人员渎职犯罪行为，共有37种，包括滥用职权行为；玩忽职守行为；徇私枉法行为；泄露国家秘密行为等。

3. 侵犯公民人身权利民主权利行为

根据刑法分则第四章的规定，国家机关工作人员利用职务实施的侵犯公民人身权利犯罪行为，共有7种：（1）非法拘禁行为；（2）非法搜查行为；（3）刑讯逼供行为；（4）暴力取证行为；（5）虐待被监管人行为；（6）报复陷害行为；（7）破坏选举行为。

另外，根据我国刑事诉讼法第18条的规定，对于国家机关工作人员利用职权实施的其他重大的犯罪行为，需要由人民检察院直接受理的时候，经省级以上人民检察院决定，可以由人民检察院立案侦查管辖。

（三）检察机关办案的内部制约机制

为了保证检察机关依法行使职权，严格、公正执法，文明办案，防止和纠正违法违纪行为，检察机关不断探索并逐步形成了一整套行之有效的内部制约机制。1999年，最高人民检察院制定的《检察工作五年发展规划》特别就建立严密的自我防错纠错的内部监督制约机制作了规定。在该《规划》的指导下，近年来检察机关以完善人民检察院侦查工作内部制约机制为重点，逐步建立起多层次、多环节的内部制约体系。这一体系主要由五方面机制构成：一是深化对侦查工作的制约；二是健全控告申诉和监所检察工作对侦查、审查逮捕、审查起诉工作的制约；三是建立审查逮捕和审查起诉之间的互相制约机制；四是加强各级检察机关纪检监察部门对业务工作的监督；五是健全大案要案备案审查制度，严格上级检察院对下级检察院的监督。

在加强人民检察院侦查工作的内部制约这一核心方面，围绕最高人民检察院1998年发布的《关于完善人民检察院侦查工作内部制约机制的若干规定》，各级检察机关内部形成了环环相扣的办案制约机制。

首先，分解人民检察院侦查职权，规定人民检察院对贪污贿赂、渎职等职务犯罪的查处工作在不同阶段由不同内设机构承办，分工负责、互相配合、互相制约。

其次，侦查权与审查决定权分离。凡侦查工作中需要对犯罪嫌疑人作出程序性处理决定的，都要由侦查部门以外的其他部门进行审查。具体有：

1. 举报中心统一受理、管理人民检察院直接受理侦查的犯罪案件线索。举报中心审查后，将属于本院管辖的线索提交举报线索审查协调小组研究，审查协调小组根据线索的性质决定移送不同的侦查部门进行立案前的审查，并报检察长或检察委员会作出是否立案的决定。侦查部门应当在一个月内将是否立案的情况回复举报中心，逾期未回复的，举报中心催办。防止侦查部门擅自办案和压案不办。

2. 审查逮捕部门承担对人民检察院直接受理侦查的犯罪案件的犯罪嫌疑人是否决定逮捕的审查工作。需要逮捕犯罪嫌疑人的，侦查部门填写逮捕犯罪嫌疑人意见书，连同案卷材料一并移送本院审查逮捕部门。审查逮捕部门提出是否决定逮捕的意见，报检察长或检察委员会决定。以防止对犯罪嫌疑人采取强制措施的随意性。

3. 审查起诉部门承担对人民检察院直接受理侦查的犯罪案件是否提起公诉、不起诉的审查工作。侦查部门侦查终结写出侦查终结报告，并根据案件情况制作起诉意见书或者不起诉意见书，连同案卷材料移送本院审查起诉部门。审查起诉部门审查后提出起诉或者不起诉的意见，报请检察长或者检察委员会决定。需要补充侦查的，移送侦查部门补充侦查。防止侦查人员在侦查过程中形成的思维定式，保证客观、公正地对案件作出处理。

4. 申诉检察部门承担有关单位或个人不服人民检察院的不立案、撤案决定的复议、复查工作。控告检察部门可以调阅侦查部门有关案卷材料进行审查，认为不立案或者撤销案件决定确有错误的，写出复议或者复查意见，报请检察长或者检察委员会决定是否改变不立案或者撤销案件的决定。防止侦查部门办人情案、金钱案，徇私枉法。

5. 财物部门统一管理侦查部门办案中扣押的款物。侦查部门通过侦查扣押、查获的物品、物证，统一由财务部门实行账目与款物分人管理，健全出入库和收付手续。防止侵占、挪用、私分、私存、调换、外借或擅自处理扣押款物。

再次，健全集体决策机制。各种侦查、强制措施的适用，应当由承办人提出意见，部门负责人审核，主管检察长批准或者决定。侦查中的疑难问题和重要事项，应由侦查部门集体研究，报经检察长或者检察委员会讨论决定，必要时逐级向上级人民检察院请示。严格执行贪污贿赂、渎职侵权犯罪案件要案线索、决定逮捕、决定不起诉备案制度，上级人民检察院对下级人民检察院侦查工作中的决定发现确有错误的,有权予以撤销或者变更,发现下级人民检察院已办结的案件确有错误的,有权指令下级人民检察院纠正。

最后,纪检、监察部门承担侦查部门违法违纪案件的查处工作。

为了加强检察机关内部预防职务犯罪工作,2002年4月最高人民检察院出台了《关于检察机关有关内设机构预防职务犯罪工作职责分工的规定》确定有关内设机构预防职务犯罪工作职责分工。

1. 反贪污贿赂部门、渎职侵权检察部门结合查办的职务犯罪案件,针对发案单位在管理和制度等方面存在的问题,提出预防职务犯罪的检察建议;在侦查活动中对犯罪嫌疑人、证人、知情人、犯罪嫌疑人家属等进行法制教育;结合查办案件,以案释法,进行警示教育和法制教育;定期分析查办职务犯罪案件的情况,研究职务犯罪的发案规律和特点,对预防职务犯罪问题提出对策意见。

2. 公诉部门结合对法院审判活动是否合法实行监督,针对审判活动中存在的问题,提出预防职务犯罪的检察建议;在审查起诉活动中对犯罪嫌疑人进行法制教育;结合出庭支持公诉,剖析被告人犯罪的原因,揭露职务犯罪造成的社会危害,开展法制宣传和警示教育;定期分析起诉、不起诉、抗诉以及判决无罪等案件情况和存在的问题,对预防职务犯罪问题提出对策意见。

3. 侦查监督部门结合对侦查机关的侦查活动是否合法实行监督,针对侦查活动中存在的问题,提出预防职务犯罪的检察建议;结合对侦查机关的立案监督,针对应当立案而不立案,或者不应当立案而立案的情况,发现可能产生职务犯罪的问题,提出预防职务犯罪的检察建议;在审查逮捕环节注意发现可能产生职务犯罪的漏洞和问题,及时提出纠正意见;定期分析立案监督和侦查监督中发现的情况和问题,对预防职务犯罪问题提出对策意见。

4. 监所检察部门结合对监狱、看守所和劳教所等监管机关的执法活动实行监督,针对刑罚执行和监管活动中存在的问题,提出预防职务犯罪的检察建议;结合查办徇私舞弊减刑、假释、暂予监外执行等职务犯罪案件,认真分析发案单位在管理和制度等方面存在的问题,提出预防职务犯罪的检察建议;配合监狱、劳教所对正在服刑的罪犯和劳教人员,特别是职务犯罪罪犯进行认罪服法教育,提高改造质量;与监狱管理部门加强协调配合,组织在押职务犯罪罪犯现身说法,开展警示教育。

5. 控告(举报)检察部门、刑事申诉检察部门负责开展举报宣传,鼓励具名如实举报、控告职务犯罪，发动人民群众积极同职务犯罪作斗争；对职务犯罪举报线索进行系统分析，掌握职务犯罪的发生和变化规律，对预防职务犯罪问题提出对策意见；在接待工作中，向控告人、举报人、申诉人提供法律咨询，解答他们提出的法律问题；结合办理刑事申诉案件、国家赔偿案件，认真分析发生错案的原因，提出预防职务犯罪的检察建议。

6. 民事行政检察部门结合对民事审判、行政诉讼活动是否合法实行监督，针对民事、行政审判活动中存在的问题，提出预防职务犯罪的检察建议；结合办理抗诉案件，分析有关单位在管理和制度中存在的问题，提出预防职务犯罪的检察建议；定期分析民事、行政审判开展情况，发现民事行政枉法裁判等职务犯罪问题，对预防职务犯罪问题提出对策意见。

7. 职务犯罪预防部门统一组织、协调检察机关预防职务犯罪工作；负责检察机关预防职务犯罪工作规划和工作总结；对检察机关的预防职务犯罪工作进行宏观指导，总结和推广预防工作经验；统一掌握检察机关开展预防工作情况，负责预防统计，评估和考核预防效果；进行系统、宏观预防对策研究；归口管理预防职务犯罪的检察建议；系统开展预防职务犯罪宣传、教育和咨询；统一组织开展预防理论研究；

统一负责与预防社会网络组织的联系；负责预防职务犯罪信息的收集、研究和利用；负责预防综合技术的推广利用。

四、检察机关刑事申诉法律监督

(一) 检察机关在国家赔偿工作中的职责

国家赔偿，是指国家机关和国家机关工作人员在行使职权过程中造成损害而进行的赔偿。检察机关在国家赔偿工作中的职责有两方面内容：一是办理检察机关作为赔偿义务机关的刑事赔偿案件；二是对人民法院赔偿委员会决定和行政赔偿诉讼依法履行法律监督职责。

国家赔偿法第21条规定：

1. 行使侦查、检察、审判职权的机关以及看守所、监狱管理机关及其工作人员在行使职权时侵犯公民、法人和其他组织的合法权益造成损害的，该机关为赔偿义务机关。

2. 对公民采取拘留措施，依照本法的规定应当给予国家赔偿的，作出拘留决定的机关为赔偿义务机关。

3. 对公民采取逮捕措施后决定撤销案件、不起诉或者判决宣告无罪的，作出逮捕决定的机关为赔偿义务机关。

4. 再审改判无罪的，作出原生效判决的人民法院为赔偿义务机关。二审改判无罪，以及二审发回重审后作无罪处理的，作出一审有罪判决的人民法院为赔偿义务机关。

根据上述规定，检察机关是刑事错案的赔偿机关之一。根据《关于办理人民法院、人民检察院共同赔偿案件若干问题的解释》规定，检察机关批准逮捕并提起公诉，一审人民法院判决有罪，二审人民法院改判无罪依法应当赔偿的案件，一审人民法院和批准逮捕的人民检察院为共同赔偿义务机关。批准逮捕与提起公诉的，如不是同一人民检察院，共同赔偿义务机关为提起公诉的人民检察院。赔偿请求人因在起诉、审判阶段被错误羁押而申请赔偿的，可以向共同赔偿义务机关中的任何一个机关提出申请，先收到申请的机关为赔偿案件的办理机关。

《检察机关执法工作基本规范》第3·103条规定，赔偿请求人或者赔偿义务机关不服人民法院赔偿委员会作出的刑事赔偿决定或者民事、行政诉讼赔偿决定，以及人民法院行政赔偿判决、裁定，向人民检察院申诉的，人民检察院应当受理。最高人民检察院发现各级人民法院赔偿委员会作出的决定，上级人民检察院发现下级人民法院赔偿委员会作出的决定，具有下列情形之一的，应当自本院受理之日起30日以内立案：（1）有新的证据，可能足以推翻原决定的；（2）原决定认定事实的主要证据可能不足的；（3）原决定适用法律可能错误的；（4）违反程序规定、可能影响案件正确处理的；（5）有证据证明审判人员在审理该案时有贪污受贿、徇私舞弊、枉法处理行为的。人民检察院立案后，应当在5日以内将《赔偿监督立案通知书》送达赔偿请求人和赔偿义务机关。对立案审查的案件，应当全面审查申诉材料和全部案卷。对审查终结的赔偿监督案件，应当制作赔偿监督案件审查终结报告，载明案件来源、原案处理情况、申诉理由、审查认定的事实，提出处理意见。经部门集体讨论、负责人审核，报分管检察长决定。重大、复杂案件，由检察长提交检察委员会讨论决定。

（二）检察机关办理刑事赔偿的程序

人民检察院刑事赔偿是通过受理公民、法人及其他组织提出的刑事赔偿请求，审查办理刑事赔偿案件，保障受害人按照国家赔偿法的规定获得赔偿。人民检察院刑事赔偿的程序是：

1. 受理赔偿请求

赔偿请求人提出赔偿申请的，人民检察院应当受理。属于本人民检察院赔偿义务机关的，直接受理；对不符合本院受理条件的，应告知受理条件和受理机关。

2. 刑事赔偿立案

人民检察院指定专人审查申请赔偿材料，符合下列条件的刑事赔偿申请，应当立案：（1）请求赔偿的违法侵权情形已经依法确认，具体包括请求人身自由权赔偿的，已决定撤销案件、不起诉或者判决宣告无罪终止追究刑事责任；请求生命健康权赔偿有伤情、死亡证明；请求财产权赔偿原则上应以刑事诉讼程序终结为前提，但对于已经查明该财产确与案件无关的，可以在刑事诉讼程序终结前立案，进入赔偿程序。（2）检察机关为赔偿义务机关。（3）本院负有赔偿义务。（4）赔偿请求人具备国家赔偿法第6条规定的条件。（5）符合国家赔偿法第39条规定的请求赔偿时效。（6）请求赔偿的材料齐备。对符合上述立案条件的赔偿申请，负有赔偿义务的人民检察院应当在收到赔偿申请之日起5日内立案，制作《人民检察院刑事赔偿立案通知书》送达赔偿请求人。对不符合立案条件的赔偿申请，应分别不同情况予以处理，在5日内填写《人民检察院审查刑事赔偿申请通知书》，送达赔偿请求人。

3. 刑事赔偿案件审查决定程序

（1）全面审查。办理刑事赔偿案件时，要对申请赔偿的有关材料进行审查，还要对赔偿案件涉及的原案卷材料一并进行审查，在全面把握原案办理情况、侵权损害情况，以及赔偿请求事项和法律规定的基础上，作出赔偿决定。

（2）调查核实。办理刑事赔偿案件，必要时可以向原案件承办部门和承办人员调查核实有关情况、收集证据，原案件承办部门和承办人员应当协助、配合。

（3）违法认定。对请求生命健康权赔偿的案件，人民检察院对是否存在违法侵权行为尚未处理认定的，国家赔偿工作办公室应当在立案后3日内将相关材料移送本院监察部门和渎职侵权检察部门，监察部门和渎职侵权检察部门应当在30日内提出处理认定意见，移送国家赔偿工作办公室。违法认定和办理刑事赔偿案件的合计时间不得超过法定赔偿办案期限。

（4）听取意见。人民检察院作出赔偿决定，应当充分听取赔偿请求人的意见，并制作笔录。赔偿请求人确有困难不能到赔偿义务机关陈述意见的，赔偿案件承办人可以到赔偿请求人所在地核实情况，听取意见。

（5）协商。对存在国家赔偿法规定的侵权损害事实，依法应当予以赔偿的，人民检察院可以与赔偿请求人就赔偿方式、赔偿项目和赔偿数额，依照国家赔偿法有关规定进行协商，并制作笔录。

（6）作出决定。承办人制作赔偿案件审查终结报告，提交部门集体讨论后，报部门负责人审核、检察长决定。对于重大、复杂的案件，由检察长提交检察委员会审议决定。根据检察长或者检察委员会决定，分别不同情形作出赔偿或者不予赔偿的决定。

（7）送达。刑事赔偿决定书自作出之日起10日内送达赔偿请求人。送达时，应当说明法律依据和事实证据情况，并告知赔偿请求人如对赔偿决定有异议，可以自收到决定书之日起30日内向上一级人民检察院申请复议；如对赔偿决定没有异议，要求依照刑事赔偿决定书支付赔偿金的，应当提出支付赔偿金申请。

4. 刑事赔偿案件的复议程序

赔偿请求人对赔偿义务机关逾期不予赔偿、决定不予刑事赔偿或者对赔偿的方式、项目、数额有异议的，可以自收到赔偿决定之日起30日内向上一级人民检察院申请复议。复议机关收到复议申请后，应及时全面地进行审查，分别不同情况予以处理：（1）对符合法定条件的复议申请，复议机关应予受理；（2）对超过法定期间提出的，复议机关不予受理；（3）对申请复议的材料不齐备的，告知赔偿请求人补充有关材料。复议刑事赔偿案件可调取有关的案卷材料。对事实不清的，可以要求原承办案件的人民检察院补充调查，也可以自行调查。对审查终结的复议案件，应制作刑事赔偿复议案件的审查报告，提出具体处理意见，经部门负责人审核，报检察长或者检察委员会决定。

复议刑事赔偿案件，应分别下列不同情况作出决定：（1）原决定事实清楚，适用法律正确，赔偿方式、数额适当的，予以维持；（2）原决定认定事实或适用法律错误的，予以纠正，赔偿方式、数额不当的，予以变更；（3）赔偿义务机关逾期未作出决定的，依法作出决定。复议机关应当自收到复议申请之日起两个月内作出复议决定。复议决定作出后，应当制作《刑事赔偿复议决定书》，自决定之日起10日以内直接送达赔偿义务机关和赔偿请求人。

(三) 当事人不服人民法院民事判决可向人民检察院申诉

1. 当事人可以向人民检察院控告申诉部门提出申诉

当事人不服人民法院已生效的民事判决、裁定，根据我国民事诉讼法和《人民检察院民事行政抗诉案件办案规则》的规定，自人民法院民事判决、裁定生效之日起2年以内，可以向作出生效裁判的人民法院的同级人民检察院提出申诉，也可以向作出生效裁判的法院的上一级人民检察院提出申诉，还可以向最高人民检察院提出申诉。人民检察院告诉申诉检察部门负责受理民事申诉案件。

2. 当事人申诉时应提交的材料

《人民检察院民事行政抗诉案件办案规则》第8条规定，当事人向人民检察院提出申诉的，应当提交申诉书、人民法院生效的裁判文书，以及证明其申诉主张的证据材料。申诉人委托代理人申诉的应当提供授权委托书及代理人的身份证明，对于法律规定无行为能力或限制行为能力的人进行申诉的，应当告知其由法定代理人代为申诉，并应当提供法定代理人身份的证明文件复印件。申诉人为外国人、无国籍人，我国港、澳、台人士的，应当提供有效的身份证明及其复印件。对于委托律师代为诉讼的必须委托中华人民共和国律师，并应当提供有效的授权委托书及律师身份证明文件。外国企业或组织提出申诉的，应当提供该企业或组织的有效证明文件、法人身份证明及其复印件。在中国境内没有住所地的外国人、无国籍人、外国企业和组织委托中国律师或他人代理申诉的，从中国境外寄交或者托交的授权委托书，应当经所在国公证机关公证并且经中国驻该国使、领馆认证或者中国与该所在国订立的有关条约中规定的证明手续。申诉材料为外文的，申诉人必须提供中文译本。

3. 检察机关的处理

根据《人民检察院民事行政抗诉案件办案规则》第9条的规定，对民事申诉案件，人民检察院控告检察部门应当自受理之日起7日内分别情况作出处理：（1）不服同级或者下一级人民法院生效民事判决、裁定的，移送本院民事行政检察部门审查处理；（2）下级人民检察院有抗诉权的，转下级人民检察院审查处理；（3）依法属于人民法院或者其他机关主管范围的，移送人民法院或者其他机关处理。人民检察处理申诉案件的程序是：

（1）立案。有抗诉权或者有提请抗诉权的人民检察院，对有下列情形之一的，应当自受理之日起30日内立案：第一，原判决、裁定认定事实的主要证据可能不足的;第二,原判决、裁定适用法律可能错误的;第三,原审人民法院违反法定程序,可能影响案件正确判决、裁定的;第四,有证据证明审判人员在审理案件时有贪污受贿、徇私舞弊或者枉法裁判行为的。人民检察院决定立案的民事案件,应当通知申诉人和其他当事人。其他当事人可以在收到《立案通知书》之日起 15 日内提出书面意见。人民检察院决定不立案的案件,应当通知申诉人。人民检察院应当在立案以后调(借)阅人民法院审判案卷,并在调(借)阅审判案卷后 3 个月内审查终结。

(2)审查。人民检察院立案以后,应当及时指定检察人员对人民法院的民事审判活动进行审查。对于审查终结的案件,人民检察院应当分别情况作出如下决定:第一,原判决、裁定符合法律规定的抗诉条件的,向人民法院提出抗诉;第二,原判决、裁定不符合法律规定的抗诉条件的,作出不抗诉决定;第三,符合提出检察建议条件,且确有必要的,向人民法院或者有关单位提出检察建议。

(3)提请抗诉。地方各级人民检察院对同级人民法院已经发生法律效力的判决、裁定,经审查认为符合抗诉条件的,应当提请上一级人民检察院抗诉。人民检察院提请抗诉,应当制作《提请抗诉报告书》,并将审判卷宗、检察卷宗报上级人民检察院。

(4)抗诉。最高人民检察院对各级人民法院的生效民事判决、裁定,上级人民检察院对下级人民法院的生效民事或行政判决、裁定,有权提出抗诉。

(5)出庭。人民法院开庭审理抗诉案件,人民检察院应当派员出席再审法庭。受理抗诉的人民法院指令下级人民法院再审的,提出抗诉的人民检察院可以指令再审人民法院的同级人民检察院派员出席再审法庭。

(6)检察建议。有下列情形之一的,人民检察院可以向人民法院提出检察建议:第一,原判决、裁定符合抗诉条件,人民检察院与人民法院协商一致,人民法院同意再审的;第二,原裁定确有错误,但依法不能启动再审程序予以救济的;第三,人民法院对抗诉案件再审的庭审活动违反法律规定的;第四,应当向人民法院提出检察建议的其他情形。

(四)当事人不服人民法院行政判决可以向人民检察院申诉

1. 当事人可以向人民检察院控告申诉部门提出申诉

根据我国行政诉讼法和《人民检察院民事行政抗诉案件办案规则》的规定,当事人不服人民法院已生效的行政诉讼判决、裁定,自人民法院行政判决、裁定生效之日起 2 年以内，可以向作出生效裁判的人民法院的同级人民检察院提出控诉，也可以向作出生效裁判的法院的上一级人民检察院提出申诉，还可以向最高人民检察院提出申诉。各级人民检察院控诉申诉检察部门负责受理行政申诉案件。

2. 当事人申诉应提交的材料

根据《人民检察院民事行政抗诉案件办案规则》第 8 条的规定，当事人向人民检察院提出申诉的，应当提交申诉书、人民法院生效的裁判文书、以及证明其申诉主张的证据材料。申诉人委托代理人申诉的应当提供授权委托书及代理人的身份证明，对于法律规定无行为能力或限制行为能力的人进行申诉的，应当告知其由法定代理人代为申诉，并应当提供法定代理人身份的证明文件复印件。申诉人为外国人、无国籍人，我国港、澳、台人士的，应当提供有效的身份证明及其复印件。对于委托律师代为诉讼的必须委托中华人民共和国律师，并应当提供有效的授权委托书及律师身份证明文件。外国企业或组织提出申诉的，应当提供该企业或组织的有效证明文件、法人身份证明及其复印件。在中国境内没有住所地的外国人、无国籍人、外国企业和组织委托中国律师或他人代理申诉的，从中国境外寄交或者托交的授权委托书，应当经所在国公证机关公证并且经中国驻该国使、领馆认证或者中国与该所在国订立的有关条约中规定的证明手续。申诉材料为外文的，申诉人必须提供中文译本。

3. 检察机关的处理

根据《人民检察院民事行政抗诉案件办案规则》第 9 条的规定，对行政申诉案件，人民检察院控告检察部门应当自受理之日起 7 日内分别情况作出处理：（1）不服同级或者下一级人民法院生效民事判决、裁定的，移送本院行政检察部门审查处理；（2）下级人民检察院有抗诉权的，转下级人民检察院审查处理；（3）依法属于人民法院或者其他机关主管范围的，移送人民法院或者其他机关处理。人民检察院处理申诉案件的程序是：

（1）立案。有抗诉权或者有提请抗诉权的人民检察院，对有下列情形之一的，应当自受理之日起 30 日内立案：第一，原判决、裁定认定事实的主要证据可能不足的；第二，原判决、裁定适用法律可能错误的；第三，原审人民法院违反法定程序，可能影响案件正确判决、裁定的；第四，有证据证明审判人员在审理案件时有贪污受贿、徇私舞弊或者枉法裁判行为的。人民检察院决定立案的民事案件，应当通知申诉人和其他当事人。其他当事人可以在收到《立案通知书》之日起 15 日内提出书面意见。人民检察院决定不立案的案件，应当通知申诉人。

（2）审查。人民检察院立案以后，应当及时指定检察人员对人民法院的行政诉讼审判活动调卷审查，并在立案以后 3 个月内审查终结。对于审查终结的案件，人民检察院应当分别情况作出如下决定：第一，原判决、裁定符合法律规定的抗诉条件的，向人民法院提出抗诉；第二，原判决、裁定不符合法律规定的抗诉条件的，作出不抗诉决定；第三，符合提出检察建议条件，且确有必要的，向人民法院或者有关单位提出检察建议。

（3）提请抗诉。地方各级人民检察院对同级人民法院已经发生法律效力的判决、裁定，经审查认为符合抗诉条件的，应当提请上一级人民检察院抗诉。人民检察院提请抗诉，应当制作《提请抗诉报告书》，并将审判卷宗、检察卷宗报上级人民检察院。

（4）抗诉。最高人民检察院对各级人民法院的生效行政判决、裁定，上级人民检察院对下级人民法院的生效行政判决、裁定，有权提出抗诉。

（5）出庭。人民法院开庭审理抗诉案件，人民检察院应当派员出席再审法庭。受理抗诉的人民法院指令下级人民法院再审的，提出抗诉的人民检察院可以指令再审人民法院的同级人民检察院派员出席再审法庭。

（6）检察建议。对于符合提出检察建议的，人民检察院可以向人民法院或者其他单位提出检察建议。

（五）当事人向人民检察院申诉民事行政案件应注意的问题

当事人不服人民法院民事行政判决、裁定，自判决、裁定生效之日起 2 年以内，可以向作出生效裁判的人民法院的同级人民检察院提出申诉，也可以向作出生效裁判的法院的上一级检察院提出申诉，还可以向最高人民检察院提出申诉。人民检察院控告申诉检察部门负责受理民事行政申诉案件。

人民检察院只受理已生效的民事行政申诉案件，但不受理下列民事行政申诉案件：

1. 申诉人先行或同时向人民法院提出申诉的案件；
2. 申诉人对人民法院尚未生效的判决、裁定提出申诉的案件；
3. 申诉人对民事调解书不服向检察院提出申诉的案件；
4. 人民法院判决解除婚姻关系的案件，但涉及财产分割、子女抚养等问题的除外；
5. 不服人民法院作出的财产保全和先予执行裁定的申诉案件；

6. 不服人民法院裁定补正判决书中笔误的申诉案件；

7. 不服人民法院作出的中止或终结执行裁定的申诉案件；

8. 不服人民法院作出的不予执行仲裁裁定申诉的案件；

9. 不服诉讼费负担提出的申诉案件；

10. 人民检察院辖区内的基层人民检察院对二审或再审民事（经济）行政申诉案件依法已作出答复的申诉案件；

11. 不服人民法院对企业破产所作出的裁定提出的申诉案件；

12. 不服人民法院刑事附带民事判决提出的申诉案件；

13. 不服人民法院作出的其他判决、裁定，依法不能按照审判监督程序进行再审的申诉案件。

当事人向人民检察院提出申诉，应当提交申诉书、人民法院生效的裁判文书，以及证明其申诉主张的证据材料。申诉书应写明：（1）申诉人的基本情况；（2）由代理人代为申诉的还应列明代理人的基本情况；（3）法人申诉的应写明法人的名称、法定代表人的基本情况及相关证明文件（如营业执照副本，法人证明文件）；（4）被申诉人的基本情况；（5）申诉的请求事项；（6）申诉的事实和理由；（7）申诉人签名、盖章及申诉时间并注明通信地址、邮编及联系电话。应当提交的裁判文书包括人民法院已经生效的判决、裁定的复印件（经过一审、二审、再审的案件，应当提供一审、二审、再审的判决、裁定的全部复印件）。

当事人到检察院申诉应注意下面一些问题：

1. 当事人申诉可以向检察院申诉，也可向法院申诉，但不要同时向检察院和法院申诉。

2. 当事人在民事案件审判中应对自己的主张承担举证责任，民事案件的当事人向检察院申诉时亦应履行举证义务，检察机关只有在特殊情况下，才依法行使调查权，收集相关证据。

3. 检察院依法独立行使检察权，认为法院判决、裁定符合抗诉条件的向人民法院提出抗诉；认为法院判决、裁定正确的予以支持。对人民检察院的处理结果，当事人如有不同意见，可以向作出处理意见的检察院的上级检察院提出申诉，或直接向法院申诉。

根据《人民检察院民事行政抗诉案件办案规则》的规定，人民检察院自受理申诉之日起30日内通过对申诉人提供的材料进行初步审核来决定是否依法立案，并将决定结果通知申诉人。

第七讲　检察管理

本讲重点提示：

　　检察管理工作着力于把检察机关作为一个系统整体，整合检察机关的人、财、物等全备资源，合理组织检察业务活动，提升检察机关的业务能力和工作效率，增强检察队伍长足发展的内在动力，实现司法公正与司法效益的双重目标。

一、检察人员管理

　　检察人员管理，是指检察机关对检察人员的发现、培养、使用、提高和组织协调活动。检察人员管理的主体是各级人民检察院及其职能部门负责人员和工作人员。检察人员管理的目的是建设一支严格依法办案、秉公执法、掌握政策、廉洁奉公、联系群众、精通业务的检察人员队伍。检察人员管理的方法，主要有：

　　（一）制定检察人员规划、编制

　　各级人民检察院根据自己所担负的任务和实际工作的需要制定长期和短期用人规划，报上级批准；编制各类人员的比例和数量的合理编制，使检察机关的机构设置和各业务部门的人员配备达到最佳状态，以适应全面开展检察工作的需要。

　　（二）录用、调配检察人员

　　检察人员队伍需要不断接收新鲜力量，使检察队伍始终保持旺盛的整体活力。检察机关每年都要有计划地接收大学本科毕业生、硕士研究生、博士研究生，不断提高检察队伍的文化素质和业务素质，使检察人员年龄结构、知识结构逐步合理；根据工作需要，公开向社会上招考录用有一定社会经验和业务专长的愿为检察事业作贡献的检察人才；有计划、有目的地从基层检察院或者其他部门调配一些有一定实践经验、熟悉检察业务或者有特殊专长的人员充实检察人员队伍。

（三）检察人员任免

检察人员的任免是检察人员管理的核心，只有用人得当才能充分调动检察人员的积极性，充分发挥检察队伍的整体功能。检察人员任免应坚持革命化、知识化、专业化、年轻化，坚持全面识别干部，坚持任人唯贤，任人唯能，坚持知人善任等原则，把群众信任的检察人员选拔到领导岗位上，用其所长，避其所短。检察人员任免，必须依照法定程序进行，各级人民检察院检察长由同级人民代表大会选举和罢免，并报上级人民检察院检察长同意后报同级人大常委会批准；各级人民检察院副检察长、检察委员会委员和检察员由本院检察长报同级人大常委会任免；各级人民检察院助理检察员、书记员、司法警察，由本院检察长任免。

（四）检察人员的考核

检察人员的考核是检察人员管理的一项重要制度，是全面了解检察人员德才水平的重要途径，也是正确识别、选拔干部的重要依据。检察人员考核的内容是考核检察人员的德、能、勤、绩等方面的表现和成绩，特别是考核检察人员的工作业绩。对担任领导职务的检察人员还要着重考核其组织能力和管理能力。检察人员考核每年一次，考核的程序是：在个人年终工作总结的基础上，进行民主评议，由单位批准为：优秀、称职和不称职三个等次。对被评为优秀的检察人员给予奖励；对被评为不称职的检察人员进行培训教育，限期提高。连续两年考核不称职的，限期调离检察机关。

（五）检察人员奖惩

对检察人员实行奖惩制度是检察人员管理的重要措施。奖励先进，惩罚违法乱纪者是检察事业发展的重要动力。对检察人员的奖励有：授予"先进工作者"称号、记功（一、二、三等）、升级、升职、通令嘉奖、授予"英雄模范"称号。对检察人员的处分有：警告、记过、记大过、降级、降职、撤职、留用察看、开除等。

（六）政治思想教育

经常对检察人员进行党的路线、方针、政策和国家有关法律规定的学习教育，使检察官树立马列主义、毛泽东思想、邓小平理论和"三个代表"重要思想，树立公正执法，全心全意为检察事业作贡献的思想。

（七）检察职业道德教育

坚持不懈地进行职业道德教育，开展反腐倡廉教育，做到既惩罚犯罪又保护公民的合法权益不受侵犯。

（八）检察纪律作风教育

检察纪律是完成检察任务的保证。我国检察人员的职业纪律是：忠于职守、服从指挥、严守机密、严格依法办事、忠实于事实真相、忠实于国家法律、忠实于人民利益、秉公执法，不徇私情、不谋私利、不畏权势。检察人员一方面要敢于同一切以言代法、徇私枉法和以权压法的行为作斗争；另一方面要忠于职守、廉洁奉公，全心全意为人民服务，不徇私情、不谋私利、不被金钱物质所诱惑，自觉抵制各种腐败思想的侵蚀，做遵纪守法的楷模。

二、检察技术管理

检察技术管理，是指检察机关对刑事侦查技术的组织、指挥、协调和运用等活动。检察技术管理的主体是人民检察院及其负责机构和人员。目前，在我国各级人民检察院普遍建立了刑事侦查技术管理机构，最高人民检察院将检察技术局与检察技术研究所合并设立检察技术信息研究中心，地方检察院和专门人民检察院设立技术处、技术科等。这些机构负责检察技术管理工作。

刑事侦查技术包括多方面，到目前为止，检察机关已形成法医鉴定技术、物证技术、司法会计检验技术为主体的工作体系，开展法医检验、理化检验、文件检验、痕迹检验、司法会计、视听技术监听以及检察信息收集等专门技术工作。对这些检察技术进行组织、指挥、控制，协调和运用就是检察技术管理的主要内容。

（一）检察技术管理的内容

1. 制定检察技术发展规划

检察技术发展规划，是指检察机关对检察技术在一定的期限达到一定目标和水平。检察技术发展规划按时间可分为：长期规划、中期规划和短期规划；按内容范围可分为：综合规划和单项规划；按性质可分为：技术门类规划、科研项目规划、基础建设规划等。各级检察院都要根据本院侦查工作需要和实际条件的可能制定技术发展规划，有效地发挥科学管理指导、监督、协调、预测等职能，使检察技术工作有计划有步骤的发展，更好地为侦查刑事案件服务。近几年，为推进科技强检向纵深发展，最高人民检察院先后制定了《人民检察院2008—2010年科技装备发展规划纲要》、《2009—2013年人民检察院司法鉴定实验室建设规划》和《2009—2013年全国检察信息化发展规则纲要》3个重要文件。

2. 建设检察信息化综合体系

建设检察信息化综合体系是检察技术管理的一项重要内容。2009年8月，最高人民检察院制发的《2009—2013年全国检察信息化发展规划纲要》明确指出，进一步加强和完善检察信息化基础网络平台建设，提高网络系统支撑能力。加快网络安全保密建设，推进检察信息化应用，加强标准规范建设，注重应用系统整合，统一检察信息，资源规划，提高信息共享程度。

3. 合理使用人力、物力、财力，充分发挥技术资料效益

检察技术是多门类、多学科、多手段的专业性综合技术，必须有一支训练有素的专业技术人员队伍，必须有常规的和特种的车辆，有先进的通讯设备，有齐全的科技器材。因此，在资金、设备、技术手段、用房车辆等方面应当统筹安排、合理使用，做到人尽其才、物尽其用，才能充分发挥检察技术的最大效能。

（二）检察技术管理的方法

1. 依法管理

检察技术是刑事侦查的一部分，刑事侦查必须依照刑事诉讼法和有关刑事侦查法规规定进行。为了加强检察技术管理，最高人民检察院于1991年3月制定了《人民检察院技术人员鉴定管理暂行规定》、《人民检察院痕迹物证检验工作细则》、《人民检察院司法会计鉴定工作细则》、《人民检察院理化检验工作细则》等，这些都是检察技术管理的重要法律依据，应依据这些法律、法规的规定进行检察技术管理。

2. 系统性管理

人民检察院进行技术管理时应有系统观念和整体观念。最高人民检察院技术管理部门是决策层，主管全国检察机关的技术管理工作；省级和地市级检察院技术处是管理层，负责本地区的技术管理工作或者本地区的技术决策工作；县级检察院技术科是执行层，负责各项技术工作的落实，各级人民检察院技术管理部门是一个有机整体，不可分割。各级人民检察院技术管理部门又管理着各种侦查技术，如法医、物证、司法会计等，他们虽然从不同的方面、运用不同的技术获取证据，证明被害人有罪或者无罪，共同完成同一任务，达到同一目的，其与侦查部门形成一个整体，发挥整体效益。

3. 服务管理

检察技术工作是服务于检察刑事侦查工作的，检察技术工作服务质量好

坏，直接影响到办案质量高低，因此，检察技术管理就是一种服务管理，搞好检察技术管理，对提高侦查质量有重要意义。

三、检察教育管理

检察教育管理，是检察机关对检察人员教育工作所进行的计划、组织、指挥、协调等活动。检察工作的基础是检察教育，加强对检察人员的教育，提高检察人员的政治素质和业务素质是检察教育的根本。要搞好检察教育，就必须实行科学有效的检察教育管理工作。

检察教育管理机构是检察教育的组织保证，为了加强对检察人员教育工作管理的指导，全国各级人民检察院和专门人民检察院都设立了检察教育的职能机构和专门人员负责进行检察人员教育管理工作。最高人民检察院原设有检察干部教育局，现改为检察干部培训部，地方人民检察院和专门人民检察院设有检察干部教育处、教育科，专门负责检察人员的教育管理工作。

我国检察机关还建立了检察教育基地，形成了从上到下的教育网络，使教育内容、教学方法、教育质量大致统一。最高人民检察院曾设立中国高级检察官培训中心和中央检察官管理学院，现改为国家检察官学院和检察官国际交流中心。随着检察队伍的不断扩大，各省、自治区、直辖市也相继设立了检察干部学校或者检察培训中心，有条件的省、自治区、直辖市将检察干部学校或者检察培训中心改为省、自治区、直辖市检察官学院。省、自治区、直辖市的分院、自治州院、省辖市院也根据检察人员教育的需要开设检察人员培训班。这样就形成了以最高人民检察院的国家检察官学院为中心的全国三级教育网络体系，分级分层次对检察人员进行教育培训。

为了提高检察教育管理质量，检察教育管理应遵循以下原则：

（一）坚持政治素质、业务素质和检察职业道德一齐抓，把提高政治素质放在第一位的原则

我国检察机关是国家的法律监督机关，检察人员必须有很高的政治素质，在复杂的政治斗争中有高度的辨别是非能力，才能保护国家和人民的利益。另外，检察人员必须精通法律、熟悉业务，才能准确适用法律，惩罚犯罪，保护人民。因此，检察教育要坚持政治教育、业务教育、职业道德教育一齐抓，使检察官成为德才兼备的人员，并且把政治素质的提高作为首要任务来抓。

（二）坚持在抓好学历教育、专业证书教育的基础上，重点抓好检察干部职务培训教育的原则

我国很多检察人员由于历史的原因，没有受过系统的法律教育，在一个时期内重点进行了学历教育和专业证书教育，这是完全必要的，并取得了很大的成绩。现今检察官法要求，录用检察官必须是本科以上学历的人员，今后检察教育管理就必须把岗位培训教育作为重点，不断更新检察人员的政治和业务知识。

（三）采取多种形式办学，坚持以业余学习为主、自学为主的培训原则

检察教育的对象是在职检察人员，由于工作的需要，不可能有更多人脱离工作进行学习。因此，检察教育应贯彻多种形式办学的方针，坚持业余学习为主、自学为主的原则。在教学管理上应处理好工作与学习的关系，积极支持和鼓励自学，走自学成才的道路。

（四）坚持统筹兼顾、突出重点、合理安排的原则

检察机关需要不同层次的多方面人才，检察教育应根据不同人员不同层次进行培训教育。因此，检察教育管理必须从实际出发，统筹兼顾、突出重点、合理安排，使教育计划有较大的适应性，同时能突出重点，保证急需。

（五）坚持分类指导原则

检察人员门类多、层次多，检察教学方式应多样化，检察教育管理应从实际出发，实事求是，分别根据不同情况进行分类指导，防止脱离实际的"一刀切"或者盲目地追求某种培训指标的做法。

四、检察行政管理

（一）检察案件管理

检察案件管理，是指检察机关为了将执法全过程置于全程、统一、实时、动态的监督管理下，建立起统一受案、全程管理、动态监督、案后评查、综合考评的执法办案管理机制。检察案件管理有利于规范执法行为，进一步满足人民群众对检察工作的新要求新期待，有利于加强各部门之间的统筹协调，增强监督合力，有利于加强检察一体化，促进决策科学化。

检察案件管理的任务和业务范围。以案件管理写入《刑诉规则》和《检察机关执法工作基本规范（2013年版）》为标志，案件管理被正式确立为与职务犯罪侦查、侦查监督、公诉等传统检察业务相并列的一项检察机关的"日常性业务"。案件管理部门是专门负责案件管理的综合性业务部门，

与其他相关部门在案件管理工作中应当分工负责、互相配合。案件管理的主要任务是对检察机关办理的案件实行统一受理、流程监控、案后评查、统计分析、信息查询、综合考评等，对办案期限、办案程序、办案质量等进行管理、监督、预警，规范执法行为，提高办案质量和效率。案件管理的业务范围比较庞杂，包括如下内容：统一负责案件受理、流转；统一负责办案流程监控；统一负责涉案财物的监管；统一负责以本院名义制发的法律文书的监管；统一负责接待辩护人、诉讼代理人；统一负责组织办案质量评查和综合业务考评；统一负责业务统计、分析；对执法办案风险评估预警工作进行组织协调和督促检查；开展执法规范化建设；检察长或者检察委员会交办的其他工作。以下主要介绍案件流程管理、辩护人接待、案件质量评查和检察统计工作管理。

1. 检察案件流程管理

案件流程管理通过对相关流程的设计建模、流程监控、流程审计以及流程优化等系统化管理工作，持续提高案件管理水平，从而达到规范执法行为、提高办案质量和效率、强化自身监督等目标，主要包括以下内容：

（1）案件的受理、流转。包括统一受理案件、统一分流案件、统一办理内部流转、统一办结登记、统一负责案件对外移送的审核等工作。统一受理下列案件：侦查机关、本院侦查部门、下级人民检察院移送的审查逮捕、审查起诉、延长侦查羁押期限、申请强制医疗、申请没收违法所得、提出或者提请抗诉、报请指定管辖等案件。对人民检察院管辖的其他案件，需要由案件管理部门受理的，可以由案件管理部门受理。案件管理部门对所接收的案件主要进行程序性审查，审查案卷材料是否齐备、犯罪嫌疑人是否在案、涉案款物是否移交等内容，即"卷到手、人到案、财到账"。案件管理部门采取自动轮案与手动变更相结合的方式，进行案件的分流。办案部门办理的案件，办结后需要通过案管部门向其他单位移送案卷材料的，由案件管理部门审核换押手续是否齐全（针对嫌疑人被羁押的）、移送期限是否合法、移送材料、法律文书是否规范齐备、涉案款物是否已经做出处理意见并提交流程监控员或赃证款物管理员。

（2）办案流程的监控。管理部门负责对本院各业务部门所办理案件从立案到结案的程序流转进行动态监控，对办案程序和办案期限进行跟踪、预警和监控，及时发现和督促纠正违法办案情形，确保各项办案工作依法进行。根据《刑诉规则》第669条第1款的规定："人民检察院案件管理部门发现本院办案部门或者办案人员有下列情形之一的，应当及时提出纠正意见：（一）查封、扣押、冻结、保管、处理涉案财物不符合有关法律和规定的；（二）法律文书使用不当或者有明显错漏的；（三）超过法定的办案期限仍未办结案件的；（四）侵害当事人、辩护人、诉讼代理人的诉讼权利的；（五）未依法对立案、侦查、审查逮捕、公诉、审判等诉讼活动以及执行活动中的违法行为履行法律监督职责的；（六）其他违法办理案件的情形。"流程监控的方式分为三种：口头提示、书面通知、移交纪检监察部门。对于情节轻微的，可以向办案部门或者办案人员进行口头提示；对于情节较重的，应当向办案部门发送案件流程监控通知书，提示办案部门及时查明情况并予以纠正；情节严重的，应当向办案部门发送案件流程监控通知书，并向检察长报告。办案部门收到案件流程监控通知书后，应当在10日以内将核查情况书面回复案件管理部门。

(3) 涉案财物的监管。查封、扣押、冻结、保管、处理涉案财物，涉及证据的收集、固定，也关系到对公民合法权益的保护。流程管理部门统一对侦查机关随案移送涉案财物和本院自侦部门扣押、冻结的涉案财物进行监管。公安机关等侦查机关移送审查起诉时随案移送涉案财物及其孳息的，人民检察院案件管理部门应当在受理案件时进行审查，并及时办理入库保管手续。人民检察院办案部门查封、扣押、冻结涉案财物及其孳息后，应当立即将扣押的款项存入专门账户，将扣押的物品送案件管理部门办理入库保管手续，并将查封、扣押、冻结涉案财物的清单送案件管理部门登记，至迟不得超过3日。案件管理部门负责对扣押的涉案财物进行保管，并对查封、扣押、冻结、处理涉案财物工作进行监督管理，对违反规定的行为提出纠正意见；对构成违法或者严重违纪的行为，移送纪检监察部门处理。人民检察院办案部门需要调用、移送、处理查封、扣押、冻结的涉案财物的，应当按照规定办理审批手续。案件管理部门对于审批手续齐全的，应当办理出库手续。

(4) 法律文书的监管。管理部门统一负责以本院名义制发的案件文书的监管，包括立案、结案文书，采取、变更强制措施的文书，搜查和扣押、冻结款物的文书，指定管辖文书等的监管。

2. 辩护人接待

《刑诉规则》对辩护的内容作了重要修改，将原来分散规定在侦查、审查起诉两章的内容调整为独立的一章，同时明确规定案件管理部门负责对辩护人、代理人的接待工作，主要内容如下所述：

（1）及时登记辩护人、诉讼代理人的信息并通知办案部门。刑事诉讼法规定，辩护人接受犯罪嫌疑人、被告人的委托后，应当及时告知办理案件的机关。根据《刑诉规则》第44条和第55条第5款的规定，辩护人、诉讼代理人接受委托后依法告知检察机关或者法律援助机构指派律师后通知检察机关的，案件管理部门应当及时登记辩护人、诉讼代理人的相关信息，并将辩护人、诉讼代理人的有关情况、材料及时通知、移交相关办案部门。

（2）及时安排辩护人、诉讼代理人阅卷。根据《刑诉规则》第49条、第56条的规定，辩护律师或者经过许可的其他辩护人、诉讼代理人到检察机关查阅、摘抄、复制案卷材料的，案件管理部门应当及时予以安排。因公诉部门阅卷等原因无法及时安排阅卷的，应当安排辩护人、诉讼代理人自即日起3个工作日以内阅卷。对此，案件管理部门应当做好与公诉部门的沟通协调工作。

（3）及时接收辩护律师、诉讼代理人的收集、调取证据申请并及时移送办案部门。刑事诉讼法规定，辩护人认为在侦查、审查起诉期间公安机关、检察机关收集的无罪或者罪轻的证据材料未提交的，有权申请人民检察院调取；辩护律师有权申请检察机关向证人或者其他有关单位和个人收集、调取证据。根据《刑诉规则》第50条、第52条、第53条、第56条的规定，辩护人、诉讼代理人提出收集、调取证据申请的，案件管理部门应当及时将申请材料移送相关办案部门办理。

（4）及时联系办案部门协调安排听取辩护律师意见。根据《刑诉规则》第54条的规定，在检察机关侦查、审查逮捕、审查起诉期间，辩护人要求听取其意见的，案件管理部门应当及时联系相关办案部门对听取辩护人意见作出安排。辩护人提出书面意见的，应当及时移送相关办案部门。

（5）及时接收辩护人、诉讼代理人提交的其他申请、材料、信息等。根据《刑诉规则》第35条、第51条、第59条的规定，案件管理部门收到辩护人变更强制措施、会见犯罪嫌疑人的申请或者提交的特定证据、犯罪信息等，应当及时接受并移送相关办案部门，特别要防止因推诿接受或迟延转送相关材料、信息而造成严重后果发生的情况。需要注意的是，案件管理部门主要是在办案部门和辩护人、诉讼代理人之间发挥一种桥梁纽带作用，不直接办理辩护、代理的具体业务，辩护人、诉讼代理人认为公安机关、人民检察院、人民法院及其工作人员阻碍其依法行使诉讼权利，向检察机关提出申诉或者控告的，由控告检察部门接受并依法办理。

3. 检察案件质量评查

案件质量评查是指检察机关组织专门人员对在检察环节已经办结的侦查、审查逮捕、审查起诉、抗诉、民事行政检察等案件,以法律、司法解释以及司法政策的要求为标准,对办案的程序及实体处理情况进行核查、分析、评价的活动,主要组织形式与评查方式内容如下:

(1)案件质量评查的组织形式可以有多种:一是本院组织评查,评查对象限于本院各业务部门办结的案件。本院制度性的随机评查、重点评查或者定期评查一般都是这种组织形式。二是上级院组织评查,评查对象是下级院办结的案件。在针对某类案件的重点评查或者专项评查时,往往采取这种形式。实践中,较为常见的评查形式大都是上下联动、发挥上、下各级院的积极性,由上级院在本地区范围内作出部署,采取本院自我评查和上级院对下抽查或者组织下级院之间交叉评查的方式进行。

(2)案件质量评查的方法。《最高人民检察院案件管理暂行办法》在总结各地经验的基础上规定,办案质量评查可以采取随机评查、重点评查、专项评查等方式进行。随机评查一般是由上级检察机关或者本院评查组织对相关业务部门已经办结的案件,按照一定的比例随机选出相应数量的案件进行评查。重点评查一般是针对事先确定的重点案件或者办案的重点环节进行评查。如职务犯罪案件中的撤销案件、不起诉、不逮捕和逮捕后的撤销案件、不起诉以及起诉后撤诉和作出无罪判决的案件等。专项评查就是根据一段时期检察工作的整体情况而部署开展的专门评查活动。办案质量评查应当着重从证据采信、事实认定、法律适用、程序规范、风险评估、文书使用和制作、涉案财物处理、办案效果等方面进行,通过审阅案卷、实地调研等,发现、解决办案中存在的问题,实现提高办案质量和效率的目的。

4. 案件统计信息管理

案件统计信息管理,是指检察机关对检察统计工作进行规划、组织、协调、实施和指导活动。检察统计是人民检察院对检察工作的各种数据进行收集、整理、汇总和综合分析,反映检察工作的真实情况,揭示检察工作规律的活动。

(1)检察统计的作用

①提供信息,服务决策。准确的统计分析,可以反映各项检察工作及机关管理工作的变化情况。检察统计是检察信息的重要来源,它是各级领导机关和领导人员进行工作决策的重要依据之一。

②预测形势，提高检察机关的反应能力。通过检察统计数据分析，可以正确预测形势，分析惩治各种犯罪的变化规律，作出正确预测，以便采取相应的对策。

③反映检察工作情况，起到监督的作用。检察统计能客观地反映各种案件的处理情况，反映检察机关整体的工作情况，起到监督检察机关工作的作用。

④反映出检察工作的成绩和存在的问题，起到总结的作用。检察统计既能反映出各级检察工作的成绩，也能反映出检察工作存在的问题，通过检察统计数据分析，可以总结经验教训，提高检察工作效率。

（2）检察统计管理的基本要求

①要有集中统一的检察统计管理体制。统计工作必须有集中统一的管理，统计项目和格式填报必须统一，统计的数据才能准确可靠。最高人民检察院设立系统的统计机构，实行归口管理；最高人民检察院审定的统计项目和格式填报各级人民检察院应如实填报，不能更改，只有这样，检察统计的数据才能准确可靠。

②严格执行国家统计法及其实施细则的规定。为保证统计的真实性，检察统计机构和人员必须严格依照国家统计法律规定，认真履行职责，按时如实提供统计资料，为各级领导分析检察工作提供准确真实的数据资料。

③加强检察统计人员队伍建设。检察统计工作是政治性、法律性和保密性很强的工作。统计人员必须由具备机要工作人员的政治条件和有专门统计专业知识、法律专业知识、能胜任统计工作的人员担任。要选择配齐合格的专门统计人员，并注意通过各种途径进行专业培训，不断提高他们的政治素质、业务素质和职业道德素质，并且保持检察统计队伍的相对稳定。

④加快统计现代化建设。检察统计是及时、全面反映检察工作情况的重要途径。因此，检察统计必须用先进的方法、现代化的技术，以最快的速度出具统计结果。要广泛采用电子计算机网络进行资料储存、数据处理和传输，保证统计数据准确、及时，保质保量提供优质服务。

（二）检察经费管理

检察经费管理，是指人民检察院对经费的规划、领发、运用和监督的管理活动。检察经费管理是检察财务管理的重要组成部分，是涉及检察工作能否有效进行的资金保障。检察资金管理的一方面是为各项检察工作提供资金保障；另一方面又监督各部门正确使用资金，使有限的资金充分发挥效益。

检察经费管理的基本要求是：

1. 合理安排经费开支规划，保证检察工作所需资金。按照国家财务管理规定，检察机关的经费开支除行政事业费外，还包括：侦查破案费、检验鉴定费、交通费、通讯费、技术设备费、交通工具费、武器警戒费，装备费、宣传教育费等。在这些费用中，有些是现实工作中必需的经费，有些是机关建设发展经费。对于必需的经费应当根据实际需要，提出用款申报计划，及时领发；对于建设和设备费用，应根据工作需要和国家的财力状况，逐年申报解决。目前，我国检察机关实行分级管理的财政体制，各级检察机关的经费由本级财政支付。检察机关的经费不仅受当地财政状况的制约，而且也受地方党政领导机关对检察机关工作重视程度的影响。这就需要通过各种形式，主动向地方党、政领导机关反映检察工作的进展情况和困难，争取国家财力的支持。

2. 科学管理，提高资金的使用效益。在检察资金的使用上必须贯彻勤俭的原则，按照保重点，照顾一般的原则，千方百计地提高资金的使用效益。

3. 完善资金管理，使之制度化、规范化。检察机关的经费管理应按照国家的法律制度进行，并结合检察机关的实际情况，制定具体的经费使用制度，使之制度化、规范化。

4. 加强经费使用监督，防止贪污和浪费。经费使用监督是财务管理的重要方面，加强经费使用监督是为了保证资金的合理使用，使有限的资金用于检察工作的最急需上。对违反国家财经纪律的行为，要坚决抵制。对于用公款吃喝，用公款搞不正之风，用公款行贿或者贪污公款的行为要进行揭发、检举，保证检察经费安全使用。

2002年11月6日，最高人民检察院《关于加强检察经费保障工作的意见》，要求各级检察机关加强检察经费管理，主要有：

1. 检察经费保障工作面临着艰巨而繁重的任务。近些年来，党中央、国务院对政法（检察）经费保障问题高度重视，中央领导同志多次强调，要逐步建立和完善政法经费保障机制。中央财政部门在不断加大检察经费投入的同时，也已着手研究解决政法（检察）经费保障机制问题。各级检察机关要抓住机遇，克服困难，乘势而上，开拓进取，努力把检察经费保障工作提高到一个新的水平。

2. 坚持以"三个代表"重要思想为指导，牢固树立为检察工作大局服务的意识。经费保障工作，必须以检察业务工作的需要为出发点和归宿，紧紧围绕检察工作中心任务定规划、提要求，实现"服务到位，保障有力"的总要求。

3. 坚持经费来源的主渠道，充分依靠党委、政府的支持。要坚决贯彻"收支两条线"的规定。无论在任何时候，无论出现什么困难，解决经费问题都必须走正道，不许走歪道；坚决吃"皇粮"，不许吃"杂粮"。绝不能以损害检察机关和检察人员形象为代价，求得经费困难问题的暂时缓解。

4. 坚持面向基层，牢固树立为基层服务的意识。检察机关80%的人员在基层，80%的业务量在基层，80%的经费困难问题也在基层。在坚持"分级负责、分级管理"的现行财政管理体制的前提下，上级检察院要加大对下支持和指导的力度，帮助基层解决实际问题。

5. 加强高层次人才培养，提升计划财务装备工作队伍的整体水平。各级检察院要善于从经费保障工作实践中发现有培养前途的业务骨干，将他们纳入检察系统高层次人才培养"百千万"目标之中，培养一批在财务、科技管理等方面有一定权威和影响的高层次人才，以高层次人才建设带动本地区检察机关计划财务装备干部整体水平的提高。

（三）检察装备管理

检察装备管理，又称检察物资、装备管理，是指检察机关对物资、装备的计划、购置、保管、分配、使用进行的管理活动。检察机关开展检察工作，充分发挥检察法律监督的职能，就必须有一定的物资、装备等物质条件作保障，例如，必须有良好的交通工具、通讯设施、办公条件等。否则，检察工作就很难开展。检察物资、装备的管理必须以科学的管理方法，充分发挥有限物资、装备的效能，更好地为各项检察工作服务。

1. 检察机关物资、装备管理的内容

检察物资、装备管理的主要内容有以下几个方面：

（1）根据检察工作的需要和国家财力的情况，编制物资、装备计划的管理。

（2）检察办公设备的购置和使用管理。

（3）交通工具的购置和维修管理。

（4）武器、械具的购置、配发和使用管理。

（5）刑事侦查器材的购置和管理。

（6）检察服装的购置和配发管理。

(7) 检察通讯、信息、网络设备的购置和管理。

(8) 办公用品、图书、报刊的购置、保管和发放管理等。

2. 检察物资、装备管理的基本要求

检察物资、装备管理的总的要求是：充分发挥物资、装备的效能，保证开展检察工作的需要，力戒浪费。具体要求是：

(1) 根据需要和可能编制计划。检察机关编制物资、装备计划时，一定要从实际出发，根据国家财政计划，做出切合实际的规划，既要有长远计划，也要有中、近期计划，并分段分步骤地加以实施。

(2) 及时组织、保证所需。物资、装备的管理，是一个统一工程，从计划、采购到保管、使用，以及保养维修等各个环节，如果不加强管理，都会影响检察工作的有效进行，也可能造成物资浪费。对于常用易耗的办公用品，要周密规划，既保证工作需要，又要防止积压和浪费。要勤采购、勤清点、勤发放、勤领取、随用随领，确实保证供应，防止供需脱节，影响工作。对于专用设备和价值较高的办案用具，要注意收集商品信息，选择性能好、使用寿命长、价格合理的产品。同时，在物资供应中，要严格领发制度，防止贪污和浪费。

(3) 加强管理，充分发挥物资、装备的使用效益。在物资装备管理中，不仅要有科学计划，而且要根据当前的实际需要精心安排和有效保护，加强维修，千方百计地提高物资、装备的利用率和使用寿命。

(4) 建立健全物资、装备的发放、使用制度。要制定物资装备发放、领取、使用制度，规定发放范围，防止滥发冒领，或者不按规定使用保养，充分调动使用者、保管者的积极性，修旧利废，厉行节约，努力提高物资、装备的使用效益。

(5) 参加政府统一采购。检察工作所需物资、装备，凡是政府统一采购能够解决的，都应由政府统一采购解决。

(6) 加强教育，预防违法犯罪。要经常对物资、装备管理人员进行法制教育，抵制采购、管理、使用中的不正之风，预防贪污贿赂等违法犯罪行为。

(四) 检察档案管理

检察档案管理，是指检察机关对在检察工作中形成的全部文件、资料进行收集、接收、整理、鉴定、保管和提供利用的活动。检察档案管理活动是检察管理活动的重要组成部分。它为总结、研究检察工作和检察理论提供了重要的原始资料。检察档案可分为文书档案和检察专业档案两大类：检察文书档案，是检察机关公务活动和重要事件的原始记录。检察专业档案是检察业务工作的原始记录。这些档案反映了检察机关基本活动的历史，对检察机关各项工作有着广泛的考查利用价值。

1. 检察档案管理的主要任务

（1）负责收集、接收本机关的全部档案，并积极提供利用。档案管理部门要主动做好收集、接收、整理、鉴定、装订、保管、统计档案资料和进行检查档案利用服务工作，为检察机关各项工作服务。

（2）指导、检查、监督各业务部门定期向档案管理机构移交文件、资料，保证档案资料及时、齐全、安全移交。

（3）上级人民检察院对下级人民检察院的档案管理工作进行监督、检查和业务指导。各级检察机关都应当设置档案管理机构和专职管理人员，对本单位的全部档案实行集中统一管理，避免有存档价值的材料散于个人或非档案管理机构，避免档案毁坏或者流失，确保档案资料完整、精练地保存下来。

2. 检察档案的管理程序

根据国家档案法和最高人民检察院《关于人民检察院诉讼文书立卷归档办法》的规定，检察档案管理的程序是：

（1）检察档案的接收。人民检察院及其各部门在其工作活动中形成的有保存价值的各种文件材料必须由该部门指定专人负责收集齐全，分类整理、立卷归档，不得由承办单位或者个人分散保存。

（2）检察机关档案管辖部门按规定将归档的文件材料分类、组卷、案卷排列及装订、编制案卷目录。档案的整理应按档案形成的特点和规律进行，保持档案文件之间的历史联结，以便于档案的保管和利用。

（3）检察档案的鉴定。检察档案的鉴定是检察档案管理部门定期或者不定期地审查和鉴别档案的保存价值以确定档案的保管期限，并按一定的规则和程序销毁失去保存价值的档案的活动。鉴定档案分为初步鉴定和期满鉴定。初步档案鉴定与整理立卷同步进行，并以卷为单位，确定档案的保管期限。期满鉴定则是在整理工作结束后，档案的长期或者短期保管期限已满的情况下进行的，对保管期限不适合的档案进行分别调整。档案鉴定工作的关键是确定档案的保管期限。检察档案的保管期限分为永久、长期和短期三种。

（4）检察档案的保管。检察档案管理人员采用科学的保藏方法和有效的技术措施，维护档案的安全，使检察档案在保管期内完整无缺。

（5）检察档案的利用。检察档案管理部门采取多种形式和方法，开放式或者直接提供档案材料为国家和本机关各项工作服务。利用方法通常有：①编制、利用检察工具。例如，编制检索卡片或目录、电子计算机、上网搜查检查等。②直接查阅，在档案阅览室查找和由档案的管理人员提供服务。③外借服务，档案原件暂时借出利用或者使用，或者复印、复制、刊登在报刊上提供利用。

五、检察文书管理

（一）检察文书管理的基本内容

检察机关文书管理，是指检察机关对文书的收发登记、传阅传达、撰写、印发等管理活动。检察文书管理是涉及检察机关开展各项工作的上情下达信息流通，领导决策及时、正确，指导工作有力，使检察机关各项工作协同合作，提高办事效力的服务性工作。检察文书管理的基本内容有以下两个方面：

1. 检察文书的范围

检察文书是统一检察工作的文字根据，检察机关常用文书可分为两大类：检察通用文书和检察专用文书。在行政管理中，还有一些是技术文书，例如，基本建设和办公设备等技术文书等。

检察通用文书。检察通用文书主要有：党政机关、社会社团体、企业事业单位发行的文字材料。例如，文件、命令、决定、公函、会议纪要、工作计划、总结报告、批示、批复、简报、情报等。

检察专用文书。检察专用文书就是在一定部门、一定范围内，根据检察工作的特殊需要发行的专门文字材料。例如，检察司法文书，批准逮捕决定书、起诉书、抗诉书、执行法律决定、司法解释等文书、文件。

检察技术文书。检察技术文书是指检察科研、行政管理活动发行的文字材料，例如，技术鉴定书、可行性报告、技术图纸等文书、文件等。

2. 检察文书的接收、保管、使用

检察文书的接收、保管、使用，应当按照以下程序进行：

第一，检察文书的接收、登记。检察文书管理部门和人员对收到的文书应分类编号，并把文书的制作单位、收到时间以及文书的来源、去向和主要内容记录在登记簿上备查。检察机关需要登记的文件主要有：上级文件、上级的指示、文电、批复和内部刊物、本单位的重要决定；请示、报告和对下级的指示、批复，以及在办案过程中形成的法律文书，包括下级的一些重要的请示、报告等。检察文书登记的方式有卡片登记和簿本式登记。

第二，检察文书传阅。检察机关对于重要的文件要传达。一般性文件通过传阅的方式，使领导成员和业务部门互通信息。在传阅文件时，应注意以下问题：文件传阅要有专人负责，建立传阅制度；对文件的内容分类，根据密级、急缓和顺序传阅；严格管理，建立传阅登记，防止积压或者丢失；对传阅的情况进行经常性检查，及时收集情况向领导反馈意见办理的情况。

第三，检察文书的撰写。检察文书是属于法律文书，文字要准确、规范，具体要求是：首先，要按照文书的结构规范撰写。撰写检察文书时，要有文件的题目，包括：机关的名称、文书种类和文书编号；内容提要；正文，是文书的中心部分；主送和抄送机关、单位；年、月、日和盖印章等。其次，根据行文的目的，选择适合的文种，如报告、指示、请示、布告、通告、会议纪要等。最后，文字准确、规范。检察文书的文字内容应突出，叙述事实清楚、有条有理，文书的文字要精练、准确。

第四，严格文书起草和印发制度。检察文书是检察工作的文字根据，检察文书的起草和印发必须认真，不能出现差错，文书的印发，要有严格的签批制度和发放登记制度。

（二）检察机关常用公文写作要领与范例

1. 侦查监督业务文书

（1）批准逮捕决定书

批准逮捕决定书，是人民检察院对公安机关、国家安全机关提请批准逮捕的犯罪嫌疑人，依法审查批准逮捕时所制作的文书。刑事诉讼法第78条规定，逮捕犯罪嫌疑人、被告人，必须经过人民检察院批准。第85条规定，"公安机关要求逮捕犯罪嫌疑人的时候，应当写出提请批准逮捕书，连同案卷材料、证据，一并移送同级人民检察院审查批准"。第88条规定，"人民检察院对于公安机关提请批准逮捕的案件进行审查后，应当根据情况作出批准逮捕或者不批准逮捕的决定"。人民检察院批准逮捕决定书应当依据上述法律规定制作。批准逮捕决定书适用于公安、国家安全、监狱、缉私警察等行使侦查权的机关对犯罪嫌疑人提请批准逮捕的案件，人民检察院经过审查后应当作出批准逮捕决定，制作本文书。

批准逮捕决定书的具体内容和制作要求。逮捕决定书为四联填充式文书，各联之间必须填写文书编号，并加盖骑缝章。

第一，正本（第三联）。①首部。制作文书的人民检察院名称。文书名称，即批准逮捕决定书。文书编号，即"检　批捕〔〕号"，空余地方依次填写人民检察院简称、具体办案部门简称、年度和序号。②正文。送达单位，即提请批准逮捕机关名称。在正文里可简称你厅或你局。公安机关提请批捕文书的时间、文书编号及犯罪嫌疑人姓名，即"你局于某年某月某日以某号提请批准逮捕书提请批准逮捕犯罪嫌疑人张某。"人民检察院的审查意见，即"经本院审查认为，该犯罪嫌疑人涉嫌故意伤害犯罪"，这里的罪名是指人民检察院审查认定的罪名。法律根据，即"符合《中华人民共和国刑事诉讼法》第79条第1款规定的逮捕条件"。决定事项。即"决定批准逮捕犯罪嫌疑人张某。请依法立即执行，并将执行情况3日内通知本院"。③尾部。包括填发文书的年月日、院印。

第二，副本（第二联）。除在文书名称下增加"副本"二字外，其他内容与正本相同。

第三，回执（第四联）。①首部。包括：制作文书的人民检察院名称；文书名称，即执行批准逮捕决定书（回执），所送达的人民检察院名称。②正文。包括：法律根据，即"根据《中华人民共和国刑事诉讼法》第87条的规定"；公安机关的执行情况，即"现将我局执行你院某号批准逮捕决定书的情况通知如下"，执行情况应填写准确、详细。③尾部。包括：填发文书的年月日、公安局印。

《批准逮捕决定书》格式样本和典型范例

×××人民检察院批准逮捕决定书（存根）

检批捕〔　〕　号

案由
犯罪嫌疑人基本情况（姓名、性别、年龄、工作单位、住址、身份证号码、是否为人大代表或政协委员）
送达机关
批准人
承办人
填发时间

第一联统一保存

×××人民检察院批准逮捕决定书（副本）

检批捕〔　〕　号

　　你____于____年____月____日以____号提请批准逮捕犯罪嫌疑人____一捕书提请批准逮捕犯罪嫌疑人____，该犯罪嫌疑人涉嫌____犯罪，经本院审查认为，该犯罪嫌疑人涉嫌____犯罪，符合《中华人民共和国刑事诉讼法》第七十九条规定的逮捕条件，决定批准逮捕犯罪嫌疑人____，请依法立即执行，并将执行情况在三日以内通知本院。

年　月　日
（院印）

第二联附卷

×××人民检察院批准逮捕决定书

检批捕〔　〕　号

　　你____于____年____月____日以____号提请批准逮捕犯罪嫌疑人____一捕书提请批准逮捕犯罪嫌疑人____，该犯罪嫌疑人涉嫌____犯罪，经本院审查认为，该犯罪嫌疑人涉嫌____犯罪，符合《中华人民共和国刑事诉讼法》第七十九条规定的逮捕条件，决定批准逮捕犯罪嫌疑人____，请依法立即执行，并将执行情况在三日以内通知本院。

年　月　日
（院印）

第三联送达侦查机关

×××人民检察院批准逮捕决定书（回执）

　　____人民检察院：
　　根据《中华人民共和国刑事诉讼法》第八十八条的规定，现将你院____年____月____日____号批准逮捕决定书的执行情况通知如下：（犯罪嫌疑人____）
　　已于____年____月____日由____执行逮捕，或者因____未执行逮捕。
　　特此通知。

年　月　日
（公章）

第四联侦查机关退回后附卷

（2）不批准逮捕决定书

不批准逮捕决定书，是人民检察院对公安机关、国家安全机关等具有侦查职能的机关提请批准逮捕的犯罪嫌疑人进行审查后，依法作出不批准逮捕决定时所制作的检察文书。

不批准逮捕决定书的内容和制作方法。不批准逮捕决定书为四联填充式文书。本文书共四联。第一联为存根，由制作部门统一保存。第二联为副本，由人民检察院附卷。第三联为正本，送达提请批捕的机关，送达时，应让收件人在送达回证上签名或盖章，然后再把送达回证附卷。第四联为回执，和第三联同时送达提请批捕的机关，待该机关执行不批准逮捕决定书后，在上面填写有关内容，再退回人民检察院附卷。

第一，正本（第三联）和副本（第二联）的内容包括：

首部。包括：制作文书的人民检察院名称；文书名称，即《不批准逮捕决定书》；第二联在名称下有"（副本）"字样；文书编号，即"检 不捕〔〕号"，空余地方，依次填写人民检察院的简称、办案部门的简称，年度和序号。

正文。包括：送达机关，即提请批捕的机关。案件来源。应逐项写明提请批准逮捕的机关、提请批捕的年月日、提请批捕的文书编号、提请批捕的犯罪嫌疑人涉嫌的犯罪、提请批捕的犯罪嫌疑人姓名。审查意见。这是本文书的重点，应当根据具体情况填写，要具体写清不批准逮捕的理由，包括事实理由和法律依据。由于不批准逮捕的案件，事实情况不同，法律规定不同，因此写法要有针对性。实践中，不批捕的原因及写法有以下几种：①不符合刑事诉讼法第79条规定逮捕的首要条件即"有证据证明有犯罪事实"。不批准逮捕决定书中的审查意见可表述为："犯罪嫌疑人张某犯罪事实不清"等内容。②不具备刑事诉讼法第79条规定的逮捕的第二个条件。审查意见写为："经本院审查认为，犯罪嫌疑人张某涉嫌故意伤害犯罪但因有立功表现（情节较轻等），不可能判处徒刑罚，不符合刑事诉讼法第79条规定的逮捕条件。"③不具备刑事诉讼法第79条规定逮捕的第三个条件。审查意见写为："经查认为：犯罪嫌疑人张某涉嫌故意伤害犯罪，但因自首（真诚悔过等），采取取保候审、监视居住等方法能防社会危险性，没有逮捕必要，不符合刑事诉讼法第79条规定的逮捕条件。"④具有刑事诉讼法第15条规定情形的，不应当追究刑事责任，在这种情况下，人民检察院应当作出不批准逮捕的决定，审查意见写为："经本院审查认为：犯罪嫌疑人张某的行为情节显著轻微，危害不大，不认为是犯罪（或者已过追诉时效），根据刑事诉讼法第 15 条的规定，不应追究刑事责任。"

尾部。包括制作文书的年月日和院印。

附项。该项在人民检察院通知公安机关补充侦查时填写，如果人民检察院认为不需要补充侦查，则不必填写附项内容。

第二，回执（第四联）的内容包括：①首部。包括制作文书的人民检察院名称；文书名称，在文书名称下面有"回执"字样。②正文。送达单位的名称，填写制作文书的人民检察院名称。执行情况，内容为"现将你院 123 号不批准逮捕决定书的执行情况通知如下：……"③尾部。包括填写回执的年月日和填写机关的印章。

《不批准逮捕决定书》格式样本和典型范例

××人民检察院不批准逮捕决定书（存根）

检 不批捕 [ ] 号

案由_____
犯罪嫌疑人基本情况_____
不批准逮捕原因_____
送达机关_____
批准人_____
承办人_____
填发人_____
填发时间_____

第一联统一保存

××人民检察院不批准逮捕决定书（副本）

检 不批捕 [ ] 号

你____于____年____月____日以____号文书提请批准逮捕犯罪嫌疑人____:____，经本院审查认为：____，根据《中华人民共和国刑事诉讼法》第八十八条的规定，决定不批准逮捕犯罪嫌疑人____。请依法立即执行，并在三日以内将执行情况通知本院。

年 月 日
（院印）

第二联存卷

××人民检察院不批准逮捕决定书

检 不批捕 [ ] 号

你____于____年____月____日以____号文书提请批准逮捕犯罪嫌疑人____:____，经本院审查认为：____，根据《中华人民共和国刑事诉讼法》第八十八条的规定，决定不批准逮捕犯罪嫌疑人____。请依法立即执行，并在三日以内将执行情况通知本院。

年 月 日
（院印）

第三联送达侦查机关

××人民检察院不批准逮捕决定书（回执）

____人民检察院：

根据《中华人民共和国刑事诉讼法》第八十九条的规定，现将你院____年____月____号不批准逮捕决定书的执行情况通知如下：犯罪嫌疑人____已于____年____月____日由____释放，或者变更为____。

特此通知。

年 月 日
（公章）

第四联侦查机关退回后附卷

（3）逮捕决定书

逮捕决定书为人民检察院发现应当逮捕的犯罪嫌疑人而公安机关未提请批准逮捕，人民检察院直接作出逮捕决定时使用的法律文书。其制作的法律依据为刑事诉讼法第79条和《刑诉规则》第321条。《刑诉规则》第321条的规定："人民检察院办理审查逮捕案件，发现应当逮捕而公安机关未提请批准逮捕的犯罪嫌疑人的，应当建议公安机关提请批准逮捕。如果公安机关仍不提请批准逮捕或者不提请批准逮捕的理由不能成立的，人民检察院也可以直接作出逮捕决定，送达公安机关执行。"

逮捕决定书为四联填充式文书，各联之间须填写文书编号，并加盖骑缝章。各联的基本内容与制作要求如下：

第一联存根本联主要用于审批程序，不附入卷中，而是由侦查监督部门统一存留。①首部。本部分包括决定逮捕的人民检察院名称，文书名称即"逮捕决定书"，文书名称下方标注"（存根）"字样，文书编号。文书编号为固定格式，为"检 追捕〔〕号"。其中"检"前为决定逮捕的人民检察院的简称；"追捕"前空格处为具体办案部门简称即"侦监"；在"〔〕"内注明文书签发年度；在"号"前空格处填写文书在当年的序号。②正文。依次填写：案由；犯罪嫌疑人基本情况，包括姓名、性别、年龄、工作单位、住址、身份证号码、是否人大代表或政协委员；送达机关名称；批准人、承办人、填发人姓名；填发日期。③在表格的下方标注"第一联统一保存"。

第二联副本本联由承办人附卷。①首部。本部分与存根叙写内容基本相同，唯一不同之处在于文书名称下方注写"（副本）"字样。②正文。依次填写送达机关名称即公安机关，犯罪嫌疑人姓名及涉嫌罪名。③尾部。填发文书的日期，并加盖决定逮捕的人民检察院院印。④在表格的下方注明"第二联侦查监督部门附卷"。

第三联正本本联送达执行机关即公安机关。正本与副本的制作内容与要求基本相同，不同之处在于：一是在首部文书名称下方无须加注；二是在表格的下方注明"第三联送达执行机关"；三是有"附：犯罪嫌疑人基本情况"字样。

第四联回执执行机关执行后退回附卷。①首部。本部分与前三联基本一致，不同之处在文书名称下方注有"（回执）"字样。②正文。依次填写决定逮捕的人民检察院名称，决定逮捕的时间，逮捕决定书文号，犯罪嫌疑人姓名，执行时间，执行情况，执行逮捕的机关名称。③尾部。填发文书的日期，并加盖执行机关公章。④在表格的下方注明"第四联执行机关执行后退回附卷"。

逮捕决定书实行一人一文书，同案中有多个犯罪嫌疑人的必须一人填写一份。

《逮捕决定书》格式样本和典型范例

×××人民检察院逮捕决定书（存根）

检追捕〔　〕　号

案由

犯罪嫌疑人基本情况（姓名、性别、年龄、工作单位、住址、身份证号码、是否为人大代表或政协委员）

送达机关

批准人

承办人

填发时间

第一联统一保存

×××人民检察院逮捕决定书（副本）

检追捕〔　〕　号

犯罪嫌疑人_____涉嫌_____犯罪，根据《中华人民共和国刑事诉讼法》第七十九条和《人民检察院刑事诉讼规则》第三百二十一条的规定，决定予以逮捕。请依法立即执行，并将执行情况在三日以内通知本院。

　　年　月　日
（院印）

第二联侦查监督部门附卷

×××人民检察院逮捕决定书

检追捕〔　〕　号

犯罪嫌疑人_____涉嫌_____犯罪，根据《中华人民共和国刑事诉讼法》第七十九条和《人民检察院刑事诉讼规则》第三百二十一条的规定，决定予以逮捕。请依法立即执行，并将执行情况在三日以内通知本院。

　　年　月　日
（院印）

附：犯罪嫌疑人基本情况

第三联送达执行机关

×××人民检察院逮捕决定书（回执）

_____人民检察院：

根据《中华人民共和国刑事诉讼法》第八十八条的规定，现将你院_____年_____月_____日_____号逮捕决定书的执行情况通知如下：犯罪嫌疑人_____已于_____年_____月_____日由_____执行逮捕（或者因_____未执行逮捕。）

特此通知。

　　年　月　日
（公章）

第四联执行机关执行后退回附卷

2. 审查起诉业务文书

（1）起诉书

起诉书是人民检察院指控被告人的犯罪行为应当受到刑事追究，决定将其交付审判向人民法院提起公诉时所作出的检察文书。

起诉书的适用一般有普通程序、单位犯罪程序、简易程序、附带民事诉讼四种类型。以下对普通程序适用起诉书的基本内容及制作要求作一简要概述。

普通程序适用的起诉书是指人民检察院对于应当按照普通程序审理的刑事案件，在提起公诉时制作的指控犯罪嫌疑人犯罪行为的法律文书。分为8个部分：首部、被告人基本情况、案由及案件的审查过程、案件事实、证据、起诉的要求及根据、尾部、附注事项。

第一，首部。由制作文书的检察院名称、"起诉书"、文书编号（制作文书的检察院简称、办案部门的简称、年度及文书序号）组成。

第二，被告人的基本情况。写明被告人的姓名、别名、绰号、出生年月日（以公历为准）、身份证号码、民族、文化程度、职业或单位职务、户口所在地、暂住地、前科记录，先写行政处罚再写刑事处罚、释放时间。多个被告人的写法从主犯到从犯。对尚未办理身份证的应当注明。被告人是外国人时，应注明国籍、护照号码、国外居所。被采取多种强制措施的，按照时间先后叙写。如果两名以上被告人的刑事拘留、批准逮捕、执行逮捕的时间、机关相同，可在被告人身份基本情况介绍完毕后，另起合并叙述。又聋又哑或盲人须注明。自报姓名，以编号制作起诉书的，应在起诉书中附上被告人的照片。委托辩护人的应注明辩护人的情况。

第三，案由及案件审查过程。准确表述侦查机关移送审查起诉的时间；若有变更管辖的，说明转至审查起诉的时间；有多名被告人的则分别写明被告人姓名及罪名；对被告人有权委托辩护人、被害人及其法定代理人或近亲属有权委托诉讼代理人、附带民事诉讼的当事人及法定代理人有权委托诉讼代理人情况的告知；讯问被告人和听取被告人、被害人及辩护人、诉讼代理人意见以及退回补充侦查、延长审查起诉期限（日期、缘由）等程序事项。

第四，案件事实。这部分是起诉书的主体，是指控犯罪的基础。认定的犯罪事实必须是检察机关已经查证属实的事实。一般应写明七要素（时间、地点、经过、手段、目的、动机、危害后果）。对于不同性质的案件必须要写出各罪的犯罪特征。如诈骗案件，是怎样非法占有他人财物的，是如何欺骗别人交出财物的，一定要交代清楚。对于犯罪事实的关键情节要叙述清楚，不能过于笼统。被告人归案时间，影响定罪量刑的情节，如自首都要写明。遇有涉及国家秘密时，必须注意保密，非叙述不可的应作概括性表述，绝对不能原文照抄。遇有违反公序良俗的污秽情节，不作具体叙述。须涉及非本案被告人的姓名的时候，应当按照情况妥善处理，对行为已经构成犯罪或严重违法的，公安机关已经或者正在另案处理的，应当在此人姓名后采用括号注明"另案处理"，对本案被害人，凡涉及个人隐私的，为保护其名誉可以保留姓隐去名。共同犯罪案件中有共犯在逃的，在其姓名后注"另案处理"，而非"在逃"。

第五，证据。应按证据的类型，结合将要列举证据的顺序分项写。结合具体案件，写明证据的来源。通常的写法是在全部犯罪事实叙述完毕以后写，但也可以用"一罪一证"及"一事一证"的写法。

第六，起诉的理由和根据。要针对案情特点，运用法律规定的犯罪构成要件，分析被告人行为的性质，论证起诉的根据和理由。开头一般用"本院认为"引出下文。对行为的性质、危害程度、情节轻重包括法定量刑情节，结合犯罪的各构成要件进行概括性表达，突出本罪特征，语言精练准确。引用法律条文，要准确完整具体。确定罪名应以刑法分则条文规定的罪状特征为依据，已被侵犯的直接客体为基础。一犯罪嫌疑人重罪的，一般先定重罪，后定轻罪；共同犯罪案件的，应在分清各被告人的地位、作用和刑事责任的前提下，依次确定主犯、从犯的罪名。对被告人具有从重、加重或者从轻、减轻处罚情节的，一般应予分别认定，并写出相应的量刑法律根据和处罚意见。

第七，尾部。写清送达法院名称，公诉人法律职务及姓名，尾部的日期应写检察长签发起诉书的日期。

第八，附注事项。要在附注中说明被告人的羁押场所或被告人取保候审、监视居住的处所或未采取强制措施的被告人。证据目录、证人名单和主要证据复印件，要注明份数及页数。

《起诉书》格式样本和典型范例

××市××县人民检察院
起诉书

×检刑诉〔×〕×号

被告人邓某某，女，生于××××年×月××日，土家族，初中文化程度，住某某县某某某镇某某某村某组。2013年3月11日因涉嫌故意杀人被××公安局刑事拘留，同年3月26日鉴于邓某某具有自动投案情节，对其采取变更强制措施不致发生社会危险性改为监视居住。

本案由某某县公安局侦查终结，以被告人邓某某涉嫌故意伤害罪于2013年3月31日依法移送本院审查起诉。本院受理后于2013年4月2日已告知被告人邓某某有权委托辩护人，依法讯问了被告人并听取了被告人的辩护人某某的意见，审查了全部案件材料，现查明：

2013年3月10日晚，某某县某某某镇招商办主任邓贵某、副主任黄某某等人，酒后到某某县某某某镇"雄风宾馆梦幻城"玩乐。邓、黄等人欲去水疗区做"异性洗浴"。黄某某发现VIP5包房内正在洗衣的邓某某后，进入房间，向邓某某提出陪其洗浴的要求被其拒绝。随后，邓某某离开VIP5包房进入服务员休息室。此时，休息室有罗某某、王某、袁某三名服务员正在看电视。

黄某某紧跟邓某某进入休息室，对其进行辱骂。邓贵某闻声赶到休息室，得知邓某某拒绝为黄某某提供"陪浴"服务，便与黄某某一起对邓某某进行辱骂，拿出一叠钱炫耀并朝邓某某面部、肩部搧击。

相继经服务员罗某某和领班阮某某劝解，邓某某两次欲离开休息室，都被邓贵某拉回，并被推倒在沙发上。当邓某某再次被推按在沙发上，蹬开邓贵某后，站起来从随身斜挎的包中掏出一把水果刀，待邓贵某再次扑来时，邓某某持水果刀朝邓贵某刺击，致邓贵某的左颈部、左小臂、右胸部、右肩部四处受伤。黄某某上前阻拦，亦被邓某某刺伤右臂。邓贵某因伤势严重，经抢救无效死亡。

事后被告人邓某某主动向某某县公安局报了案。

认定以上事实的证据如下：

（1）被告人邓某某供述；（2）黄某某及雄风酒店在场人员等的证人证言；（3）某某省公安厅出具的刑事科学技术鉴定书；（4）某某县公安局出具的法医学尸体检验报告书；（5）某某县公安局制作的现场勘查笔录；（6）公安机关出具的检查笔录和扣押品清单；（7）公安机关出具的邓某某到案情况说明材料。

本院认为，邓某某在有同事劝阻的情况下，为制止邓贵某、黄某某正在进行的不法侵害过程中，对邓贵某连刺四刀致其死亡，其防卫行为明显超过必要限度，属于防卫过当。依照《刑法》第20条第2款规定："正当防卫明显超过必要限度造成重大损害的，应当负刑事责任，但是应当减轻或者免除处罚。"第234条规定："故意伤害他人身体的，处三年以下有期徒刑、拘役或者管制。犯前款罪，致人重伤的，处三年以上十年以下有期徒刑；致人死亡或者以特别残忍手段致人重伤造成严重残疾的，处十年以上有期徒刑、无期徒刑或者死刑。本法另有规定的，依照规定。"第67条第1款规定："犯罪以后自动投案，如实供述自己的罪行的，是自首。对于自首的犯罪分子，可以从轻或者减轻处罚。其中，犯罪较轻的，可以免除处罚。"

应对邓某某判处故意伤害罪，并应当从轻或者减轻处罚。

为严肃国家法律，保护公民的人身权利不受侵犯，维护社会治安秩序，保障社会主义建设事业的顺利进行，依照《中华人民共和国刑事诉讼法》第一百七十二条之规定，特提起公诉，请依法判处。

此致

××市××县人民法院

检察员：陈某某　芮某某　林某某

××××年××月××日

附：1. 本案诉讼文书卷、诉讼证据卷各1册，共2册；

2. 证据目录1份。

（2）不起诉决定书

不起诉决定书是人民检察院经过审查起诉，认为案件不符合刑事诉讼法规定的起诉条件，决定不将案件移送人民法院审判而终止诉讼所作出的书面决定。在制作不起诉决定书时首先要搞清不起诉案件的种类，依据案件事实准确选择适用不起诉的法律规定，这是正确适用和制作不起诉决定书的前提。

不起诉决定书的内容和制作方法。不起诉决定书是叙述式文书。由首部、案件事实情况、不起诉理由、法律根据和决定事项、尾部等部分组成。各部分内容及写法如下：

第一，首部。包括：①制作文书的人民检察院名称和文书名称，即不起诉决定书；文书的编号；②被不起诉人基本情况，即被不起诉人姓名、性别、年龄及出生年月日、出生地、民族、文化程度、职业或工作单位及职务（国家机关工作人员利用职权实施的犯罪，应当写明犯罪期间在何单位任何职）、住址、身份证号码。是否受过刑事处分，采取强制措施的种类、时间、决定机关；③辩护人基本情况；④案由和案件来源。如果是公安机关侦查终结的，应该写明"被不起诉人张某盗窃一案，由某公安局侦查终结移送本院审查起诉"；如果是本院侦查终结的案件，写明"被不起诉人张某盗窃一案，由本院依法侦查终结"；如果是上级人民检察院移交起诉的或者因审判管辖变更由同级法院移送起诉的，写明"张某盗窃一案由某公安局侦查终结，经某人民检察院交由本院审查起诉"或者"张某盗窃一案，由某公安局侦查终结，某人民检察院提起公诉，某人民法院经某人民法院转至本院侦查终结"。

第二，案件事实。根据刑事诉讼法第171条第4款和第173条第1款、第2款的规定作出的三种不起诉，分别写明：①如果是根据刑事诉讼法第15条规定决定不起诉的，应重点说明符合法定不追究刑事责任的事实和证据，充分体现法律所规定的内容。②如果是根据刑事诉讼法第171条第4款决定不起诉的，应该写明经补充侦查仍然证据不足、不符合起诉条件的理由。③如果是根据刑事诉讼法第173条第2款的规定不起诉的，应当说明被不起诉人行为显著轻微的情节和危害较小的结果。

第三，不起诉理由、法律根据和决定事项。本部分主要是就检察机关作不起诉决定的理由、法律依据进行表述。可以写明："本院认为，（以下用准确语言概述行为性质、情节、危害结果、法律责任。如果是刑事诉讼法第173条第2款规定不起诉的，要明确写明'犯罪情节轻微，依照刑法规定不需要判处刑罚或者免除刑罚'，依照《中华人民共和国刑事诉讼法》第173条第2款之规定，决定对张某不起诉。）"在上述内容之后，另起一行分别写明下列告知事项：被不起诉人如果不服不起诉决定，可以自收到本决定书后7内向本院申诉。被害人如果不服不起诉决定，可以自收到本决定书后7日以内向上一级人民检察院申诉，请求提起公诉，被害人也可以不经申诉，直接向人民法院起诉。

第四，尾部。在右下方写上检察员的姓名，在下一行对应的位置明写明日期，并加盖院印。

《不起诉决定书》格式样本和典型范例

××市区××人民检察院
不起诉决定书

×检刑不诉〔×〕×号

被不起诉人刘某某，男，48岁，××××年××月××日生，××省×县人，汉族，小学文化程度，××工厂工人，住×市×区×街×号，身份证号码……××××年××月××日，因涉嫌盗窃，被××区公安局逮捕。

被不起诉人刘××涉嫌盗窃一案，于××××年××月××日，由××公安局侦查终结向本院移送起诉。

经本院依法审查查明：

××××年××月××日下午，刘某某在某施工现场工作时，发现在工地右侧一个不被人注意的角落里有一些建筑材料，遂起歹意。当晚12时许，乘着看守工地的人看电视之际，刘某某带着儿子刘某翻入工地，来到白天发现的建筑材料的堆放地，二人先合伙将10根10公分乘6公分的方木运至工地的围墙边，随后由刘某某翻坐在墙头上，刘某在地面将10根方木依次递给刘某某，刘某某再将方木扔至围墙外，随后，刘某从工地翻出，2人将方木抬放在事先停放在围墙边的平板车上。

正当准备逃走之际，被巡逻的警察发现。所盗方木价值人民币560元，案发后赃物已缴回并返还被害人。

本院认为，被不起诉人刘某某的盗窃建筑材料的行为，情节显著轻微，危害不大，不认为是犯罪。依据《中华人民共和国刑事诉讼法》第十五条第一项和第一百七十三条第一款的规定，决定对刘某某不起诉。

被不起诉人刘某某如果不服不起诉决定，可以自收到本决定书后七日内向人民检察院申诉。（只有酌定不起诉的案件写这一自然段）

被害人如果不服不起诉决定，可以自收到本决定书后七日以内向上一级人民检察院申诉，请求提起公诉。被害人也可以不经申诉，直接向人民法院提起自诉。

××市××区人民检察院
××××年××月××日
（院印）

3. 抗诉业务文书

（1）刑事抗诉书

刑事抗诉书是人民检察院发现人民法院的刑事判决或裁定确有错误依照法定程序提出抗诉时，所制作的法律文书。刑事抗诉书包括上诉程序的抗诉书和审判监督程序的抗诉书。

上诉程序的抗诉书的基本内容及制作要求有：

第一，首部。本部分应当写明文书名称，即"某人民检察院刑事抗诉书"和文书编号。文书名称不分上诉程序和审判监督程序，一律称为"抗诉书"。

第二，正文。正文主要包括以下几部分内容：

①原审判决、裁定情况。具体表述为"某人民法院以某号刑事判决书（裁定书）对被告人张某盗窃一案（写明被告人姓名及案由）判决（裁定）：（判决、裁定结果）"表述判决、裁定结果时，仅简要写明法院判决、裁定的结果（刑罚、执行刑罚的方法）即可，不必叙述人民法院的裁判理由。如果检察机关起诉的罪名与人民法院的判决罪名不一致时，应当予以说明。

②抗诉意见和抗诉理由。具体表述为"本院依法审查后认为，该判决（裁定）确有错误（认定事实错误、适用法律不当、量刑畸轻或畸重、审判程序严重违法等），理由如下"。本部分是表明检察机关对于同级人民法院一审判决（裁定）的认识，阐明抗诉理由的时候，要有针对性的运用事实和证据，具体指出人民法院的判决或裁定的错误之处，同时论证检察机关抗诉意见的正确性。要论点正确，论据有理，论证合理。特别要注意的是，如果是被害人或其法定代理人不服一审判决（裁定）而请求检

察机关提起抗诉的，则应当先写明这一程序，再写检察机关的抗诉意见。抗诉理由主要针对以下几方面提出：

如果是针对事实提起抗诉的，则重点是对涉及的相关证据予以分析说明，具体指出原判决认定的哪些事实有错误，再论证检察机关查实认定哪些事实和证据的准确性；如果是针对适用法律提起的抗诉，则重点是针对行为的本质特点，对相关法律、法条予以阐释，结合案件事实，论证人民法院判决（裁定）的错误，同时要明确表明应当如何认定犯罪事实或相关情节的性质，以及如何正确适用法律；如果是针对审判程序提起的抗诉，则重点是引用相关的法律依据，指明原审人民法院的审判程序错在何处，并论证审判程序违法的严重性（包括影响公正裁判的现实后果或者可能性，如剥夺了被告人的辩护权、质证权等），同时还要指出如何正确地适用诉讼程序；如果是针对量刑提起的抗诉，则重点是根据法定量刑、案件性质、相关法定情节、相关酌定情节等，论证对原审被告人量刑的错误之处。

③提请事项与法律依据。具体表述为："综上所述（概括抗诉观点，即一审判决或裁定在认定事实、适用法律、审理程序等方面确有错误），为维护司法公正，准确惩治犯罪，依照《中华人民共和国刑事诉讼法》第二百一十七条的规定，特提出抗诉，请依法判处。"

第三，尾部。本部分应写明二审人民法院名称、提起抗诉人民检察院的名称（加盖院印），以及制作文书的日期。

第四，附注。本部分应当写明原审被告人被羁押的场所（未被羁押的应写明居住处所）、新的证人名单与证据目录。

审判监督程序抗诉书的基本内容。这种抗诉书是针对"审判监督程序"的实际状况来安排结构和确定写作内容的。审判监督程序的抗诉书，由首部、原审被告人身份情况和提起公诉简况、生效判决或裁定的概况、对所抗诉案件判决（裁定）的审查意见、提起抗诉理由、抗诉决定、尾部七部分组成。与上诉程序的抗诉书，内容结构和写法大部分类似。但是，由于审判监督程序比较复杂，与生效判决或裁定间隔时间相对长一些，审理期限也较长。因此，审判监督程序的抗诉书在写法上也有自己的特点。与上诉程序的抗诉书主要区别是：①增写抗诉案件被告人的身份情况和提起公诉的简况。这部分内容，要准确、简要写明，它有助于说明案件全貌。②写明生效判决或裁定的有关情况。由于审判监督程序抗诉的对象,可能是终审判决或裁定,也有可能是已生效的一审判决或裁定,所以要针对不同对象,采用不同写法。例如,抗诉对象是终审判决或裁定的,抗诉书应在"被告人身份情况和提起公诉简况"部分之后,分别写明本案一审和终审判决或裁定的主要内容。包括:一审和终审法院名称;判决或裁定时间、文书名称及编号,判决认定罪名和量刑(如果是裁定,则写裁定事项)情况。③增写抗诉案件来源。即写明按审判监督程序提出抗诉案件从何而来,应针对实际情况,简要写明。④抗诉意见和理由侧重点不同。⑤据以抗诉的程序法律根据不同。审判监督程序抗诉书,引用刑事诉讼法第243条第3款,作为提起诉讼的法律根据。⑥主送的人民法院级别不同。受理抗诉的人民法院名称,应写同级人民法院名称。

《刑事抗诉书》格式样本与典型范例

××省××市××区人民检察院
刑事抗诉书

×检(公)刑抗〔×〕×号

××省××市××区人民法院以〔20××〕126号刑事判决书对被告人贾××贪污一案判决贾××有期徒刑3年、缓刑5年。本院依法审查后认为,该判决认定事实不当、适用法律错误,理由如下:

一、一审判决认定共同贪污金额为8万元错误

贾××伙同他人套取单位公款9万元,其中有1万元交纳了税款,交纳税款是原审被告人实现贪污目的的必然过程,是犯罪的手段。虽然原审被告人并未自己占有该1万元,但就其所在的单位来说,公款损失的是9万元,原审被告人实施贪污行为针对的是9万元,主观上也明知其行为会造成单位9万元公款的损失,根据主客观相一致的原则应当认定贪污金额为9万元,而不应当将税款从贪污金额中扣除。

二、一审判决认定贾××系从犯错误

贾××积极参与共谋,共同商量了作案方式,主动提出找范××开具虚假发票,并亲自实施了这一行为,在虚假发票上签字。在共同犯罪中,贾××的行为是贪污犯罪中必不可少的一环,其行为起到了主要作用,不符合从犯的认定条件。

综上所述，××省××市××区人民法院的〔20××〕126号刑事判决书认定事实及适用法律均有错误，为维护司法公正，准确惩治犯罪，依照《中华人民共和国刑事诉讼法》第二百一十七条的规定，特提出抗诉，请依法判处。

此致

××省××市中级人民法院

××省××市××区人民检察院（印）
××××年××月××日

（2）民事、行政抗诉书

民事、行政抗诉书是人民检察院对其管辖范围内的民事、行政申诉案件，经过审查认为生效的民事、行政判决或裁定按照民事诉讼法和行政诉讼法的规定，符合抗诉条件，决定按照审判监督程序向同级人民法院提出抗诉时，所制作的法律文书。

民事、行政抗诉书为叙述式文书，由三部分组成。

第一，首部。包括制作文书的人民检察院名称，即"某人民检察院民事抗诉书或行政抗诉书"；文书编号。

第二，正文。民事、行政抗诉书的正文包括5个部分。即当事人基本情况、案由及案件来源、案件基本情况、原审诉讼程序、本院的抗诉理由及法律依据。

①当事人基本情况。包括申诉人和被申诉人在原审中的诉讼地位，自然人的姓名、性别、年龄、工作单位、职务、居所地；法人的名称、住所地、法人代表的姓名等。

②案由及案件来源。应写明申诉人或者申诉单位不服某一人民法院（写明判决、裁定文号）判决（裁定），向我院提出申诉。如果是由下级院提请抗诉的，写为："某不服某人民法院某号判决、裁定，向某人民检察院提出申诉，某人民检察院提请我院抗诉。我院对该案进行了审查（可简述审查过程，如审阅了原审卷宗、作了鉴定等，也应说明）。"

③案件基本情况。主要是在全面审查原审材料和当事人提交的申诉材料、答辩材料以及检察机关依法调查收集证据的基础上，结合涉案诉讼证据的分析判断，叙述检察机关审查后认定的案件事实。

④原审诉讼程序。应该按照时间顺序写明人民法院一审、二审裁判的作出日期、文号、理由和裁判结果。

⑤本院的抗诉理由及法律依据。关于抗诉的理由和意见，要分情况，采取不同的写法。如果检察机关与人民法院认定的事实一致，可不写案件事实，直接写为"本院认为：（另起一段，根据案件具体情况，结合有关法律、法规、政策，对原审裁判在运用证据、适用法律及程序方面存在的问题进行分析和论证，指出原裁判的错误之处）"；如果认定的事实不一致的，可写为"现已查明：（另起一段，首先写明检察机关审查认定的案件事实）。本院认为：（另起一段，结合案件具体情况，分析、论证原裁判存在的错误）"。法律依据这部分要阐明结论性意见，根据所述抗诉理由，指明原裁判存在的问题，针对终审裁判提出检察机关的意见。

凡经本院检察委员会讨论决定抗诉的，加写"经本院第×届检察委员会第×次会议讨论决定，"依照《中华人民共和国民事诉讼法》第二百零九条第一款第×项的规定（符合几项的规定就写几项），向你院提出抗诉，请依法再审。

第三，尾部。写明"此致某人民法院"，决定抗诉的日期，并加盖本院院印。

《民事抗诉书》格式样本与典型范例

××市人民检察院
民事抗诉书

×检民行抗〔×〕×号

××市某某房地产开发有限公司与叶某因房屋买卖合同纠纷一案，不服××市第一中级人民法院〔2007〕一中民终字第5945号民事判决，向某某市人民检察院第一分院申诉，××市人民检察院第一分院提请我院抗诉。我院立案后经调卷审查，本案现已审查终结。现查明：

2006年3月27日，××市某某房地产开发有限公司（以下简称某某公司）委托的负责代销楼盘的房产经纪公司员工余某等利用空白合同与叶某签订了《商品房买卖合同》，约定叶某购买某某公司开发的××市××

区××镇××××园一期 15 号楼 1 单元 101、102、103 号房屋，建筑面积共计 120 平方米，单价每平方米 4600 元，总价款 552000 元，交房日期为 2006 年 8 月 31 日前。

合同签订后，余某等人将叶某交纳的首付款 472000 元存入自己的账户。2006 年 7 月 31 日，某某公司取得了涉案楼房的商品房预售许可证。嗣后，叶某多次欲将剩余房款交付某某公司，但该公司一直拒收。2006 年 9 月 15 日，叶某将剩余房款向公证处提存。2007 年 2 月 1 日，叶某诉至××市××区人民法院，要求某某公司为其办理涉案房屋的商品房预售网上签约手续并进行网上预售登记；履行双方签订的商品房买卖合同，办理上述房屋的建筑工程竣工验收备案表及面积实测技术报告书，并在具备前两项条件后将房屋交予叶某使用，同时要求某某公司支付延期交房违约金。

2007 年 4 月 9 日，××市××区人民法院作出〔2007〕房民初字第 1880 号民事判决书，该院认为：叶某与某某公司签订的商品房买卖合同有效，某某公司关于合同无效的答辩意见没有法律依据。叶某将剩余的 8 万元购房款提存于公证处，应当认定其交纳了剩余购房款，至于某某公司提出的其工作人员涉嫌犯罪一节，属于某某公司内部问题，不能作为对抗叶某的主张。现某某公司逾期超过 60 日未交付房屋，根据合同约定，某某公司应当继续履行合同，交付房屋，并按合同约定支付违约金。综上，该院判决：一、某某公司于判决生效之日起十日内将位于××市××区××镇×园 15 号楼 1 单元 101、102、103 号房屋三间交付叶某使用；二、某某公司按照房屋总价款万分之三的标准向叶某支付自二〇〇六年九月一日起至本判决生效之日止的违约金。

某某公司不服，向××市第一中级人民法院提起上诉。2007 年 8 月 21 日，一中院作出〔2007〕一中民终字第 5945 号民事判决书，该院认为：叶某与某某公司签订的商品房买卖合同应为有效。某某公司关于该合同是其公司业务人员私自与叶某签订，涉嫌职务诈骗应属无效的主张，不能对抗叶某行使其权利，某某公司对此可另行解决。某某公司未按时交付房屋，应按合同约定支付违约金。现某某公司以合同无效为由不同意交付房屋并支付违约金之请求，缺乏法律依据。故判决驳回上诉，维持原判。

本院经依法审查认为，××市第一中级人民法院〔2009〕一中民终字第 15471 号民事判决认定的基本事实缺乏证据证明，适用法律错误。

一、在涉案房屋实际不存在的情况下，终审法院仍然维持原审法院关于继续履行合同的判决，违反法律规定。

依照《中华人民共和国合同法》第一百一十条之规定，"当事人一方不履行非金钱债务或者履行非金钱债务不符合约定的，对方可以要求履行，但有下列情形之一的除外：（一）法律上或者事实上不能履行；（二）债务的标的不适于强制履行或者履行费用过高"。据此，一方当事人在事实上已不能履行非金钱债务时，对方要求其继续履行缺乏法律依据。本案中，某某公司在二审上诉状中和二审庭审时均表示诉争房屋实际并不存在，为证明上述主张，该公司提交了涉案15号楼的房屋土地测绘技术报告书，该报告书显示15号楼一层为整体开间，并不存在合同约定的101、102、103号房屋。因此，终审法院未查明本案基本事实，在涉案房屋实际并不存在，涉案商品房买卖合同在事实上已不能履行的情况下，仍然维持原审法院关于某某公司应继续履行合同的判决，违反法律规定。

二、终审法院未对原审法院遗漏当事人诉讼请求的违法情形予以纠正。

本案中，叶某的诉讼请求为（摘录原审判决原文）："1. 判令被告为原告办理×××园15幢1单元101、102、103号房的商品房预售网上签约手续并进行网上预售登记；2. 判令被告履行原、被告双方签订的商品房买卖合同，办理×××园15幢1单元101、102、103号房的建筑工程竣工验收备案表及面积实测技术报告书，并在具备前两项条件后将房屋交付原告使用；3. 判令被告按日万分之三的标准支付自2006年9月1日起至判决下达之日止的迟延交付违约金；4. 诉讼费用由被告承担。"

经查，叶某的所提第2项诉讼请求系源自其与某某公司签订的《商品房买卖合同》第八条关于交付期限的规定，与其第1项诉讼请求并无重合之处，两项诉讼请求各自独立，且叶某在开庭时亦明确强调其诉讼请求之一就是要被告履行网签义务（详见庭审笔录）。然而，××区人民法院在一审判决的本院 认为和判决主文部分，并未对叶某的上述第1项关于要求被告办理网签手续的诉讼请求进行任何回应，遗漏了该项诉讼请求。在本案二审期间，一中院亦未对原审法院遗漏当事人诉讼请求的问题予以纠正，而是直接判决维持了一审判决。因此，本案中，两审法院均遗漏了当事人诉讼请求，依照《中华人民共和国民事诉讼法》第一百七十九条第一款第（十二项）的规定，属于应予再审和抗诉情形。

综上所述，××市第一中级人民法院〔2007〕一中民终字第5945号民事判决认定事实不清，适用法律错误，依照《中华人民共和国民事诉讼法》第一百八十七条第一款、第一百七十九条第一款第（二）、（六）项之规定，特向你院提出抗诉，请依法再审。

此　致

××市高级人民法院

××市人民检察院

××××年××月××日（院印）

4. 诉讼监督业务文书

（1）纠正违法通知书

纠正违法通知书，是人民检察院在各种检察业务活动中，发现侦查机关的侦查活动、执行机关执行刑罚的活动有违法情况时，为纠正违法行为，依法向违法单位提出纠正意见时，所制作的法律文书。

纠正违法通知书为叙述式文书，分为首部、正文和尾部。具体内容是：

第一，首部。包括制作文书的人民检察院名称；文书名称为"纠正违法通知书"。文书编号应写为"某检某纠违某号"。

第二，正文。包括：①发现的违法情况来源。主要是为通知纠正违法提供立论依据；在行文关系上，则是为了提起下文。一般应当写明是在何种诉讼活动中，发现何单位、何人于何时、在处理什么案件中发生何种性质的违法情况。有不良后果的，应当写明违法情况的后果。②认定违法的事实和证据。应当具体写明违法事实的情节，如时间、地点等。叙述违法事实，应当客观、准确，实事求是。对有些违法事实，还应当用必要的证据加以说明和证实。③认定违法的理由和法律依据。认定违法事实，应当对违法的事实及其性质加以分析，根据法律规定的要求，写明认定其违法的理由，并引用刑事诉讼法及其他法律的相应条款，作为法律依据。④纠正意见及纠正结果的回复要求。

第三，尾部。填写发文日期，加盖院印。

《纠正违法通知书》格式样本与典型范例

××市××区人民检察院
纠正违法通知书

×检侦监纠违〔×〕×号

××市××区公安局：

　　本院在审查你局提请批准逮捕犯罪嫌疑人江××、林××涉嫌贩卖毒品罪一案中，经检察发现，你局禁毒大队民警明××、陈×、刘××三人于××××年××月××日9时至12时在××看守所同时讯问犯罪嫌疑人江××、林××。该项侦查行为违反了《中华人民共和国刑事诉讼法》第九十一条关于"讯问的时候，侦查人员不得少于二人"之规定，导致此侦查行为无效。根据《中华人民共国刑事诉讼法》第九十八条的规定，特通知你局予以纠正，请将纠正结果书面告知我院。

××××年××月××日

（2）通知立案书

通知立案书是人民检察院认为侦查机关说明不立案理由不能成立，或者侦查机关不说明不立案理由，但经审查符合立案条件，依法通知侦查机关立案时所制作的文书。

通知立案书的基本内容和制作要求。通知立案书包括首部、正文和尾部三个部分。

第一，首部。包括制作文书的人民检察院名称、文书名称"通知立案书"、文书编号"×检侦监通立〔×〕号"。空格处依次填写制作文书的人民检察院的简称、具体办案部门简称、制作文书年度和当年序号。

第二，正文。要求包括下列内容：第一，受文单位，即发往侦查机关的具体名称。第二，写明发出"要求说明不立案理由通知书"的时间和文号，侦查机关回复的时间和文书的文号，如"本院于2007年8月15日以45号文书要求你局说明对张某故意伤害一案不立案理由，并于2007年8月20日收到你局说明不立案理由的65号文书"。第三，应当立案的事实根据和法律依据。此部分是公安机关不立案理由不能成立的原因，因此应当作为重点来写。在明确提出人民检察院经审查认为侦查机关说明的不立案理由不能成立的前提下，写明人民检察院查明的案件事实，分析犯罪嫌疑人的犯罪行为特征、涉嫌的罪名和所触犯的刑法条文，并指出本案符合刑事诉讼法规定的立案条件，对应当立案的事实和适用的法律进行充分论述。第四，通知立案的法律依据和要求事项。法律依据可表述为"根据《中华人民共和国刑事诉讼法》第一百一十一条的规定，本院现通知你局立案。请你局在某年某月某日以前立案，并将立案决定书副本送达我院"。

第三，尾部。写明制作文书的日期，并加盖制作文书的人民检察院院印。本文书一式三份，一份送达侦查机关，一份报上一级人民检察院备案，一份存档。

××市××区人民检察院
应当逮捕犯罪嫌疑人建议书

×检侦监应捕建〔×〕×号

××市公安局××区分局：

你局××号提请批准逮捕书移送的犯罪嫌疑人王××、林××、洪××涉嫌盗窃一案，本院经审查认为：

你局提请批准逮捕书未列明的犯罪嫌疑人韦××，男，23岁（×××年××月××日生），有证据证明有下列犯罪事实：×××年××月××日下午，在犯罪嫌疑人韦××与犯罪嫌疑人王××、林××、洪××在××区名人茶艺馆喝茶过程中，王××、林××、洪××三人提出找个地方"找点钱"用（意指盗窃），犯罪嫌疑人韦××提出在自己曾经担任保安的××大学××园有很多值钱的盆景，还有一棵三百多年的罗汉松，很好"搞"。韦向三人详细描述了地形和进出路线，并详细提供了学校保安巡逻的情况。次日二时许，犯罪嫌疑人王××、林××、洪××三人租借一辆长安牌货车窜至××大学××园将价值一百多万元的罗汉松盗往外地销赃，获赃款四万元，事后，由犯罪嫌疑人王××分给犯罪嫌疑人韦××现金两千元并告知系卖罗汉松所得。认定犯罪嫌疑人韦××涉嫌盗窃犯罪的证据有：四名犯罪嫌疑人的供述、××大学的报案材料、现场勘查笔录、追回的罗汉松一棵、收买罗汉松的××市××园林公司经办人徐××的证言、犯罪嫌疑人王××所写的收条。

　　本院认为，犯罪嫌疑人韦××的行为已触犯《中华人民共和国刑法》第二百六十四条之规定，涉嫌犯有盗窃罪，可能判处徒刑以上刑罚，曾经故意犯罪，有逮捕必要。依照《中华人民共和国刑事诉讼法》第七十九条第二款的规定，应当予以逮捕。请你局写出提请批准逮捕书，连同案卷材料、证据，一并移送本院审查批准逮捕。

××××年××月××日
（院印）

第八讲　检察改革

> **本讲重点提示：**
>
> 　　检察改革的总体目标是从群众反映的突出问题和影响司法公正、制约监督能力的关键环节入手，以强化法律监督职能和加强对自身执法活动的监督制约为重点。检察改革注重强化法律监督，既是加强社会主义法制建设、建设社会主义法治国家的迫切需要，也是中国特色社会主义检察制度发展的必然趋势。另外不能忽略加强对检察权的监督制约，这是推进检察工作科学发展的客观需要。

一、检察改革的总体目标、任务及改革措施

党的十六大作出推进司法体制改革的战略决策后，检察改革日渐成为检察工作的强音。党的十七大从发展社会主义民主政治、加快建设社会主义法治国家的战略高度，对新的历史条件下进一步深化司法体制改革作出了重大部署。为落实中央的改革部署，建设公正高效权威的社会主义司法制度，最高人民检察院分别于 2005 年和 2009 年下发了《关于进一步深化检察改革的三年实施意见》和《关于深化检察改革 2009—2012 年工作规划》，从群众反映的突出问题和影响司法公正、制约监督能力的关键环节入手，以强化法律监督职能和加强对自身执法活动的监督制约为重点，推出了一系列改革举措。

（一）检察改革的总体目标

落实中央关于深化司法体制和工作机制改革的部署，优化检察职权配置，完善法律监督的范围、程序和措施，健全对检察权行使的监督制约，加强检察队伍建设，规范检察执法行为，提高检务保障水平，增强依法独立公正行使检察权的能力，建设公正高效权威的社会主义司法制度。

(二) 检察改革的基本任务

优化检察职权配置，改革和完善法律监督的范围、程序和措施，加强对诉讼活动的法律监督，切实维护司法公正；改革和完善人民检察院接受监督制约制度，规范执法行为，保障检察权依法、公正行使；完善检察工作中贯彻落实宽严相济刑事政策的制度和措施，创新检察工作机制，增强惩治犯罪、保障人权、维护社会和谐稳定的能力；改革和完善人民检察院组织体系和检察干部管理制度，进一步提高工作效能，加强检察队伍建设；认真落实中央关于改革和完善政法经费保障体制的总体部署，为检察事业发展提供更加坚实有力的经费和物质保障。

(三) 检察改革的具体举措

1. 改革和完善法律监督机制，维护司法公正

第一，建立和完善行政执法与刑事司法相衔接的工作机制。针对群众反映突出的"有案不立"、"有罪不究"、"以罚代刑"等问题，最高人民检察院会同有关部门建立了行政执法与刑事司法相衔接的工作机制，明确检察机关对行政执法部门移送涉嫌犯罪案件的监督职责和程序，加强了刑事立案监督。

第二，改革和完善对侦查活动的法律监督机制，遏制刑讯逼供、暴力取证等违法行为。最高人民检察院会同最高人民法院对排除非法取得证据问题制定了相关司法解释，同时，着力健全遏制刑讯逼供、暴力取证等违法犯罪行为的工作机制。一是增强审查逮捕程序的司法性。二是健全介入侦查、引导取证工作机制，完善审查逮捕、审查起诉中的证据审查制度，依法排除以刑讯逼供等非法手段获取的言词证据，探索建立违法侦查行为调查机制，加强对侦查活动的法律监督。三是进一步完善当事人权利义务告知制度和保障律师依法执业权利制度。最高人民检察院先后下发了《关于人民检察院保障律师在刑事诉讼中依法执业的规定》和《关于进一步加强律师执业权利保障工作的通知》，对保障律师会见犯罪嫌疑人、查阅案卷材料等作出了具体规定。

第三，开展量刑建议试点，规范和制约法官的自由裁量权。量刑建议是中央部署的"量刑规范化"改革的重要组成部分，有利于促进量刑公开公正，有效规范和制约法官的自由裁量权，也有利于完善刑事审判程序和刑事诉讼结构。目前，全国30多个省（区、市）的检察机关不同程度地开展了量刑建议试点。

第四，改革和完善对刑罚执行活动的法律监督制度，建立刑罚变更执行同步监督机制。针对减刑、假释、暂予监外执行中存在的问题，最高人民检察院制定了《关于减刑、假释法律监督工作的程序规定》等文件，要求各级检察机关对刑罚变更执行进行同步监督。同时，通过加强派驻检察，推行与看守所监管信息联网，强化对看守所执法活动的经常性监督和动态监督，以及对违法留所服刑、违规使用戒具、体罚虐待、违法办理减刑、假释、保外就医等问题开展专项检查，有力地促进了看守所和监狱依法文明管理，维护被监管人的合法权益。

第五，建立健全纠正和防止超期羁押的长效工作机制，完善超期羁押责任追究制度。最高人民检察院在认真总结清理超期羁押专项行动经验的基础上，会同有关部门建立了羁押期限告知、期限届满提示、检查通报、超期投诉和责任追究等加强工作衔接和法律监督的制度，初步建立起纠正和防止超期羁押的长效工作机制。

第六，完善民事审判和行政诉讼法律监督机制，促进司法公正。加强对民事审判和行政诉讼的法律监督是检察机关法律监督的重要内容。为适应民事诉讼法的修改，检察机关探索上下级检察院协调办案等机制，强化抗诉书说理，收到了较好的监督效果。

第七，完善贯彻宽严相济刑事政策的工作机制。检察机关通过完善办理未成年人犯罪案件的工作机制，建立和完善快速办理轻微刑事案件机制，会同人民法院对刑事案件实行繁简分流，扩大简易程序适用范围，建立被告人认罪案件适用普通程序简化审，探索建立刑事被害人救助制度等，收到了良好的效果。

2. 建立健全对自身执法活动的监督制约机制，提高执法公信力

第一，优化职务犯罪审查逮捕权配置，积极推进职务犯罪审查逮捕程序改革。为了解决同一检察机关同时行使职务犯罪侦查、逮捕、起诉权而造成的权力集中、监督弱化问题，继上一轮司法改革检察机关建立了查办职务犯罪案件"双报批、双报备"制度（即省级以下检察院对职务犯罪案件立案、逮捕必须报上一级检察院备案审查，撤案、不起诉必须报上一级检察院批准）之后，最高人民检察院又作出规定，省级以下（不含省级）人民检察院立案侦查的案件，需要逮捕犯罪嫌疑人的，报请上一级人民检察院审查决定。这项改革从2009年9月起在全国绝大多数省份开始实施。

第二，建立和推行讯问职务犯罪嫌疑人全程同步录音录像制度。为规范

职务犯罪侦查行为，防止刑讯逼供，增强检察人员依法、文明办案意识和人权保护观念，最高人民检察院在检察机关建立并推行了讯问职务犯罪嫌疑人全程同步录音录像制度。实行这一制度后，涉及检察人员办案不文明、不规范的投诉明显减少。

第三，健全举报机制，保护举报人合法权利。最高人民检察院开通了全国检察机关"12309"职务犯罪举报电话和举报网站，为群众举报职务犯罪线索提供了更加便捷、安全的渠道。发布了《人民检察院举报工作规定》，健全对人民群众举报、投诉、申诉的办理、督察、反馈机制，完善对举报人的保护措施。出台了《关于进一步加强和改进举报线索管理工作的意见》，加强和改进了举报线索的管理，进一步规范了人民检察院举报工作。

第四，建立健全规范检察机关扣押、冻结款物工作的长效机制。针对群众反映强烈的职务犯罪侦查活动中超范围扣押冻结款物等问题，最高人民检察院于2006年3月出台了《人民检察院扣押冻结款物工作规定》。2009年，在全国范围内开展检察机关直接立案侦查案件扣押冻结款物专项检查工作，对2004年以来已办结的职务犯罪案件进行全面检查。纠正了一批违规违法扣押、冻结、处理涉案款物问题，建立健全了规范扣押、冻结、管理、处理涉案款物的长效机制。

第五，完善检察机关接受人大和社会各界监督机制。检察权来自人民，接受人民代表大会及其常委会的监督，是检察机关必须遵守的宪法原则和政治任务，是中国特色社会主义检察制度的重要特征。加强同党外人士联系沟通，建立健全联络工作制度，充分发挥党外人士的民主监督作用，是检察机关提高法律监督能力，发挥法律监督职能的基础和保障。最高人民检察院制定了《关于进一步做好向全国人大常委会的专项工作报告有关工作的意见》、《最高人民检察院与各民主党派中央、全国工商联和无党派人士联络工作办法》，使检察机关接受人大和社会各界监督的工作进一步制度化、规范化。

第六，建立和推行人民监督员制度，接受人民群众对检察机关查办职务犯罪活动的监督。人民监督员制度是检察机关创立的旨在加强对检察机关自身查办职务犯罪工作的外部监督的一项重要改革举措。人民监督员制度有效规范了检察执法行为，提高了办案质量，体现了诉讼民主，加强了人权保障，得到了社会各界广泛赞同。

第七，建立和完善检务公开制度。为了提高检察机关执法工作的透明度，以公开促公正，以透明保廉洁，最高人民检察院于 2006 年 6 月 26 日下发了《关于进一步深化人民检察院"检务公开"的意见》，在以往"检务十公开"的基础上，又增加了 13 项向社会和诉讼参与人公开的内容，并完善了公开的方式和途径，健全了对违反检务公开规定的责任追究制度。各级检察机关积极采取措施拓宽检务公开的渠道，丰富检务公开的内容，普遍推行了"检察开放日"和"检察长接待日"制度，主动听取人民群众的意见和建议，自觉接受社会监督。同时，建立了新闻发布会和新闻发言人制度，及时公布重大专项工作、重大活动和社会关注的重大案件情况等执法公开事项，进一步增强了检察工作的透明度，促进了严格、公正、文明执法。

第八，改革和完善检察委员会制度。检察委员会是各级检察机关实行集体领导，讨论决定重大案件和检察工作中其他重大问题的机构，是检察机关内部按照民主集中制原则进行集体决策的重要组织形式。2009 年 10 月，最高人民检察院出台了《人民检察院检察委员会议事和工作规则》，这对于规范检察委员会会议议事程序，提高检察委员会的议事能力和决策水平，促进检察委员会民主决策、科学决策、依法决策，保证依法正确行使检察权，推动检察工作科学发展具有重要意义。

第九，建立检察机关巡视工作制度、检务督察制度和执法办案内部监督制度。为保证检察机关及检察人员正确履行职责，对违法违纪行为依法追究责任，最高人民检察院相继出台了《最高人民检察院巡视工作暂行规定》、《最高人民检察院检务督察工作暂行规定》和《人民检察院执法办案内部监督暂行规定》，进一步强化了检察机关内部监督的刚性和力度。

3. 加强检察队伍素质建设和基层院建设，提高法律监督能力

第一，深入推进检察工作规范化建设。推进检察工作规范化建设是提高检察机关科学管理水平、创建科学管理机制的重要内容。最高人民检察院制定了《人民检察院规范化管理指导性标准》和《检察业务工作操作标准（范本）》，并在全国 56 个基层检察院开展了试点工作，有效推动了检察机关的规范化建设。

第二，改革和完善教育培训制度，提高检察人员的法律监督能力。2009 年 3 月，最高人民检察院出台了《关于 2009—2012 年大规模推进检察教育培训工作的实施意见》，对进一步加强检察教育培训工作，加快建设高素质检察队伍作出部署。同时，继完成对全国地市级检察院检察长的培训之后，组织了中国检察历史上第一次全国基层检察长轮训，2010 年年底前，最高

人民检察院已完成对全国3500余名基层检察长的培训。

第三，加强检察官职业道德建设，树立检察机关良好形象。2009年9月，最高人民检察院出台了《中华人民共和国检察官职业道德基本准则（试行）》，进一步健全了以忠诚、公正、清廉、严明为核心的规范检察官行使检察权、履行法律监督职能的职业行为和职业外活动的职业道德准则，并在全体检察人员中部署开展学习、贯彻职业道德基本准则的主题实践活动，以提升检察官职业道德水平，树立检察官良好的职业形象，推进检察官队伍建设。

第四，深入推进基层检察院建设，夯实检察事业发展根基。2009年2月，最高人民检察院出台了《2009—2012年基层人民检察院建设规划》，积极推进基层检察院执法规范化、队伍专业化、管理科学化和保障现代化建设。

二、检察改革的制度构建

（一）主诉检察官制度

主诉检察官制度，是检察机关进行检察改革的重要措施之一，是检察机关办案责任制的重大改革，它的核心是将检察机关办案由行政领导负责制改为由主办检察官负责制，增加主办检察官办案的责任，提高各级人民检察院整体办案水平，确保办案质量。最高人民检察院于1999年5月27日发出《关于试行主诉检察官办案责任制的工作方案》，在检察系统广泛推行主诉检察官办案责任制度，并且作为今后检察改革的重要内容。

主诉检察官办案责任制，在开始时，是在检察机关刑事审查起诉部门开展的，在各级人民检察院检察长的领导下，依照法律的有关规定，以主诉检察官为主要责任人，相对独立承担刑事案件的办理并承担相应责任的一种办案制度，所以称为"主诉检察官制度"。其基本形式是，从检察官队伍中选拔一批政治、业务素质比较高的检察官担任主诉检察官，再配备一定数量的其他检察官组成办案组，由主诉检察官具体负责开展办案工作。

主诉检察官能够相对独立地决定办案工作中的一部分事项，对其他事项依法提出处理意见报检察长决定或检察委员会讨论决定。主诉检察官对自行决定的案件承担完全责任。

主诉检察官办案责任制，改变了原有的办案机制，打破了过去用行政方法管理办案工作的旧模式和集体讨论、集体负责的旧框架，限制了部门负责人用行政手段干预案件的权力,将部分案件的决定权赋予主诉检察官,"谁办案,谁负责;谁决定,谁负责",形成了以承办案件的主诉检察官为主要负责人,实行责权统一、科学高效的办案工作机制。

经过试点,明显提高了办案质量,后逐步推广到检察机关的其他办案部门,所以,又称"主办检察官制度"。总结检察机关推行主诉检察官制度的经验,其意义主要有:

第一,主诉检察官办案责任制不仅限于起诉部门和起诉工作,这项办案责任制度的推行和发展意味着改变了单纯以行政手段管理检察工作的传统工作机制,强化检察官的司法属性,实现检察官办案的相对独立性。其重要意义在于对推进包括领导体制、办案机制、人事制度、管理方式在内的检察制度的全面改革,乃至我国司法制度的改革都有许多启发意义。

第二,主诉检察官办案责任制改变了过去层层汇报、层层把关造成的起诉部门高负荷、低效率的状态。由于部分权力授予主诉检察官行使,减少了办案环节,个案审结时间大大缩短。主诉检察官办案责任制明确了检察官的权力和责任,主诉检察官要对自己所办案件质量负责,这符合刑事诉讼的司法规律,增强了检察官的办案责任心,提高了整体办案水平,使案件质量大大提高。可见这项改革发挥了提高办案效率,保证办案质量的双重作用。

第三,主诉检察官办案责任制有利于以人为本,充分调动主诉检察官的主动性和积极性,充分发挥其主观能动性,充分发挥其内在潜力,稳定公诉队伍。应该看到,主诉检察官办案责任制是进一步落实检察官法,加强检察官队伍科学管理的重要举措。

第四,主诉检察官办案责任制要求检察官必须是高层次、复合型、专家型的检察官;要求他们具备独立分析问题、思考和处理案件的水平和能力;要求他们必须刻苦钻研业务,努力学习相关法律法规、经济和政治知识。主诉检察官消除了依赖心理,增强了提高自身素质的自觉性和紧迫感。因此,主诉检察官办案责任制有利于培养优秀公诉人才,提高检察队伍素质。

(二)证据开示制度

证据开示制度,是指在法院庭审调查前诉讼当事人从对方或者第三方获取有关案件的信息和收集的证据,从而为庭审辩论做准备的诉讼制度。证据开示,最早起源于16世纪末的英国,到19世纪英国在民事诉讼改革中形成了证据开示制度。1938年美国确立了一项法定证据开示程序,从此以后证据开示制度被许多国家刑事、民事、行政诉讼所采纳,成为一种庭前准备的重要程序。

在控辩诉讼中，控辩双方都要收集证据，使用证据证明自己的主张，实现诉讼目的。如果双方所采用的证据在庭审调查时才开示，对该证据的真实性、有效性、合法性等在对方没有进行调查的情况下，无法进行质证，不能当庭核查清楚。为了保证证据的真实性、有效性、合法性，提高庭审效率，就必须在庭审前将控辩双方收集的证明案件事实的证据开示，给对方一个查实准备时间，以便在庭审质证，使庭审对证据的质证更加有实效。证据开示的目的：（1）确立诉讼双方争议的事实，找出争议的焦点；（2）取得与案件有关的必要证据材料；（3）为庭审做准备，提高庭审质量，保证证据的真实性。

我国刑事诉讼法也规定了一些证据开示程序，如在侦查阶段，侦查机关告知犯罪嫌疑人的罪名；在审查起诉阶段，辩护律师可以查阅、摘抄、复制本案的诉讼文书、技术鉴定材料；在审判阶段，在开庭前辩护律师可以查问、摘抄、复制本案所指控的犯罪的起诉书、证人名单和主要证据复印件。但是，我国"证据开示"还没有形成完整的"证据开示"制度，不论是在证据开示的范围、证据开示的主体，还是证据开示的时间、证据开示的程序都很不完善，达不到证据开示的目的，有待进一步发展和完善。

从2002年开始，最高人民检察院、最高人民法院在有条件的基层人民检察院和人民法院开始试点，研究在我国如何实行证据开示制度。

北京市海淀区人民检察院和北京市律师协会签订了《证据开示协定书》，规定北京市人民检察院与北京市的25家律师事务所就该院立案侦查的全部案件开展对应的证据开示。检察官和律师通过这一公诉改革实践，旨在改变刑事案件控辩双方地位不平等的局面，共同促进司法公正。

北京市海淀区人民检察院作为公诉人对辩护人所开示证据的案件范围为：该院立案侦查的全部案件；辩护人向公诉人需开示五项主要的证据，包括：犯罪嫌疑人、被告人正当防卫、紧急避险的证据，不在现场的证据，未达刑事责任年龄的证据，不具备刑事责任能力的证据以及有自首、立功情节的证据。业内人士评价说，证据开示的实行意味着今后控辩双方在庭审中不得再有什么"撒手锏"。因为按双方的协定，原则上控辩双方未经开示的证据不得在法庭上出示，如果一方提出未经开示的证据，另一方有权提出申请休庭。

不仅如此，若控辩双方对对方证人的证言有异议需查证核实，不得再单方接触该证人,而应当在开庭审判时申请法庭传唤该证人出庭作证。如果控辩双方认为在开庭前必须向该证人核实证据,核实时应同时到场。为了使协定顺利履行,参与协定的律师事务所都是在3年内没有当事人投诉、具有较高业务素质的律师事务所。因此,如果有律师事务所在履行协定中违约,律协不但让其出局,还会将其列入律协信誉体系的黑名单。

(三)检察机关的"权利告知"义务

检察机关的"权利告知"义务,是检察机关检务公开改革措施重要内容之一,是指检察机关办案人员在进行刑事立案侦查和刑事公诉活动时,事先告诉对方应享有的权利、应履行的义务的制度。最高人民检察院于1998年发出《关于在全国检察机关实行"检务公开"的决定》,该《决定》中要求:检务公开的内容之一是检察人员执行公务活动要通报姓名、身份和执行检察活动的事由,告知公务对象有关法定权利和义务等必须知道的具体内容,告之对检察公务活动如有异议,可以投诉及其投诉办法。检察机关"权利告知"义务,主要有:

1. 检察机关立案侦查时"权利告知"义务

根据我国刑事诉讼法和《刑诉规则》的规定,人民检察院办案人员在立案侦查阶段,"权利告知"义务有:

(1)人民检察院决定不立案,应当在《不立案通知书》中写明不立案的原因和法律依据,并在15日以内送达控告人,同时告知控告人,如果不服,可以在收到《不立案通知书》后10日以内申请复议。

(2)办案人员在第一次讯问犯罪嫌疑人时,应按照《犯罪嫌疑人权利义务告知书》的内容,告知其所享有的权利和应履行的义务。

(3)办案人员在第一次询问证人时,应按照《证人权利义务告知书》的内容,告知其依法享有的权利和应履行的义务,以及作伪证所产生的法律后果。

(4)在对犯罪嫌疑人宣布取保候审决定时,应按照《被取保候审人权利义务告知书》的内容,告知其所享有的权利和应履行的义务,以及不履行义务将要产生的法律后果。

(5)在保证人为犯罪嫌疑人办理取保候审手续时,按照《保证人权利义务告知书》的内容,告知其所享有的权利和应履行的义务,以及不履行义务将要产生的法律后果。

(6)对犯罪嫌疑人采取强制措施后,应按照《被逮捕人羁押期限告知书》的内容，告知其检察机关在侦查期间对其的法定羁押期限，对超期羁押有权投诉，以及在被羁押期间依法所享有的权利和应履行的义务。

（7）对犯罪嫌疑人采取强制措施后，应按照《被逮捕人羁押期限家属告知书》的内容，告知检察机关在侦查期间对犯罪嫌疑人逮捕后的法定羁押期限，对超期羁押有权投诉，以及在被羁押期间依法所享有的权利和应履行的义务。

（8）对犯罪嫌疑人实施逮捕后，应按照《被逮捕人家属告知书》的内容，告知其有权利为犯罪嫌疑人申请取保候审，对超期羁押有权投诉。

（9）办案人员在实施搜查和扣押物品时，应按照《被搜查现场相关人员告知书》的内容，告知在场的犯罪嫌疑人的亲属以及相关人员，检察人员实施搜查的法律依据，搜查和扣押物品的范围，在搜查过程中应遵守的纪律，以及对扣押款物未来处理的基本方式等。

（10）对需要延长羁押期限的犯罪嫌疑人，应按照《延长羁押期限告知书》的内容，告知有关人员或单位，检察机关对犯罪嫌疑人依法延长羁押期限以及延长日期。

（11）对需要退回补充侦查的案件，应按照《退回补充侦查告知书》的内容，告知有关人员或单位，检察机关决定将案件退回补充侦查以及退回补充侦查日期。

（12）对需要重新计算侦查羁押期限的案件，应按照《重新计算侦查羁押期限告知书》的内容，告知有关人员或单位，依照法律有关规定检察机关将重新计算侦查羁押期限，以及重新计算侦查羁押期限的日期。

（13）检察机关应当将用作证据的鉴定意见告知犯罪嫌疑人、被害人。如果犯罪嫌疑人、被害人提出申请，可以补充鉴定或者重新鉴定。

2. 检察机关公诉时"权利告知"义务

公诉案件进入公诉程序，检察机关应向犯罪嫌疑人送达期限告知书。公告书应详细写明犯罪嫌疑人基本情况、刑事拘留时间、逮捕原因、羁押地点、检察机关受理案件的时间、批准人、承办人、告知书的填发人、填发时间以及刑事诉讼法规定的公诉案件审查起诉的审理期限，并注明该告知书在受理案件3日内必须送达当事人、看守所或犯罪嫌疑人本人。对其案件审理期限有异议的，可以与检察机关联系。

告知形式可采取口头告知和当事人自行阅读的方式，或两者并用。在被告知人明确告知事项后，告知双方均应在告知书上签字。检察人员要将告知情况记录在笔录中。被告知人拒绝在告知书上签字的，可在笔录上注明并将告知书留置在被告知人处。

（四）检务公开的主要内容和范围

检务公开是检察机关为增加检察工作透明度，使广大公民了解检察机关性质、职能、工作规定和法律规定允许公开的执法情况等内容而采取的一项重大举措。

1. 检务公开的主要内容

检务公开包括下列内容：人民检察院的性质、任务和职能，内部机构设置情况及工作职能；人民检察院司法活动的法律依据；人民检察院的活动原则、工作制度、规程和要求；人民检察院直接受理立案侦查案件的范围、立案标准；诉讼参与人的权利、义务；人民检察院的受理举报、控告、申诉和复查案件的工作规程；人民检察院及其工作人员办案纪律规范；人民检察院及其工作人员违法违纪行为举报、控告的途径、方法。

2. 实现检务公开的措施

检察机关采取以下措施实现检务公开：

第一，定期或不定期地召开新闻发布会或情况通报会，或者通过公告、报刊、电台、电视等新闻媒体，向社会公布检察机关履行法律监督职责的情况；检察工作的阶段性成果；实施检务公开内容的有关情况；最高人民检察院的工作部署、有关检察工作的司法解释及其他规范性文件；各级人民检察院工作中的重大活动、典型案例、先进集体、先进个人。

第二，对具有较大社会影响、公众关注的重大刑事案件、职务犯罪案件的查办情况，在逮捕或提起公诉后，适当予以报道。

第三，控告检察部门要热情接待人民群众来信来访，向来访人讲明检察机关制定的与来访事项有关的文件、规定等，使来访人员了解与此相关事项。

第四，利用出庭支持公诉工作，在法庭公开审理过程中，公开展示证据，揭露、证实犯罪，宣传法制，使人民群众对检察机关的工作有生动、具体、深刻的了解，树立检察机关和公诉人公正执法、文明办案的良好形象。

第五，检察人员在讯问犯罪嫌疑人时必须告知自己的工作单位，告知犯罪嫌疑人在侦查、审查起诉阶段的权利和义务。讯问未羁押的犯罪嫌疑人的，必须出示法律所要求的法律文书。检务告知必须以口头的方式进行，已将有关权利和义务写入书面材料的，在书面告知的同时，也应当口头告知。

第六，检察人员在询问证人、被害人时，必须出示本人的有关证件和人民检察院的询问通知书，告知证人、被害人在侦查、审查起诉阶段的权利和义务。

第七，在接受举报人当面举报时，检察人员应当将举报须知的有关内容告知举报人。

第八，检察人员在采取各种侦查措施和协助执行有关强制措施时，必须告知本人的所在单位，出示检察机关的拘传证、搜查证等法律文书，使犯罪嫌疑人和其他有关人员知悉检察人员的身份，了解执行公务事由。

第九，在办理案件过程中制作的有关诉讼文书如：拘传证、搜查证、拘留通知书、逮捕通知书等，依法需要出示、送达的，必须对有关当事人公开，送达有关当事人及其家属或者所在单位。

根据刑事诉讼法的规定，在审查起诉阶段辩护律师和其他辩护人可以查阅、摘抄、复制本案的诉讼文书、技术性鉴定材料。审查起诉部门必须提供必要的条件保证辩护律师和其他辩护人行使权利。

3. 检察人员违反检务公开的责任

检察人员在诉讼活动中必须依照法律和有关细则规定，履行各项告知义务。对于检察人员没有履行告知义务的，当事人可以向同级人民检察院检察长或上级人民检察院投诉，检察长或上级人民检察院应当责令有关部门或者有关人员予以纠正。对于检察人员严重违反规定，不履行告知义务而影响当事人诉讼权利行使的，任何单位或者个人都可以向检察机关纪检、监察部门控告或者举报。纪检、监察部门应当认真查处，依法追究有关人员的违法、违纪责任。定期检查、评比实施检务公开的情况，将检察人员在诉讼活动中是否履行告知义务，纳入对检察人员素质的考评、考核。对落实检务公开成绩显著的，予以表彰鼓励。

（五）人民监督员制度

人民监督员制度是最高人民检察院进行检察改革的一项重要举措。自2003年启动试点以来，全国共有3137个检察院开展了试点工作，占全国各级检察院总数的86.5%。共选任人民监督员21962名，监督职务犯罪嫌疑人不服逮捕决定、拟撤案、拟不起诉"三类案件"31457件，对检察机关查办职务犯罪应当立案而不立案或者不应当立案而立案，超期羁押，违法搜查、扣押、冻结，应当给予刑事赔偿而不依法予以确认或者不执行刑事赔偿决定，检察人员在办案中有徇私舞弊、贪赃枉法、刑讯逼供、暴力取证等违法违纪情况的"五种情形"提出监督意见783件。

根据最高人民检察院制定的《关于人民检察院直接受理侦查案件实行人民监督员制度的规定（试行）》，人民监督员是由机关、团体、企事业单位推荐的、适合做人民监督员工作的人员担任。人民监督员可以对检察机关直接受理侦查案件被逮捕的犯罪嫌疑人不服逮捕决定的，拟撤销案件的，拟不起诉的案件办理工作进行独立评议，实施监督；也可以对检察机关直接受理侦查案件应当立案而不立案的，超期羁押的，违法搜查、扣押、冻结等问题，提出纠正意见。按照法律规定，贪污贿赂犯罪，国家工作人员的渎职犯罪，国家机关工作人员利用职权实施的非法拘禁、刑讯逼供、报复陷害、非法搜查的侵犯公民人身权利的犯罪以及侵犯公民民主权利的犯罪，由人民检察院直接受理立案侦查、提起公诉，检察机关试行人民监督员制度是为了保证这项权力的正确行使。

人民监督员制度是检察机关自觉接受社会监督、确保依法正确行使侦查权的一项重要改革探索，是促进检察队伍执法观念和执法方式重大转变，推动职务犯罪查处工作，保障检察权正确行使的重要方式。人民监督员制度各试点省检察机关的撤案率、不起诉率、无罪判决率总体上呈下降趋势。例如，某省人民监督员不同意检察机关处理意见的22件案件中，有5件原处理意见受了外部因素的影响，经人民监督员监督，全部得到依法公正处理。

此外，人民监督员制度试点的主要成效还体现在：各试点单位以个案监督为重点，成功监督了一批案件，维护了司法公正。这项改革的试行，还克服了职务犯罪侦查工作中存在的神秘主义倾向，增进了人民群众对检察机关的理解、信任和支持。这项改革还体现了诉讼民主的要求，进一步完善了中国特色社会主义检察制度，有利于推进社会主义民主法治建设的历史进程。

下一步继续推进人民监督员制度试点工作，领导是关键，一把手要亲自抓，列入党组议事日程。要加强办事机构建设，为试点工作提供组织保障。上级院要加大对下指导的力度，促进试点工作平衡发展。要加大宣传工作的力度，让广大检察干警了解熟悉试点工作，增进人民群众对试点工作的了解，进一步争取社会各界的理解和支持，从而形成内外两个推动力，为人民监督员制度的全面推行营造良好的舆论环境。

检察机关在未来的工作重点是扩大人民监督员制度试点，进一步加强队伍建设，推动各项业务工作深入开展。检察机关要全面开展人民监督员制度试点工作，积极推进检察改革。实行人民监督员制度是检察机关坚持的立检为公执法为民思想的体现，也是加强检察队伍建设、保证查办职务犯罪工作健康发展的需要。经过前一段的试点，人民监督员制度取得了初步成效，积累了不少经验，扩大试点的条件已经具备。各地检察机关要把建立人民监督员制度试点作为检察改革的一个重点，切实抓紧抓好。要真心诚意地接受人民监督员的监督，决不能搞形式主义，做表面文章。既要为人民监督员履行职责提供必要的条件，又要保证其独立履行监督职责，充分地发表意见。要高度重视和尊重人民监督员意见，特别是对不同意见，检察机关要认真研究，充分论证，努力使所办案件客观公正。

（六）检察机关首办责任制

为了强化法律监督，保护公民、法人和其他组织的合法权益，提高办理控告、申诉的质量和效率，减少重复、越级信访，解决久诉不息的问题，检察机关于2003年专门颁布了《人民检察院控告申诉首办责任制实施办法（试行）》，确立了以明确责任为目的的首办责任制。

首办责任制，是人民检察院对于本院管辖的控告、申诉，按照内部业务分工，明确责任，及时办理，将控告、申诉解决在首次办理环节的责任制度。首次办理控告、申诉的人民检察院、业务部门和承办人，分别是首办责任单位、首办责任部门和首办责任人。该制度还规定检察长和部门负责人对本院管辖和本部门承办的控告、申诉案件负组织、协调、督促和检查落实责任。

首办责任制的目的是为群众解决实际问题。除少数属缠访缠诉外，重复越级信访发生的重要原因之一是群众反映的问题没有真正得到解决。检察机关的首办责任制就是为了把涉及检察机关的信访案件解决在初发环节，把矛盾化解在萌芽状态，解决信访基层院少、上级院多的"倒金字塔"态势，减少百姓的讼累，维护社会和谐稳定。

首办责任制的实质是"责任"，是人民检察院办理控告、申诉案件的一项责任制度。它的基本精神是：谁主管，谁负责；注重效率；奖惩分明。各级人民检察院要树立全院"一盘棋"的思想，各部门各司其职，互相配合，落实责任，避免互相推诿，案件在哪个环节，责任就在哪个环节。控告申诉案件按照检察院级别管辖和内部职能分工的有关规定，确定承办检察院、承办部门，再落实到承办人，责任明确，改变"责任大家扛，问题难解决"的情况。《人民检察院控告申诉首办责任制实施办法（试行）》还规定各级检察院要将首办责任制的落实情况纳入本院目标管理考核评比的内容，作为评先选优和考核干部的重要依据之一；对不严格执行首办责任制，引起重复、越级信访的，要严肃追究责任。

各级人民检察院控告检察部门的职责是：按照"分级负责，归口办理"的原则，负责将案件移送本院有关部门和下级院办理，并按照首办责任时限进行催办和督办，首办责任部门应认真办理、按时回复。控告申诉部门负责答复信访人。以最高人民检察院为例，控告检察厅将属于各业务厅管辖的案件逐件附《控告、申诉首办流程登记表》，对移送、办理、回复等逐项记录，建立台账，全程跟踪，做到去向分明，责任明确，还定期清理、催办。并将属省级院管辖的重点案件交办下去，限时回复。

首办责任制的关键是工作重心下移，搞好基层基础工作，进行源头治理，防止矛盾激化和上交。

首办责任制实施以来，各级院不断在实践中深化该项制度，作为控告申诉检察工作的一项基本工作制度。该制度的实施，为各级检察机关及时处理涉及检察机关的信访案件，维护群众利益起到了重要的作用。

（七）检务督察制度

检务督察制度是近年来检察制度改革的一项重要成果，虽然它在许多方面还需进一步探讨和完善，但经多年的试点实践和不断总结升华，已成为检察机关内部监督的一项重要制度。认真贯彻落实这一制度，对于提高检察工作人员的素质，提高检察工作质量，保障机关及其工作人员依法履行职务，严格检察纪律，端正检风检容，确保国家法律的统一和正确实施将起着十分重要的作用。

最高人民检察院于2007年10月8日，向全国各级检察院发布了《最高人民检察检务督察工作暂行规定》（以下简称《检务督察规定》）全面规定了检务督察制度的内容。《检务督察规定》共18条，主要内容是：检务督察的概念及对象、检务督察的机构和职责、检务督察的方式和措施、检务督察的纪律和法律责任等。

1. 检务督察的概念及对象

根据最高人民检察院《检务督察规定》第2条的规定，"检务督察是指检务督察部门及其工作人员依照法律和规定对督察对象履行职责、行使职权、遵章守纪、检风检容等方面进行的监督检查和督促落实。"由此可见，检务督察包括以下内容：

第一，检务督察的主体，是检察机关的检务督察部门及其工作人员，即最高人民检察院设立检务督察委员会及其工作人员，它的具体工作部门是检务督察室及其检务督察工作人员。

第二，检务督察的对象，是全国各级人民检察院及其工作人员，包括各级人民检察院单位和检察官、检察法警和检务工作人员。

第三，检务督察的内容，是对督察对象履行职责、行使职权、遵纪守法、检风检容等方面进行的监督检查和督促落实。

第四，检务督察的活动原则，是检务督察工作必须服从服务于检察中心工作，贯彻从严治检的方针，坚持在适用法律和纪律上人人平等，坚持预防、教育与惩处相结合，坚持监督检查与促进工作相统一等原则。

检务督察制度的特点，它是检察机关内部的一项重要监督制约机制，目的在于促使检察机关及其工作人员依法行使检察职权，防止权力滥用，确保国家法律的统一正确实施。检务督察将事前、事中和事后监督有机地结合起来，具有动态性和警示性，监督的手段既有建议性也具有强制性，既有间接性，也有直接性，从而提高了检务督查的效力。建立这种检务督察制度有利于检察机关落实中央有关教育、制度、监督并重的惩治和预防腐败体系，从源头上预防检察工作人员违法乱纪腐败行为的产生；有利于加强上级检察机关对下级检察机关的领导，确保检令畅通、令行禁止；有利于检察机关强化法律监督，提高办案水平，维护公平正义；有利于加强检察队伍建设，提高检察工作人员的素质，预防和及时处理检察工作人员的违法违纪问题。因此，检务督察制度是检察机关实施法律监督职能的重要保障，应大力提倡，确保其贯彻落实。

2. 检务督察的机构及职责

为确保检务督察工作卓有成效，首先要从机构组织上保障，要有人抓，有人管，有人去做这项工作。最高人民检察院《检务督察规定》第5条规定："最高人民检察院设立检务督察委员会。检务督察委员会设督察长一名，由院领导担任；设副督察长二名，分别由政治部和纪检监察部门负责同志担任；设委员若干名，分别由相关部门主要负责同志担任。最高人民检察院检务督察委员会下设检务督察室，是检务督察委员会的常设办事机构。检务督察室设主任一名、副主任二名、工作人员若干名。"这就从机构组织上保证了检务督察工作有组织有领导有具体工作人员负责去抓去管去落实其应做的工作。根据《检务督察规定》的规定，检务督察机构和人员的职责分别是：

第一，检务督察委员会的职责。检务督察委员会，在检察长的领导下开展工作,其主要职责是:领导和组织检察机关检务督察工作;制定检务督察工作制度;审查和批准检务督察工作年度计划和执行情况报告;听取检务督察工作汇报;研究处置督察中发现的违法违纪问题并作出督察决定;检察长交办的其他任务。

第二,检务督察室的主要职责。检务督察室是检务督察委员会的常设办事机构,在检务督察室主任的主持下,主要职责是:指导和协调地方各级人民检察院和专门人民检察院的检务督察工作;了解和掌握地方各级人民检察院和专门人民检察院检务督察机构履行职责的情况;起草检务督察工作决定和工作制度;制定最高人民检察院检务督察工作方案;组织、指导检务督察人员的教育和培训;检务督察委员会交办的其他任务。

第三,检务督察工作的主要工作事项。最高人民检察院检务督察工作的主要工作事项是:督察遵守和执行国家法律法规以及最高人民检察院重大工作部署、决议、决定、指示的情况;督察在执法办案活动中遵守办案程序和办案纪律、落实办案安全防范措施的情况;执行各项规章制度的情况;严明执法作风、遵守检风检容的情况;检察长交办的其他事项。

除上述事项外,最高人民检察院检务督察委员会根据工作需要,经检察长批准派出检务督察组,委任督察工作人员,采取暗访督察、现场督察、专项督察等方式,依法履行督察职责。

最高人民检察院是全国最高检察机关,其领导全国各级人民检察院。因此,最高人民检察院检务督察的范围是全国各级人民检察院及其工作人员遵守和执行国家法律法规和最高人民检察院的工作部署、决议、决定、指示的情况;督察执法办案活动中遵守办案程序和办案纪律及办案安全防范措施的情况;督察执行各项规章制度的情况;遵守检风检容的情况等。

3. 检务督察的方式和措施

根据最高人民检察院《检务督察规定》第 10 条的规定,最高人民检察院开展检务督察工作可以采取的主要方式是:参加或者列席与督察事项有关的会议;听取被督察单位、部门和人员的汇报;听取地方党委、人大、政府、政协和有关单位、新闻媒体及人民群众对检察机关及其工作人员的意见和建议;要求被督察对象就督察事项涉及的问题作出解释和说明;要求被督察对象提供与督察事项有关的资料,包括案件卷宗、音像资料、电子文档、财务账册等材料,进行查阅或者复制,经检察长批准可以暂时扣留、封存;经检察长批准,深入执法办案现场进行督察,或者以其他身份进行暗访督察；符合法律规定的其他督察方法。

根据最高人民检察院《检务督察规定》第11条的规定，最高人民检察院检务督察室在履行职责时，可以采取下列措施：对违反法律法规和上级人民检察院决议、决定的行为责令督察对象予以纠正；对督察对象违法违纪行为或者队伍管理上存在的问题，提出建议并督促其整改，对违法违纪的责任人员，提出组织处理或者纪律处分的建议；对正在发生的违法违纪行为或者是有损检察机关形象的行为进行现场处置，要求行为人停止错误行为并说明情况，必要时通知其所在单位领导到场协助处置；对违反枪支、警械、车辆等警用装备使用规定的，暂扣其枪支、警械、车辆等；对违法违纪情节严重、影响恶劣或者抗拒督察的，建议所在单位检察长暂停其执行职务。

上述检务督察的方式方法和可以采取的措施既有督察程序的规定，也有保证督察效果的必要处理措施，使督察工作既有建议权，也部分的实际处分权。例如，对违反法律法规和最高人民检察院的决定、决议的行为责令纠正；对违纪行为和队伍管理上的问题提出整改建议；对有损检察机关形象的行为进行当场处置，要求行为人停止错误行为；对违反枪支、警械、车辆等警用装备使用规定的，暂扣其枪支、警械、车辆；对违纪情节严重、影响恶劣或者抗拒督察的，建议所在单位检察长暂停其执行职务。这些处置权力的行使，加强了检务督察工作的力度，确保了检务督察工作的效果。

4. *检务督察的纪律和法律责任*

根据最高人民检察院《检务督察规定》第14条的规定，最高人民检察院检务督察人员在履行职责时，应严格遵守下列职业纪律规定：

第一，不得违反检察纪律和检察职业道德，损害检察机关的形象；

第二，不得干扰被督察单位和人员依法办理案件；

第三，不得利用督察工作之便谋取不正当利益；

第四，不得接受被督察单位和人员的宴请、娱乐安排；

第五，不得对告状求助群众、单位采取冷漠、生硬、推诿、蛮横态度；

第六，不得泄露督察和办案工作秘密。

检务督察工作人员都是监督者，打铁先要自身硬，对他们应严格要求，在对检务督察人员授予特定权力的同时，也明确其遵守的纪律，对检务督察人员在执行职务时，除遵守一般检察人员应遵守的纪律外，结合其督察职业特点又专门规定了"六不得"的特别纪律要求。检务督察人员违反上述特别纪律规定的，被督察对象可以向上级人民检察院直至最高人民检察院反映。检务督察人员有违纪行为，应依法从严处理，其有玩忽职守、滥用职权的，依照有关法律、纪律追究其责任；情节严重，构成犯罪的，应依法追究其刑事责任。

上述是我国检务督察制度的主要内容。这种制度有待在实践中落实和不断充实和完善，使之更好地发挥其在检察机关内部监督执法人员认真执行法律，实现社会主义司法公平正义的作用。

（八）职务犯罪侦查讯问全程录音录像制度

讯问职务犯罪嫌疑人进行全程同步录音录像制度，对于保全、固定犯罪嫌疑人的供述，杜绝翻供，规范检察人员的讯问行为，遏制刑讯逼供，促进文明执法观念的实现，体现对人权的尊重和保障均具有不可低估的作用。早在 2005 年 9 月，全国检察机关第六次反贪污贿赂侦查工作会议上，最高人民检察院时任检察长贾春旺同志提出："要提高侦查工作的科技含量，注意抓好对讯问犯罪嫌疑人实行全程同步录音录像。"这是检察机关第一次正式对外提出要实行全程同步录音录像。2005 年 11 月 1 日，最高人民检察院第十届检察委员会第四十三次会议通过了《人民检察院讯问职务犯罪嫌疑人实行全程录音录像的规定（试行）》（以下简称《讯问录音录像规定》）。自此，讯问职务犯罪嫌疑人全程同步录音录像作为一项制度被正式确定下来。2005 年 12 月 28 日，最高人民检察院印发了《检察技术部门贯彻〈人民检察院讯问职务犯罪嫌疑人实行全程录音录像的规定〉（试行）的意见》和《人民检察院讯问职务犯罪嫌疑人实行全程录音录像的技术规范（试行）》。2006 年 12 月 4 日，最高人民检察院又分别下发了《人民检察院讯问职务犯罪嫌疑人实行全程同步录音录像技术工作流程（试行）》（以下简称《技术工作流程》）和《人民检察院讯问职务犯罪嫌疑人实行全程同步录音录像系统建设规范（试行）》（以下简称《系统建设规范》）。其中，《技术工作流程》从录制的起止时间、画面显示形式要求、光盘的封存、保管、复制等环节进一步细化了同步录音录像的操作流程；而《系统建设规范》则是从技术层面进一步明确了同步录音录像设备、系统构成等的具体要求。鉴于各地区在经济发展水平、干警执法能力等方面存在差异，最高人民检察院在推行该项制度时并未采取"一刀切"的做法，而是实施了"三步走"的战略，从 2007 年 10 月 1 日开始，全国检察机关办理职务犯罪案件讯问犯罪嫌疑人必须全程同步录音录像。

1. 讯问职务犯罪嫌疑人全程同步录音录像的含义

《讯问录音录像规定》第 2 条明确了讯问录音录像的定义：人民检察院讯问职务犯罪嫌疑人实行全程同步录音、录像是指人民检察院办理直接受理侦查的职务犯罪案件，每次讯问犯罪嫌疑人时，应当对讯问全过程实施不间断的录音录像。"讯问犯罪嫌疑人"，是指侦查人员依照规定的程序，就案件事实以及与案件相关的其他问题以言词的方式，对依法被指控有犯罪嫌疑的人进行提问并要求回答的一种侦查行为。而"职务犯罪"是国家工作人员实施的与其职务相关的犯罪。具体而言，是指负有国家管理职能的国家工作人员或国家机关工作人员滥用职权或亵渎职责，破坏国家管理职能的应当受到刑罚处罚的行为。由于检察机关在办理职务犯罪案件过程中，侦查、审查逮捕和审查起诉阶段都需要讯问犯罪嫌疑人，因此，《讯问录音录像规定》第 2 条在对讯问犯罪嫌疑人全程同步录音录像的范围进行界定时包含了侦查、审查逮捕和审查起诉三个阶段，规定"每次"讯问都应当实施录音录像。而且《讯问录音录像规定》第 19 条亦规定"侦查监督、公诉、监所检察、民事行政检察等部门办理人民检察院直接受理侦查案件过程中，讯问犯罪嫌疑人的全程同步录音、录像，按照本规定执行"。所谓"全程"，即全过程、整个过程。这里所说的全程是从单次讯问角度而言的，要求每次整个讯问过程都应当录音录像。《技术工作流程》明确规定了"录制的起止时间，以被讯问人员进入讯问场所开始，以被讯问人核对讯问笔录、签字捺手印结束后停止"。所谓"同步"，强调的是一种"不间断性"。即"讯问与录音录像同时进行，整个讯问过程都必须在录音录像中得到完整的反映。2012 年 10 月 8 日，最高人民检察院、公安部下发关于在看守所设置同步录音录像讯问室的通知，保证人民检察院讯问职务犯罪嫌疑人实行全程同步录音录像工作。因为修改后刑事诉讼法第 116 条、第 121 条规定，各级人民检察院在直接立案侦查的案件中讯问在押职务犯罪嫌疑人应当在看守所进行，并实行全程同步录音录像。目前看守所可以设置由人民检察院相对固定使用的讯问室，配置录音录像、信息网络传输等设备，这些讯问室由同级人民检察院负责提供录音录像设备，承担讯问室建设、改造以及录音录像设备的维护、保养费用。

2. 讯问全程录音录像的程序

讯问在押犯罪嫌疑人，除法定情形外，应当在看守所进行。讯问未羁押的犯罪嫌疑人，除客观原因外，应当在检察院讯问室进行。讯问开始时，应当告知犯罪嫌疑人将对讯问进行全程同步录音、录像,告知情况应在录音、录像中予以反映,并记载于讯问笔录。全程同步录像的,摄制的图像应当反映犯罪嫌疑人、检察人员、翻译人员及讯问场景等情况,犯罪嫌疑人应当在图像中全程反映,并显示与讯问同步的时间数码。在检察院讯问室讯问的,应当显示温度和湿度。讯问犯罪嫌疑人时,检察人员一般要着检察服,做到仪表整洁,举止严肃、端庄、文明。严禁刑讯逼供或者使用威胁、引诱、欺骗等非法方法进行讯问。讯问过程中,需要出示书证、物证等证据的,应当当场出示让犯罪嫌疑人辨认,并对辨认过程进行录音、录像。讯问过程中,因技术故障等客观情况不能录音、录像的,一般应当停止讯问,待故障排除后再次讯问。讯问停止的原因、时间和再行讯问开始的时间等情况,应当在笔录和录音、录像中予以反映。不能录音、录像的客观情况一时难以消除又必须继续讯问的,经检察长批准,并告知犯罪嫌疑人后可以继续讯问。未录音、录像的情况应当在笔录中予以说明,由犯罪嫌疑人签字确认。讯问结束后,录制人员应当立即将录音、录像资料复制件交给讯问人员,并经讯问人员和犯罪嫌疑人签字确认后当场对录音、录像资料原件进行封存,交由检察技术部门保存。讯问结束后,录制人员应当及时制作全程同步录音、录像的相关说明,经讯问人员和犯罪嫌疑人签字确认后,交由检察技术部门立卷保管。

3. 全程录音录像在诉讼活动中的应用程序

移送审查逮捕案件时,应当将全程同步录音、录像资料复制件连同案件材料一并移送审查。侦查监督部门审查结束后,应当将移送审查的录音、录像资料复制件连同案件材料一并送还侦查部门。案件移送审查起诉时,应当将全程同步录音、录像资料复制件随案移送。案件审查过程中,人民法院、被告人或者辩护人对讯问活动提出异议的,或者被告人翻供的,或者被告人辩解因受刑讯逼供、威胁、引诱、欺骗等而供述的,公诉人应当提请审判长当庭播放讯问全程同步录音、录像资料,对有关异议或者事实进行质证。人民法院、被告人或者其辩护人对讯问全程同步录音、录像资料复制件提出异议的,公诉人应当将检察技术部门保存的相应原件当庭启封质证。案件审结后,经公诉人和被告人签字确认后对录音、录像资料原件再行封存,并由公诉部门及时送还检察技术部门保存。讯问过程中犯罪嫌疑人检举揭发与本案无关的犯罪事实或者线索的,在移送审查逮捕、移送审查起诉时,是否将录有检举揭发的录音、录像资料一并移送,由检察长决定。不移送的,由检察技术部门对录有检举揭发内容的声音进行技术处理后移送。案件办理完毕，办案期间录制的讯问全程同步录音、录像资料原件，由检察技术部门向本院档案部门移交归档。讯问全程同步录音、录像资料的保存期限与案件卷宗保存期限相同。非办案部门或者人员需要查阅讯问全程同步录音、录像资料的，应当报经检察长批准。录音、录像资料需要公开使用的，由检察长决定。启封讯问全程同步录音、录像资料原件时，犯罪嫌疑人或者被告人应当在场。

三、新一轮检察改革的基本思路

中国的检察改革是司法体制改革的重要组成部分，近几年在司法改革的整体背景下推进，并与其他改革全面统筹、相互协调。最高人民检察院2009年2月通过了《关于深化检察改革2009—2012年工作规划》随后开始了检察体制与机制的改革。相当多的改革成果通过2013年1月1日生效实施的两大诉讼法固定下来，检察机关法律监督的范围扩大、方式增多、手段丰富，极大地强化了检察机关的在刑事诉讼和民事诉讼中的法律监督职能。根据中央的总体部署，新一轮检察改革总的原则应当是检察改革必须立足于检察规律，以追求建立公正、高效、权威的检察体制为改革目标。

（一）检察改革应当着力于推进体制性的改革

关于检察改革，一般而言，应当包括两个层面上的改革，一是体制改革，二是机制改革。机制性的改革主要侧重于技术层面，是一种具体工作运行方式的改革。而体制性改革则是一种整体性安排，涉及不同权力主体之间的权力架构，是一种深层次的改革。机制改革实效可能会因为其所依赖的体制而受到减损，甚至可能因为体制原因而导致异化，无法发挥实效。因此，体制改革具有根本性意义。这也是党的十八大报告提出"进一步深化司法体制改革"的重要原因。因此，检察体制改革应当成为检察改革的重头戏。对于机制改革，则应当在体制改革的背景下进行，与体制改革相适应，是体制改革的重要内容，并构成体制改革成功的重要保障。

（二）检察改革的主要内容

1. 检察改革最重要的是要确保检察机关依法独立行使检察权

我国宪法规定，应当保证人民检察院依法独立行使检察权。党的报告多次指出，确保审判机关、检察机关依法独立公正行使审判权、检察权，党的十八大报告也作了重申。但是，当前无论是学术界还是实务界都普遍认为检察权的独立性不足，行政化色彩过于浓重。检察权的独立性不足体现在两个层面上，一是宏观体制上，检察机关受到其他机关、部门的干预较多，特别是检察机关办案受到地方的牵制过多，影响检察机关的执法公正性与公信力；二是在运行机制上，检察官受到所在部门、所在机关以及上级检察机关的束缚。检察官办案的独立性不足，导致检察官办案的积极性受挫，在客观上也造成了权责的不统一。

因此，就确保检察机关依法独立行使检察权而言，应当从两个层面展开：在宏观层面，应当进一步协调检察机关与地方政府、地方人大以及地方党委之间的关系，在人、财、物方面摆脱受制于地方的局面，使其在权力结构体系中保持应有的独立性。在现行宪法框架下，积极探索检察官由省级检察院统一提名，当地人大任免并将财政权收归省检察院统筹，这是一项根本性的变革，也是最为基础、最有意义的改革。

在微观层面，应当明确构建科学合理的机制，确保检察官依法独立行使检察权。其一，明确办案责任主体。明确办案主体有助于科学划分检察长、检察委员会以及部门负责人、检察官的职责权限，避免权力过度集中，也有助于提升检察官办案的积极性，提高检察权运作的效率。为此，笔者主张全面推进主办检察官制度，赋予主办检察官独立办案的权力。笔者主张将该种机制称为主办检察官而不是主诉检察官，以与法院探索实行的主审法官相对应。其二，实现检察长指令的法治化。应当承认的是，指控犯罪是检察机关承担的一项基本职责，基于指控犯罪的需要，世界各国在不同程度上遵循着检察一体这一检察权运行的基本规律。但是这种检察一体也并没有遏制检察官的独立性，而是给检察官办案留下了足够的空间。而我国则过于强调检察的一体化，而对检察一体的另一面检察官独立关注不足。基于保证检察官独立办案空间的需要，应当实现检察指令的法治化，明确检察指令的范围、指令的形式以及指令的效力。其三，实现检察指令的书面化，对于检察指令应当附卷。检察指令在运行过程中体现出隐秘性和无规律、无规范的特点，而检察指令的书面化可以实现检察权运作的透明性、规范性，也可以提高检察长下达指令的审慎性，避免不必要的干预。

2. 应当构建科学有效的检察权制约机制

强调检察权的独立性并不否定检察权的受制性。检察权的规范运行也离不开权力制约机制的构建。侦查权、检察权与审判权之间构成一种制约，因此应当在宏观体制上进一步推进公、检、法之间关系的制约机制，确保权力的受制性；而检察长、检委会、检察官之间权力的合理分配与规范运行，也构成检察权运行中自我受制的一种体现，对此都应当予以强化。

这里需要指出的是，公民参与司法是近年来域外司法改革的一项成功经验，也是司法获得民众信任的重要方式。公民参与也应当成为我们构建科学有效的检察外部制约机制的重要一环。检察机关已在全国推行人民监督员制度，笔者带领的学术团队也曾就公民参与司法以及人民监督员制度进行过全面、系统的研究，并使用实证研究方法作了具体考察。一个可以显见的结论是，人民监督员制度对于改革检察权运作确有意义。当然，要确保人民监督员制度最大程度地发挥实效，还有赖于进一步完善相关的制度构建，推动人民监督员的立法，用法律的形式固定这种改革的成果。

3. 科学界分检察职能，实现检察职能机构和运行方式的分立

修改后的刑事诉讼法对检察职能又有了进一步的发展。检察职能由原来的诉讼职能、诉讼监督职能发展到现在的诉讼职能、诉讼监督职能以及司法救济职能。司法救济职能主要体现于刑事诉讼法第47条和第115条的规定。下一步检察机关面临的最大问题是职能的改变和执法机构的变革。诉讼监督职能是一种程序性职能，不具有实体决定权，而司法救济职能则是一种实体决定权，两种职能具有本质不同，将两者混淆容易对制度的运作产生不良影响。这就要求我们在承认检察机关承担不同职能的基础上设置诉讼职能部门、诉讼监督部门以及司法救济部门，并按照各自不同的规律运作，自侦实行一体化的运行机制，但批捕、公诉、司法救济就不宜采用一体化的运行机制，而应按其司法的特点遵循司法的运行机制。

4. 改革检察机关的绩效考核机制

绩效考核机制主要是适应行政权的运作而设置的一种机制。对于检察机关而言，其权力既有行政权的特点，也有司法权的特点，过于强调检察机关的绩效考核不符合检察权的司法属性。当然，即使对检察权的行政属性而言，不科学、不合理的考评机制也会影响到检察权的运作效果。因此，应当对当前的检察机关绩效考评体制进行改革。在笔者看来，检察机关的绩效考评机制改革应当坚持两个原则，一是根据检察职能的不同在考评机制的设置上有所不同；二是设置科学、合理的考评机制，既发挥有效的激励作用，也不因过度强调考核而影响权力运作的应然状态。

第九讲　检察工作理念

本讲重点提示：

1. 科学发展观是我国经济社会发展的重要指导方针，是发展中国特色社会主义必须坚持和贯彻的重大战略思想。

2. 社会主义法治理念是建立在马克思主义理论基础之上，反映和指导中国特色社会主义法治实践的现代法治理念。

3. "忠诚、为民、公正、廉洁"的政法干警核心价值观是广大检察人员必须遵循的最基本、最核心的价值取向，是检察工作深入发展的保障。

4. "六观"是科学发展观和社会主义法治理念在检察工作中的必然要求和具体体现，也是检察工作实践经验的总结升华与创新发展。

一、中国特色社会主义理论体系最新成果——科学发展观理念

中国特色社会主义理论体系的最新成果就是科学发展观理念，科学发展观是我国经济社会发展的重要指导思想，是发展中国特色社会主义必须坚持和贯彻的重大战略思想。

（一）科学发展观的本质和核心

2003年10月召开的中共十六届三中全会提出了科学发展观，并把它的基本内涵概括为"坚持以人为本，树立全面、协调、可持续的发展观，促进经济社会和人的全面发展"，坚持"统筹城乡发展、统筹区域发展、统筹经济社会发展、统筹人与自然和谐发展、统筹国内发展和对外开放的要求"。科学发展观，应建立在经济增长、社会发展、环境保护三个核心内容的基础上。

科学发展观的内涵极为丰富，涉及经济、政治、文化、社会等各个领域，既涉及生产力和经济基础问题，又包含生产关系和上层建筑问题；既针

对当前，又着眼长远；既是重大的理论问题，更是现实的实践问题，必须在工作中认真把握、贯彻落实。

　　科学发展观首先是以人为本的发展观，就是要以实现人的全面发展为目标，从人民群众的根本利益出发谋发展、促发展，不断满足人民群众日益增长的物质文化需求，切实保障人民群众的经济、政治和文化权益，让发展的成果惠及全体人民；科学发展观是全面的发展观，就是要以经济建设为中心，全面推进经济、政治、文化和社会建设，实现社会主义物质文明、精神文明和政治文明共同进步和社会的和谐发展；科学发展观是协调的发展观，就是要统筹城乡发展、统筹区域发展、统筹经济社会发展、统筹人与自然和谐发展、统筹国内发展和对外开放，推进生产力和生产关系、经济基础和上层建筑相协调，促进人与人、人与社会、人与自然的和谐；科学发展观是可持续的发展观，坚持走生产发展、生活富裕、生态良好的文明发展道路，为我们的子孙后代营造更好的发展空间，保证他们一代一代地永续发展。

　　全面理解、准确把握科学发展观的内涵和实质，必须正确认识和把握以下几个方面的关系：一是必须正确认识经济增长与人的全面发展的关系。坚持以人为本是科学发展观的本质要求。经济增长是人的全面发展的物质基础，人的全面发展是经济增长的目的和根本动力。不顾条件、不计代价地片面追求增长速度，可能会有损于人的发展。二是必须正确认识增长与发展的关系。经济增长是发展的前提和基础，没有增长就没有发展，但发展是包括经济增长、结构改善、相互协调、社会和谐、人的全面进步、人与自然和谐在内的，内涵更广泛、更丰富的概念。三是必须正确认识人与自然的关系。自然是人类赖以生存和发展的基础，破坏自然、掠夺自然，就是破坏自己、掠夺自己，必须把坚持以人为本与珍爱自然、延续自然结合起来，统筹人与自然和谐发展，在推动经济增长的同时，不断改善当代人和子孙后代的生存空间。四是必须正确认识区域之间的协调。我国不同区域的发展条件差距很大，这决定了不同地区经济实力和规模的差距将是长期存在的。区域协调不是指各地的经济规模都要一样大，而是指全国的人口与经济分布在各个区域之间要协调，与各个地区的资源环境承载力相适应，在完善国家统筹和转移支付机制的基础上，使地区间人均 GDP、居民生活水平和公共服务的相对差距逐步缩小。五是必须正确认识工业化的内涵。工业化是一种经济社会结构和生产方式的变化，是运用传统生产方式的农业人口不断向拥有现代生产方式的工业和服务业转移的过程，是不断提高要素配置效率的过程。六是必须正确认识城镇化的内涵。推进城镇化既是壮大城镇规模、增加城镇数量、繁荣城镇经济的过程，更是转移农村人口，从而改变其传统生产方式和生活方式的过程，是完善城镇形态、优化城镇体系布局、逐步消除城乡二元结构的过程。

(二) 实现科学发展观的途径与方法

1. 切实转变经济增长方式，始终保持经济的理性增长

在这里特别强调一种"健康状态"下的经济增长。它既不同于限制财富积累的"零增长"，也反对不顾一切条件提倡过分增长。所谓健康的增长一般指在相应的发展阶段内，以"财富"扩大的方式和经济规模增长的度量，去满足人们在自控、自律等理性约束下的需求。我国新一轮高速增长暴露的一些突出问题和宏观调控的现实告诉我们，必须转变增长方式，以提高质量和效益为中心，走出一条科技含量高、经济效益好、资源消耗低、环境污染少、人力资源优势得到充分发挥的新型工业化路子。要以"减量化、再使用、可循环"为原则，大力发展循环经济，努力建设"低投入、高产出，低消耗、少排放，能循环、可持续"的国民经济和节约型社会；以科技进步和自主创新为支撑，提高经济增长的科技含量和知识含量；以改革体制、转换机制、完善开放为动力，不断提高经济自主增长的能力，实现既快又好的发展。

2. 大力调整经济结构，全力提高经济增长的质量

经济发展过程实际上也是经济结构不断调整、优化和升级的过程，建立在结构不断优化升级基础上的发展，才是符合科学发展观要求的发展。提升经济增长质量意味着新增财富的内在质量，应当不断地、连续地加以改善和提高。除了在结构上要不断合理与优化外，新增财富在资源消耗和能源消耗上要越来越低；在对生态环境的干扰强度上要越来越小；在知识的含量上和非物质化方面要越来越高；在总体效益的获取上要越来越好。必须继续按照党中央、国务院的部署，加强和改善宏观调控，遏制某些地区、某些行业的盲目投资和低水平扩张。

3. 满足"以人为本"的基本生存需求调控人口的数量增长，提高人口素质

科学发展观的核心以围绕人的全面发展而制定，其中人的基本生存需求和生存空间的不断被满足，是一切发展的基石。因此一定要把全球、国家、区域的生存支持系统维持在规定水平的范围之内。通过基本资源的开发提供充分的生存保障程度；通过就业的比例和调配，达到收入、分配、储蓄等在

结构上的合理性，进而共同维护全社会成员的身心健康。人口数量的年平均增长率首先应稳定地低于 GDP 的年平均增长率，而后逐渐实现人口自然增长率的"零增长"。此前与此后，都要把人口素质的提高纳入到首要考虑的政策之中。该战略目标的实质是把人口自身再生产同物质的再生产"同等地"保持在可持续发展的水平上。

4. 维持、扩大和保护自然资源基础，调控环境与发展的平衡

地球的资源基础在可以预期的将来，仍然是供养世界人口生存与发展的唯一来源。科学发展观既然规定了必须保持财富的增长并满足人类的理性需求，它的实物基础主要地依赖于地球资源的维持、地球资源的深度发现、地球资源的合理利用乃至于废弃物的资源化。科学发展观不赞成单纯为了经济增长而牺牲环境的容量和能力，也不赞成单纯为了保持环境而不敢能动地开发自然资源。二者之间的关系可以通过不同类型的调节和控制，达到在经济发展水平不断提高时，也能相应地将环境能力保持在较高的水平上。

5. 完善统筹协调的机制

坚持"五个统筹"，促进协调发展，必须完善体制和创新机制。要建立并完善区域、城乡、人与自然的协调发展机制，在政府投资、财政转移支付、人口转移、公共服务、生态环境补偿等方面，实行差别化的区域调控政策，使我国区域差距和城乡差距的缩小，建立在人口、经济、城镇分布与资源、生态、环境承载力相协调的基础上。要进一步改革分配体制，完善收入再分配机制，加强社会保障，加大对社会事业特别是农村地区社会事业的投入，改变经济与社会发展"一条腿长，一条腿短"的状况。

6. 加快体制创新

贯彻落实科学发展观，需要强有力的体制和机制保障。要加快政府职能转变，全面履行经济调节、市场监管、社会管理和公共服务职责。要科学合理地确定并划分中央政府与各级地方政府的公共职责，在深化财税体制改革、完善国家公共财政体系和转移支付体系的基础上，加强各级政府依法履行公共职责的能力。要消除城乡分割和地区分割的体制性障碍，使全国统一市场框架下的要素自由流动，更好地发挥缩小城乡差距和地区差距的基础性作用。推进就业、收入分配体制改革，加快社会保障体制建设，为解决收入差距问题创造条件。只有在体制机制上不断有新突破，科学发展观的树立和落实才能有切实保障，经济社会的全面协调发展才能实现。

二、社会主义法治理念

（一）社会主义法治理念的基本内涵

社会主义法治理念，是社会主义法治的精髓和灵魂，是立法、执法、司法、守法和法律监督等法治领域的基本指导思想，其内容博大精深。科学界定社会主义法治理念的精髓和内涵，必须严格把握其社会主义的本质特征。一是社会主义法治理念应当充分反映社会主义先进生产力发展的要求，体现社会主义市场经济的内在规律，把是否促进生产力的发展作为根本衡量标准。二是社会主义法治理念应当充分体现人民民主，维护人民当家作主的地位和最广大人民群众的根本利益。三是社会主义法治理念应当充分体现坚持党的领导原则，只有坚持和改善党的领导，才是实现法治的根本保证。四是社会主义法治理念应当充分体现马克思主义的指导原则，特别是要坚持以马克思主义中国化的邓小平理论和"三个代表"重要思想为指导，以科学发展观为统领，并体现社会主义荣辱观和价值观的要求，提倡国家利益、集体利益和个人利益的有机结合。

根据社会主义法治理念的本质要求，结合检察工作和检察队伍的实际状况，当前突出需要对广大检察干警进行以下五个方面的法治理念教育：

1. 依法治国的理念

依法治国，是我们党领导人民治理国家的基本方略。只有坚持依法治国，才能使广大人民群众在党的领导下依照宪法和法律规定，通过各种途径和形式管理国家事务，管理经济文化事业，管理社会事务，才能保证国家各项工作都依法进行，才能逐步实现社会主义民主政治的制度化、规范化、程序化。

2. 执法为民的理念

执法为民，是我们党全心全意为人民服务的根本宗旨和立党为公、执政为民的执政理念在检察工作上的体现。只有坚持以人为本、执法为民，弄清为谁执法、靠谁执法、怎样执法这个根本问题，才能保证检察干警恪尽职守、勤勉工作，切实保障人民群众的合法权益。

3. 公平正义的理念

公平正义，是社会主义法治的重要目标，是构建社会主义和谐社会的重要任务。只有坚持公平正义，做到合法合理、平等对待、及时有效，才能实现公正执法，才能真正维护人民群众的合法权益，促进社会和谐。

4. 服务大局的理念

服务大局是检察工作充分发挥职能作用和检察干警有效履行职责的必然要求。检察工作是党和国家工作的重要组成部分，同其他各项工作相辅相成、相互促进。要紧紧围绕党和国家工作大局开展工作，克服单纯业务观点，注重执法的法律效果和社会效果的统一。

5. 党的领导的理念

坚持党的领导是检察干警必须遵守的根本政治原则。检察干警要坚持正确的政治立场、经受住政治风浪的考验、严格履行党和人民赋予的神圣职责，关键是要增强坚持党的领导的意识，始终在思想上、政治上、行动上同党中央保持高度一致，永远忠于党、忠于国家、忠于人民、忠于法律。

在上述法治理念中，依法治国是社会主义法治的核心内容，执法为民是社会主义法治的本质要求，公平正义是社会主义法治的价值追求，服务大局是社会主义法治的重要使命，党的领导是社会主义法治的根本保证，五个理念相互补充、相互支持，协调一致地体现了党的领导、人民当家作主和依法治国的有机统一。

（二）依法治国理念的基本内涵

依法治国，是我们党领导人民治理国家的基本方略。树立依法治国的理念，就是在全社会和全体公民、特别是执法者中养成自觉尊重法律、维护法律的权威、严格依法办事的思想意识，使广大人民群众在党的领导下依照宪法和法律规定，通过各种途径和形式管理国家事务，管理经济文化事务，管理社会事务，保证国家各项工作依法进行，逐步实现社会主义民主的规范化、程序化和法制化。依法治国是我们党治国理政观念的重大转变，是实现国家长治久安的重要保障，是发展社会主义民主政治的必然要求。树立依法治国理念，需要准确把握以下三个方面的基本内涵。

1. 法律面前人人平等

这是我国宪法明确规定的社会主义法治的基本原则，也是我国社会主义法治的民主性和人民性的必然要求。法律面前人人平等原则具有三个方面的含义：首先，公民的法律地位一律平等。中华人民共和国公民，不分高低、贵贱、贫富、性别、职业、民族、信仰等，都平等享有宪法和法律规定的权利，也都必须平等履行宪法和法律规定的义务。其次，任何组织和个人都没有超越宪法和法律的特权。在社会主义法治之下，绝不允许一部分人受到法律的约束，而另一部分人成为"法外之民"的现象存在。那种认为自己高人一等，法律只管民，不管官；只管别人，不管自己，将自己视作法律之外的"特殊公民"的思想观念，从根本上背离了法律面前人人平等的原则，同样需要彻底清除。最后，任何组织和个人的违法行为都必须依法受到追究。这是法律尊严的重要体现，也是法律权威的重要保障。在一个社会中，如果有人违了法却能逍遥法外，那么，法律在社会公众心目中就不可能树立起崇高的地位和威信。

2. 树立和维护法律权威

没有法律权威就没有秩序。维护法律权威，一要确立法律是人们生活基本行为准则的观念，自觉尊重和服从法律。二要特别注重维护宪法权威，必须以宪法为根本的活动准则，维护宪法尊严、保证宪法实施。三要维护社会主义法制的统一和尊严。任何法律、法规、规章都不得同宪法相抵触，下位法不得同上位法相抵触，地方性法规不得同全国性法律相抵触，必须确保国家法律在全国范围内的一体遵行。当前，有的地方和部门从保护本地区、本部门的利益出发，对严格执行国家法律讲价钱、打折扣，甚至制定和实施一些违反国家法律规定和法治原则的"土政策"、"土办法"，搞"你有法律、我有对策"，不仅破坏了社会主义法制的统一，也严重损害了法律的权威与尊严，必须坚决反对和有效制止。四要提高执法部门的公信力。没有执法部门严格公正文明执法，再好的法律，也难以彰显其权威性，难以起到规范人们行为、规范社会秩序的作用。现在执法活动中出现的"执行难"、袭警等现象，虽然有其复杂的社会原因，但少数执法部门执法不公而影响了执法公信力是一个重要原因。因此，切实解决执法不公，提高执法部门的公信力，是维护法律权威的一项重要措施。

3. 严格依法办事

这是依法治国的基本要求，也是法治区别于人治的重要标志。严格依法办事，就是要做到"有法必依、执法必严、违法必究"。严格依法办事具有四个方面的含义：一是职权由法定。无法定授权的执法就是越权，就是对法律权威与尊严的损害。现实生活中，一些执法机关及干警职权法定观念淡漠，执法越位、错位的现象时有发生，如没有罚款权却实施罚款，没有收费权却收费或变相收费等。越权就是违法行为，违背了依法办事的要求。二是有权必有责。行使法定权力，就必须对行使权力的过程和结果承担法律责任。肩负着法定职责而不履行、不尽职、不作为，就是失职渎职。三是用权受监督。依法治国首先是依法治权。检察机关的权力必须严格依照法定权限、法定程序行使，整个行使过程必须受到严格的监督和制约。四是违法受追究。执法者违法对法治具有更大的危害性。只有执法者的违法行为都毫无例外地依法受到追究和惩罚，才能给整个社会树立依法办事的良好示范。

(三) 依法治国理念对检察工作的基本要求

1. 提高法律素养

检察干警必须熟练掌握相关法律知识，切实增强法制观念，打牢严格执法、正确履行职责的思想基础和知识基础。一个执法者只有发自内心地尊重法律，自觉遵守和服从法律，才能真正做到严格执行法律，维护法律的权威与尊严。

2. 坚持严格执法

严格执法是依法办事观念对检察工作的必然要求。一部法律，在现实中得不到切实执行，等于一纸空文。不仅如此，如果执法不严成为一种经常发生的现象，就会使社会公众普遍产生对法律的轻视和忽略心理，从而对法律的权威和尊严造成严重损害，依法治国也就无从谈起。检察机关严格执法就要做到：一切执法行为都必须严格遵守法律规定，所有执法结果都必须符合立法目的。

3. 模范遵守法律

检察干警模范守法对于培养整个社会依法办事的观念具有重要的示范作用。反之，会为全社会树立不尊法、不守法的恶劣典型。因此，模范遵守法律是检察干警的应尽责任。每个检察干警都应当始终牢记自己所肩负的神圣使命，以模范守法的实际行动，赢得广大人民群众对法律的尊重和对执法者的信任，从而使依法办事的观念深入人心，有力推动依法治国方略的贯彻、实施。

4. 自觉接受监督

每个检察部门，每个检察干警，都要自觉地而不是消极地，要真诚地而不是应付地，要主动地而不是被动地把行使权力、履行职责、执法办案的全部活动置于各方面的监督之下，不能以依法独立行使职权为借口排斥监督。任何权力都必须受到监督，司法权力也不例外。

(四) 执法为民理念的基本内涵

执法为民，就是按照邓小平理论和"三个代表"重要思想的本质要求，把实现好、维护好、发展好最广大人民的根本利益作为检察工作的根本出发点和落脚点，在各项检察工作中切实做到以人为本、执法公正、一心为民。

执法为民是我们党"立党为公、执政为民"执政理念对检察工作的必然要求；是"一切权力属于人民"的宪法原则在检察工作中的具体体现；是检察工作始终保持正确政治方向的思想保证。检察干警树立执法为民理念，具体来说包含以下几个方面。

1. 一切为了人民

一切为了人民就是要把维护人民利益作为检察工作的根本宗旨，把人民群众的呼声作为第一信号，把人民群众的需要作为第一选择，把人民群众的利益作为第一考虑，把人民群众的满意作为第一标准，时时处处为人民群众着想，时时刻刻为人民群众排忧解难。要切实解决人民群众反映强烈的社会治安问题，及时高效地打击违法犯罪，保护公民的人身权利、财产权利和民主权利，维护稳定，不能对群众反映的权益受侵害的案件麻木不仁，有案不立、立而不查、久拖不决、重罪轻判，甚至包庇违法犯罪。必须妥善处理好涉及人民群众最关心、最直接、最现实的利益纠纷，维护人民群众的切身利益，促进社会和谐。

2. 一切依靠人民

这一要求集中体现在搞好检察工作必须走群众路线。群众路线是我们党的优良传统。走群众路线，是做好检察工作、实现为人民服务宗旨的重要途径和保证。检察机关坚持群众路线，必须正确处理好专门机关工作与群众路线的关系。没有人民群众的支持，检察工作就会成为无源之水，无本之木。如果脱离了人民群众，人民群众不支持、不配合，就会耳不聪、目不明。因此，解决案多人少、警力不足的矛盾，解决一些地方破案难、取证难、追逃难、执行难等问题，都要注重从专群结合中找出路。

3. 尊重和保障人权

人权是一个社会历史范畴，不同社会、不同阶级有不同的人权观。我们党一直把实现和保障广大人民群众的人权作为革命和建设的重要奋斗目标。2004年，十届全国人大二次会议通过的宪法修正案，正式将"国家尊重和保障人权"载入宪法，标志着我国人权事业的发展进入了一个新的历史阶段。

检察工作尊重和保障人权，首先要坚持以人为本，树立人权保护意识，努力提高执法水平，公平公正、及时高效处理有关案件和事件，切实维护广大人民群众共同和普遍的生存权、发展权和其他政治、经济、文化、社会权利。其次要尊重和保护行政管理相对人、违法行为人、犯罪嫌疑人、被告人、服刑人员以及被害人的诉讼权利和其他合法权利。切实树立维护社会秩序与保护人权、打击犯罪与保护人权并重的观念。

（五）执法为民理念对检察机关的具体要求

检察机关和广大检察干警都要立足本职，始终坚持以人为本，全面落实执法为民的要求。

1. 勤政守法

勤政守法最基本的要求和最重要的途径是把法律规定贯彻落实好，把手中的权力正确行使好，把责任认真履行好。在我国，法律是最广大人民群众意志和利益的集中体现，检察部门通过扎实有效的工作，把这些法律变成现实，就是最好的执法为民。勤政守法，执法为民，当前最紧迫的任务是要坚决杜绝乱作为，有效防止不作为。乱作为主要是一些检察机关和干警违反法律程序和实体规定，为谋取个人利益、部门利益或地方利益，滥用执法权力，乱罚款、乱收费、乱扣押、乱查封、乱冻结，非法插手经济案件等，损害人民群众的合法权益。不作为则是检察机关和干警不履行法定职责或怠于履行法定职责，工作不敬业，缺乏热情，有警不出，有案不立，久拖不决等，漠视人民群众的疾苦和合理诉求。乱作为和不作为，都严重损害了党和政府以及检察机关的形象，必须在工作中坚决克服。

2. 甘当公仆

要牢记全心全意为人民服务的宗旨，努力强化服务意识，认真履行好自己的法定职责，自觉做人民的勤务员。要把管理与服务有机统一起来，在管理中体现服务，为服务强化管理，不能高高在上、盛气凌人，对人民群众"冷硬横推"，"吃拿卡要"，不能以加强管理之名损害群众利益，更不能以管理为手段谋取个人或部门利益。要弘扬无私奉献和牺牲精神，兢兢业业，默默奉献。

3. 文明执法

文明执法是社会主义道德规范对检察工作的基本要求，是社会主义政治文明和进步的表现，是检察机关执法为民的本质要求和外在体现。检察机关文明执法，还有助于妥善化解矛盾，密切检察机关与人民群众的联系，增强人民群众对检察工作的信任。

文明执法，就是要做到服务热情。对待群众说话和气，态度和蔼，办事热情，服务周到，考虑细致，多为群众提供便利，不给群众增加麻烦。就是要做到举止文明，态度公允。尊重行政管理相对人和案件当事人的人格尊严、不污辱、不挖苦、不嘲讽;既要体现法律的威严,但又不能去辱骂、威胁、恐吓执法对象;对待所有当事人都要耐心听取陈述、申辩和申诉,不能根据自己的主观好恶来决定对当事人的态度。

4. 清正廉洁

执法者是否清正廉洁,是为公执法还是为私执法的集中体现。保持清正廉洁,是人民群众对检察干警的基本道德期待,是党纪政纪和国家法律的严格要求。做到清正廉洁,就要正确对待金钱和权力,牢固树立正确的世界观、人生观、价值观,自觉加强道德修养,常修为政之德、常思贪欲之害、常怀律己之心,自觉抵制拜金主义、享乐主义、极端个人主义的侵蚀,养成艰苦奋斗的精神和良好的生活作风。正确处理私情与法律的关系,铁面无私,刚直不阿不徇私,不枉法,一身正气,两袖清风。

(六)公平正义理念的基本内涵

公平正义,是人类社会共同的追求,是社会主义法治的重要目标,是新时期广大人民群众的强烈愿望;实现公平正义是构建社会主义和谐社会的重要任务;维护和实现公平正义是检察机关的神圣职责。检察干警只有牢固树立公平正义的理念,才能使宪法规定的建设社会主义法治国家的任务落到实处,才能真正维护人民的利益,促进社会和谐发展。对于检察机关和广大检察干警而言,树立公平正义理念,必须准确把握以下几个方面的内容。

1. 合法合理

公平正义的首要内容便是确保一切行为符合法律规定。法律是根据民主程序制定的,充分体现了人民的利益和意志,本身就蕴含着公平正义的精神。检察机关严格执法,就合乎了公平正义的形式要求。

同时,执法者还必须合理地行使自由裁量权。一是权力行使应当符合法律赋予该项权力的目的。现实中,有的检察机关把法律赋予的行政处罚权作为创收渠道,为干警制定罚款指标;有的检察机关为保护本地利益争案件管辖权;等等。凡此种种,执法权力被用于法律规定之外的目的,这显然是滥用职权,与公平正义相违背。二是案件与处理结果轻重幅度相当。对犯罪分子处罚的轻重应当与其所犯罪行轻重相当,罚当其罪,不能重罪轻罚,也不能轻罪重罚。行政处罚也是如此,畸轻畸重就违反了公平合理原则。三是同样情形同样处理。这一方面是法律自身的要求,更重要的是符合社会公众对公平合理的理解和期望,同时也有助于遏制执法权力的滥用、维护法制统一和法律权威。

2. 平等对待

这是法律面前人人平等原则在社会公平正义方面的具体要求，是实现公平正义的具体方式。平等对待主要包括以下内容：一是反对特权。反对给予同等条件者不同的待遇。二是禁止歧视。不允许对任何在社会关系中处于劣势地位的主体有歧视行为。

3. 及时高效

迟来的正义等于非正义。一个旷日持久的官司，可以把一个家庭、一个企业拖垮，虽然最终赢了官司，但公平正义已大打折扣。要着力提高时间效率，减少工作拖延；着力提高物质效率，降低经济消耗；着力提高制度的科学性，减少不合理制度的负面作用。

4. 程序公正

正义不仅应当实现，而且应当以人们看得见的方式实现。这就是程序公正的重要价值所在。程序公正不仅是实体公正实现的前提和保障，而且本身也具有独立的价值。正当的法律程序，对于限制随意性、化解矛盾、缓解冲突、补救权利、防止权力滥用、树立检察队伍形象，都有十分积极的作用。检察干警要切实遵守程序规范，严格按照程序规则办事。

（七）公平正义理念对检察工作的具体要求

1. 坚持秉公执法

这是公平正义理念对检察工作提出的最基本的要求。检察干警在执法活动中，要努力做到出于公心，维护公益；摒除邪恶，弘扬正气；克服己欲，排除私利；态度公允，不偏不倚。

2. 坚持以事实为根据，以法律为准绳

这是我们党实事求是思想路线在刑事司法活动中的具体体现。贯彻这一重要原则，需要从以下两个方面着眼：一要严把证据关。牢固树立证据意识，客观全面地收集、审查证据，在办理刑事案件中，既不搞有罪推定，也不能简单搬用"疑罪从无"。二要严把法律关。努力提高法律水平，正确适用法律，确保实现公平和正义。

3. 坚持实体公正与程序公正并重

执法公正包括实体公正和程序公正，两者是辩证统一的。实体公正是程序公正的价值追求，程序公正是实体公正的重要保障。目前，在一些检察干警中一定程度上还存在"重实体轻程序"的观念，只重视案件的处理结果，却忽视了案件的处理程序，违法调查、违法取证；有的在工作中根据自己的意愿和习惯行事，将法定程序放在一边；有的只在口头上重视程序，在实践中却把程序当作可有可无的东西，甚至把程序当作累赘和羁绊。这样做的结果，不仅达不到实体公正，而且还损害了法律的权威，更损害了检察机关的形象，甚至导致冤假错案的发生。

4. 坚持公正与效率并重

公正与效率都是法治社会所追求的重要价值。效率是实现法律公正的重要条件，公正是评价法律效率的基本尺度。现代法治的基本价值追求应当是公正与效率的均衡。检察机关在执法中应努力追求公平与效率的最佳结合，而不应把二者割裂开来，对立起来。以执法公正为借口，任意延长办案时限，甚至久拖不决，最终损害的是公正本身；以提高办案效率为借口，刑讯逼供，违法取证，任意损害当事人应有的权利，更谈不上公正。

5. 坚持以公开促公正

执法公开，是防止执法腐败、促进执法公正的一剂良药。实行执法公开，使执法过程和环节置于社会和群众的监督之下，能够有效防止执法中的权钱交易和"暗箱操作"，消除当事人和社会公众对执法不公的疑虑，促进和彰显执法公正。同时，执法公开也是保障公民对检察工作知情权和监督权的重要措施。

（八）服务大局理念的基本内涵

服务大局是社会主义法治的重要使命。检察工作的重大政治责任就是保障和服务中国特色社会主义事业大局，保障社会主义经济、政治、文化与和谐社会建设。服务大局要求各级检察部门和广大检察干警，必须紧紧围绕党和国家大局开展工作，立足本职，全面正确履行职责，致力于推进全面建设小康社会进程，确保国家长治久安。

当前和今后一个时期，检察工作服务大局的目标任务，就是要紧紧围绕保障和促进中国特色社会主义事业，不断强化服务社会主义经济建设、政治建设、文化建设与和谐社会建设的措施，全面发挥维护国家安全、化解矛盾纠纷、打击预防犯罪、管理社会秩序、维护公平正义、服务改革发展的职能，为全面建设小康社会，建设富强民主文明的社会主义国家，创造和谐稳定的社会环境和高效公正的法治环境。

1. 保障社会主义经济建设

检察工作保障和服务经济建设，应当维护我国的基本经济制度，依法打击各类经济犯罪活动。依法查处侵吞、私分、挪用国有资产犯罪案件，维护国有资产安全，保障改革发展的成果。依法加大对知识产权的保护力度，严厉打击各类侵犯知识产权的违法犯罪活动。审理好各类经济纠纷案件，调整经济社会关系，平等保护各种经济主体的合法权益，营造有利于公平竞争和自主创新的法治环境。

2. 保障社会主义政治建设

检察工作保障服务社会主义政治建设，必须依法打击危害国家安全的犯罪活动，强化反渗透、反分裂、反恐怖、反窃密、防范处置邪教工作，防止各种敌对势力插手利用社会热点问题和人民内部矛盾制造混乱。必须严格公正执法，依法保障公民的各种民主权利。加强行政审判，促进依法行政和服务型政府的建立，开展法制宣传教育，提高全民的法律意识和依法办事能力，推进依法治国方略的实施。积极稳妥地推进司法体制和工作机制改革，抵制各种错误思潮影响，依法保障各项改革措施的顺利实施。

3. 保障社会主义文化建设

检察工作保障社会主义文化建设，必须依法保障和促进文化事业和文化产业健康顺利发展。要做好扫黄打非、禁毒禁赌等工作，依法查处卖淫嫖娼、赌博、吸毒、封建迷信等丑恶现象，以及暴力、色情出版物和网站等，净化思想文化环境，营造健康向上的文化娱乐氛围。要依法打击盗版行为，查处非法出版物，保护著作权等不受侵犯，保障良好的创作环境，努力为繁荣文化事业服务。

4. 保障社会主义和谐社会建设

检察工作保障和促进社会主义和谐社会建设，要进一步增强稳定是第一责任的意识，树立维护稳定的观念，做好矛盾纠纷的排查调处，及时把矛盾化解在基层，解决在萌芽状态，依法妥善处置群体性事件。要坚持宽严相济刑事政策，依法执行从轻、减轻、不起诉、缓刑、社区矫正等规定，减少社会对立面，化消极因素为积极因素。依法制裁不赡养老人、不抚养子女、虐待家庭成员等不友爱行为，促进形成和睦的社会和良好的家庭与人际关系。审理好资源开发、环境保护等方面的案件，促进人与自然和谐发展。

（九）服务大局理念对检察机关的具体要求

1. 胸怀大局

每一名检察工作者尤其是各级检察领导干部必须做到：打牢服务大局的思想基础，时刻想着大局，随时了解掌握新形势新任务对检察工作的新要求;善于围绕大局筹划部署工作,自觉地把各项工作融入大局中谋划和部署,结合实际创造性地开展工作。

2. 立足本职

立足本职是服务大局的基础。一是全力维护社会稳定,促进和谐社会建设。在执法、普法、法律监督和法律服务的各个环节上,最大限度地发挥各级检察机关维护社会稳定、促进和谐发展的整体效能。二是贯彻"打防结合,预防为主,专群结合,依靠群众"的方针,全面落实综合治理各项措施,把严打、严防、严管、严治有机结合起来,保障人民群众安居乐业。三是强化法律调节和服务,保障、促进经济社会关系协调发展。

3. 全面正确履行职责

全面正确履行职责是服务大局的关键。检察干警只有全面正确履行职责,才能服务好大局。工作中要正确处理好以下三个关系:

一是要正确处理好服务大局与严格依法履行职责的关系。服务大局的重要手段和前提是依法正确履行职责,既不能离开法定职能去"服务"大局,甚至干一些明显超出检察机关法定职能的事,也要防止不顾大局孤立地抓检察工作的错误思想和做法。

二是要正确处理好全局利益与局部利益的关系。始终把全党全国工作大局和整体利益放在地方和部门的局部工作和利益之上,绝不能以局部代替全局,为了某个地方、部门、单位的局部利益,置全局利益和法制统一于不顾,搞执法特殊化,破坏社会主义法治,妨碍和影响大局。

三是要正确处理执法的法律效果与社会效果之间的关系,追求法律效果和社会效果的有机统一。具体执法活动首先应当以执法的质量和水平来衡量,法律效果是最基本的标准,坚决不能做违法的事。但也决不能就案办案,造成企业和社会不稳定,经济发展受影响,人民群众不满意。执法活动必须统筹考虑具体公平正义与社会公平正义,统筹考虑执法活动的社会评价和导向作用,既要反对只讲法律效果不讲社会效果,机械办案、机械执法,也要反对只讲社会效果而不讲法律效果,甚至损害法治原则和权威。

(十)党的领导理念的基本内涵

坚持党的领导,是由中国共产党的先进性和党的执政地位决定的,是我国宪法确定的一项基本原则,是社会主义法治的根本保证,也是由检察机关的性质和任务决定的。广大检察干警要牢固树立党的领导的理念,在各项检察工作中自觉贯彻执行党的路线方针政策，坚持正确的政治立场，经受住政治风浪的考验，有效履行党和人民赋予的神圣职责。这是检察干警必须遵守的根本政治原则。

党的领导与社会主义法治的一致性表现在：一方面，坚持党的领导是建设社会主义法治国家的根本保证；另一方面，依法治国是党领导人民治理国家的基本方略。党既领导人民制定宪法和法律，也领导人民实施宪法和法律。

在实际工作中，要正确认识和处理好三个关系。

1. 自觉地把巩固党的执政地位、维护人民利益和维护社会主义法治统一起来

首先，党的领导是人民当家作主和依法治国的根本保证。中国共产党是建设中国特色社会主义事业的领导核心。社会主义民主法治建设作为中国特色社会主义事业的重要组成部分，必须旗帜鲜明地坚持党的领导。其次，人民当家作主是社会主义民主政治的本质要求。在我国，一切权力属于人民，人民当家作主体现着国家的性质和方向。共产党执政的本质就在于领导和支持人民当家作主。最后，依法治国是党领导人民治国理政的基本方略。宪法和法律是党的主张和人民意志相统一的体现。广大人民群众在党的领导下，依照宪法和法律，通过各种途径和方式管理国家事务，管理经济文化事业和社会事务。

2. 自觉地把贯彻落实党的方针政策与严格执法有机结合起来

党的政策与法律是辩证统一的关系。第一，党的政策是法律的核心内容。党通过政策的法律化来实现自己的政治领导。第二，法律是党通过国家政权贯彻党的政策的基本手段。党的政策被制定为法律，上升为国家意志，能够获得有力的实施保障。第三，贯彻党的政策能够促进法律更好地得到实施，树立法治的权威。比如，党中央反复强调要认真贯彻宽严相济的刑事政策，一方面，针对一个时期，一些地方刑事犯罪活动严重、刑事犯罪分子气焰嚣张的情况，提出了依法从重从快严厉打击严重刑事犯罪的方针，要求检察机关在法定的量刑幅度和时限内做好刑事侦查、起诉和审判工作，严厉打击严重刑事犯罪分子，有效维护广大人民群众人身财产安全和社会秩序。另一方面，又明确提出，对具有法定从轻减轻条件的，也应依法从宽。这是建设社会主义和谐社会的需要，同样反映了广大人民群众的根本利益。在刑事执法中，自觉以宽严相济的刑事政策为指导，就能突出打击重点，维护良好

的治安秩序，最大限度地减少社会对立面，促进社会和谐，取得更好的社会效果。但贯彻落实这个政策，必须严格执行刑法和刑事诉讼法，在法律规定的幅度内实现。

3. 把加强和改进党对检察工作的领导与保障司法机关依法独立公正地行使职权统一起来

党对检察工作的领导主要是政治领导、思想领导和组织领导，主要任务是领导和推动检察机关贯彻落实中央的大政方针；对检察工作作出全面部署，及时发现和解决检察工作中的突出问题；加强对维护国家安全和社会稳定工作的统筹协调；指导和推动检察机关依法打击犯罪，依法调节各种社会关系；强化对执法活动的监督；推进司法改革；加强检察队伍、检察领导班子建设，改善检察机关的执法环境和条件。党的领导要坚持谋全局，把方向，抓大事，不断改进领导方式，支持检察机关独立负责地开展工作，不插手、不干预司法机关的正常司法活动，不代替司法机关对案件定性处理，不指派检察机关处理法定职责以外的事务。

（十一）党的领导理念对检察干警的具体要求

1. 切实增强党的观念

增强党的观念对广大检察干警最根本的要求是，要始终在政治上、思想上、行动上与党中央保持高度一致，任何时候，任何情况下都绝不动摇，时刻意识到自己不仅是人民检察官还要时刻牢记自己是一名共产党员；不仅要模范遵守法律，还要严格遵守党章，努力发挥先锋模范作用，体现和保持共产党员的先进性。

2. 始终坚持马克思主义在检察工作中的指导地位

要坚持马克思主义法律思想，坚持用邓小平理论、"三个代表"重要思想和科学发展观牢牢占领法学舆论阵地。各级检察领导干部和广大干警要学会运用马克思主义的观点、方法，分析社会现象和工作中遇到的问题，对那些企图打着依法治国和"司法独立"幌子否定党的领导，打着司法改革旗号否定社会主义司法制度，利用司法个案炒作诋毁党和政府形象的错误言行，要增强鉴别力，做到旗帜鲜明，立场坚定。

3. 坚决贯彻执行党的路线方针政策和重大决策部署

各级检察机关和广大干警要认真学习党的理论，深刻理解党的路线方针政策的内容和含义，不断增强贯彻执行党的路线方针政策的自觉性，努力提高贯彻执行党的路线方针政策的能力，把党的路线方针政策和中央的决议落实到各项执法活动中。同时,要自觉服从党对检察工作的领导和监督,认真贯彻落实党关于检察工作的重大决策和工作部署。

4. 充分发挥党组织和共产党员的作用

各级检察机关的党组织要充分发挥核心领导作用,不折不扣严格认真地贯彻党的路线方针政策,切实加强对执法活动的监督,确保党对检察工作的领导落到实处。要加强检察机关党员队伍建设。严格党内生活,加强对党员的教育、管理和监督,不断增强党员全心全意为人民服务的宗旨观念。要加强党风廉政建设,严肃查处执法犯法、徇私枉法等腐败现象,增强干警严格公正执法的自觉性。要在执法办案实践中切实发挥党员干警的先锋模范作用,扩大党员在全体干警中的政治影响力和业务带头作用。

三、政法干警核心价值观理念

2011年十七届六中全会通过了《中共中央关于深化文化体制改革推动社会主义文化大繁荣若干重大问题的决定》提出社会主义核心价值观为兴国之魂,是社会主义先进文化的精髓。政法干警核心价值观是社会主义核心价值体系的具体体现。2011年10月,中央政法委领导在中央政法委第21次会议上的讲话中提到,政法文化是中国特色社会主义文化的重要组成部分,政法干警核心价值观则是政法系统自身文化建设的重要组成部分。2011年12月,在全国政法工作会议上,中央政法委领导对开展政法干警核心价值观教育实践活动进行了部署。

政法干警核心价值观的内涵和要求有以下几点:

(一)"忠诚"是政法干警核心价值观的前提

1."忠诚"的核心价值观要求政法干警忠于党和国家

政法干警树立"忠诚"的价值观是由其职业性质决定的。政法干警是中国特色社会主义事业的建设者和捍卫者,承担着维护社会和谐稳定、保障社会公平正义的重要职责。政法机关是党领导下的人民民主专政的专门机关,政法机关的政治属性要求政法干警必须坚持党对政法工作的绝对领导,坚定不移地走中国特色社会主义道路,坚决维护国家安全和社会政治稳定,以实际行动捍卫党的领导、巩固党的执政地位。政法干警的忠诚,就是要始终坚持正确的政治方向、坚定政治理想,自觉增强对中国特色社会主义的政治认同、理论认同、感情认同,牢固树立社会主义法治理念,坚决抵制各种错误政治观点和法学观点。

2. "忠诚"的核心价值观要求政法干警忠于人民

政法干警树立"忠诚"的价值观是政法工作人民性的体现。没有对人民的忠诚，就没有一支亲民爱民的高素质政法队伍；没有对人民忠诚，就没有一个甘于奉献、敢打敢拼的战斗集体。我国是人民民主专政的社会主义国家，维护人民合法权益作为其神圣职责，必须始终把人民放在心中的最高位置，以人民满意为最高标准，不断提高执法办案、化解矛盾、服务群众、管理社会的水平，切实解决好人民群众最关心、最直接、最现实的利益问题。

3. "忠诚"的核心价值观要求政法干警忠于宪法法律

政法干警树立"忠诚"的价值观是政法工作法律性的要求。宪法和法律是政法干警执法司法的基础，忠于宪法和法律首先体现在对宪法法律的信仰和敬畏。宪法和法律是政法干警执法司法的根本，忠于宪法和法律更体现在对宪法法律的严格施行。如在法治的天空下，宪法是"写着人民权利的圣经"，法官"除了法律就没有别的上司"，因此作为执行者和保护人，政法干警在日常执法办案中更需要忠于宪法和法律，以事实为根据，以法律为准绳，有法必依、执法必严、违法必究，通过正确实施法律，维护人民群众合法权益，实现社会公平正义。

（二）"为民"是政法干警核心价值观的宗旨

"为民"又是"公正"、"廉洁"的必然要求。没有一切为了人民利益的决心，就不可能有对国家和人民的忠诚，没有一切依靠人民力量的信念，就不会有公平正义的普遍实现，没有一切权力来源于人民的理性，就很难有执法者清正廉洁的品格。

1. "为民"的核心价值观要求政法干警树立权为民所用的权力观

政法干警要树立"为民"的价值观，具备权力在民的权力意识。政法机关所具有的执法权和司法权均来源于人民，这也就意味政法权力的人民属性。政法干警必须始终谨记权力行使的边际和目的，严格依据法律的规定，遵从人民的意志，依靠人民、服务人民，坚持执法为民、司法为民，审慎使用国家权力，以人民权利为本位，切实维护好人民群众的根本利益。

2. "为民"的核心价值观要求政法干警树立情为民所系的群众观

政法干警要树立"为民"的价值观，具备亲民爱民的工作作风。作为维护社会稳定和公平的执法者，应该准确把握人民群众对政法工作的新要求，回应新形势下人民群众对政法工作的新期待，深入联系群众、关心理解群众，用群众能够理解的语言，群众能够接受的方法，群众能够感受到的亲情，群众能够体察到的意愿，群众能够体谅到的实情来做好群众工作，努力为群众做好事、解难事、办实事。

3. "为民"的核心价值观要求政法干警树立利为民所谋的职业观

政法干警要树立"为民"的价值观，具备为人民服务的工作宗旨。弘扬政法干警核心价值观，就是要求政法干警必须把服务人民作为工作的落脚点，坚持以人为本，在具体的执法办案中切实保护人民群众的合法利益，满足人民群众的合理诉求；就是要求政法干警要自觉关注民生、服务民生、保障民生，健全完善司法便民利民为民的制度机制，使法律公平正义的精神惠及人民群众；就是要求政法干警要增强质量意识、效率意识和效果意识，积极参与社会管理创新，在执法办案过程中实现社会价值与个人价值的统一。

(三) "公正"是政法干警核心价值观的根本

"公正"是公正执法司法、维护社会公平正义的神圣职责。与其他价值观相比，"公正"处于关键位置。"公正"是"忠诚"的必然要求，是"为民"的具体实践，也是"廉洁"的基本操守。因此，坚持法律面前人人平等，全力维护社会公平正义，是政法工作的生命线，也是政法干警的最高价值追求。

1. "公正"的核心价值观要求政法干警具有平等理念

政法干警树立"公正"的价值观，首先要具备法律面前人人平等的执法意识。在当代社会主义法治社会，任何组织和个人都必须遵守宪法和法律，都不得有超越宪法和法律的特权，中华人民共和国公民在法律面前一律平等。因此，政法干警在执法办案中应当坚持平等适用法律原则，平等保护各个主体的合法权益，平等执行各项法律法规，培养法不阿贵、令行禁止的执法公平环境，形成崇尚法治、反对特权的良好社会氛围。

2. "公正"的核心价值观要求政法干警秉持客观义务

政法干警树立"公正"的价值观，其次要具备客观理性的执法意识。"公正"不仅意味着法律适用的平等，还意味着对事实认定、案件处理的不偏不倚、客观中立。实际上客观理性，这不仅是对检察官的要求，也是对所有政法干警的基本要求。政法工作的主线是打击犯罪，维护社会稳定和人民生命财产安全，但同时也必须谨记罪刑法定、保障人权的法律原则，严格依照法律规定和法定程序，坚决杜绝刑讯逼供等违法取证现象的发生，通过合法公正的办案程序，实现惩罚犯罪和保障人权的统一，实现国家利益、社会利益和个人利益的统一。

3. "公正"的核心价值观要求政法干警提高执法能力

政法干警树立"公正"的价值观，还需要提高执法办案的各项综合能力。政法干警公正执法不仅需要具备正确认定事实，准确适用法律的业务工作能力，还需要提升定分止争、化解矛盾的实践处理能力；不仅需要针对个案定裁下判，还需要结合类案分析，重视社会公正；不仅需要研究实体问题，明确权责，还需要完善执法司法方式，重视程序公正。因此，政法队伍核心价值观学习过程中应加强政法干警各项素质的培训，提升干警执法的综合能力，在办案过程中实现法律效果和社会效果的有机统一。

（四）"廉洁"是政法干警核心价值观的基础

"廉洁"，就是清正廉明、无私奉献，这是政法干警的基本操守，是政法干警的一种自我约束和修养，是政法干警职业道德的基本要求。"清廉"对于政法工作和政法队伍建设而言是最低限度和最为具体的要求，是政法干警核心价值观的基石。

1. "廉洁"的核心价值观要求保持政法队伍的纪律性

政法干警树立"廉洁"的价值观需要坚持队伍自律，不断强化通过内部监督机制。儒家讲"慎独"，政法机关作为中国特色社会主义事业的建设者、捍卫者，首先，应当加强自身廉政文化建设，只有保持自身廉洁才能实现公平正义，只有保持自身廉洁才能实现忠诚为民的诺言。其次，通过内部监督机制保障队伍廉洁。及时总结教训和经验，制定各项切实可行的权力运行内部控制机制，从机制和制度层面减少漏洞。最后，各个政法机关及其上下级之间要依法履行相应职责。政法干警应该认真学习并落实刑事诉讼中关于公、检、法三机关分工负责、互相配合、互相制约的规定，在实践办案中强化监督、接受制约。

2. "廉洁"的核心价值观要求保持政法队伍的规范性

政法干警树立"廉洁"的价值观需要树立规范意识，坚持内部监督与外部监督的有机统一。政法机关作为执法权的行使者，如果没有树立规范意识和监督意识，在执法过程中极容易出现权力寻租和权钱勾结。因此。政法机关权力行使的廉洁与否，除了通过加强内部监督外，还要自觉接受人大、政协以及其他社会团体的外部监督制约，接受社会及各界群众和新闻舆论的监督。只有严格依法办事，认真落实各项监督要求，才能杜绝徇私枉法、枉法裁判的腐败行为。

3. "廉洁"的核心价值观要求保持政法队伍的纯洁性

政法干警树立"廉洁"的价值观需要对廉洁问题"零容忍",保证政法队伍的纯洁性。公正廉洁是政法工作的生命线,是政法干警的道德底线。政法工作中的腐败问题,不仅破坏了政法队伍的良好形象,更加冲击了普通百姓对于政法机关的信任和支持,影响了人民对于社会公平正义的一般评估和期望。没有比不廉洁更有害于司法的社会公信力的,必须严肃认真地对待政法队伍中的腐败行为,严肃查处,绝不姑息,保证政法队伍的纯洁性。

(五) 政法干警核心价值观的具体实践

政法干警核心价值观既是党和人民对政法队伍的基本要求,也是广大政法干警必须自觉坚持的共同价值取向。在新的历史条件下,面对复杂多变的社会形势,面对与日俱增的矛盾纠纷,要深化政法干警核心价值观教育活动,我们必须努力做好以下几个方面的工作。

1. 更新思想,维护法律

社会主义法治建设涉及立法、执法、司法、法学教育、法学研究、法制宣传等各个方面。政法干警更要高度重视先进理论、先进文化的学习,使理论学习经常化、规范化,要深入开展社会主义法治理念教育和法制宣传教育,始终保持用先进的理论来武装头脑,以先进的文化陶冶情操,不断提高执法能力和水平,切实做到严格、公正、文明、廉洁执法,为增强全社会法律意识和法治观念作出表率,积极推动社会主义法治建设,推动形成人人学法、尊法、守法、用法的良好社会氛围。

2. 塑造形象,赢得群众

俗话说"身教重于言教"。干警的一言一行,群众都看在眼里,记在心中。干警形象的好坏势必影响群众的是非判断和社会稳定。高尚而富有魅力的道德灵魂就是一部鲜活的价值观和荣辱观教科书,就是一股强大的精神力量。因此,司法行政机关要结合核心价值观教育,加强司法行政干警的"形象工程"建设,引导广大干警自觉加强对核心价值观的学习、示范,自觉规范自己的言行,身体力行地做到敬业爱岗、执法为民。干警不仅要关心群众遇到的现实问题的解决,更要关怀群众生活、心理等深层次的需要和诉求,努力化解矛盾纠纷。一方面,进一步完善大调解工作体系,"会用人民调解、善用行政调解、巧用司法调解",化解矛盾纠纷、促进社会和谐,实现法律效果与社会效果的统一。另一方面,切实完善执法考评标准,充实考评内容,创新考评方式,查找"廉政风险点",编制"法制监控网",进一步发挥执法执业考评监督功效,推进执法规范化建设。畅通行政服务渠道、提高执法执业质量,用干警的人格魅力树立"公正、严明、廉洁"的形象,赢得群众的称赞和社会的认可。

3. 弘扬文化,培育环境

政法文化是培养干警良好道德品质的重要载体,对干警形成正确的价值观具有潜移默化的作用。通过政法文化的熏陶,引导广大干警崇尚真善美,憎恨假恶丑,不断追求崇高的人生境界,抵制低级趣味。政法文化建设要以政法干警核心价值观为导向,以社会主义荣辱观为依托,以建设优良的警风为核心,以关怀、优化政法文化环境为重点,以丰富多彩、健康向上的政法文化活动为载体,推动形成厚重的政法文化积淀和清新的政法文明风尚,促进干警的全面发展和健康成长。

四、中国特色社会主义检察制度发展理念和执法理念

检察机关的发展理念和执法理念,反映检察机关的性质、功能、目标、价值取向及其实现途径,事关检察机关的本质属性,事关检察工作的实际成效。只有树立正确的发展理念和执法理念,才能坚持检察工作的正确方向,准确把握检察工作规律,顺利完成宪法和法律赋予检察机关的职责使命。近年来,检察机关在建设中国特色社会主义检察制度的实践中,不断深化对发展理念和执法理念的认识,形成了一系列重要思想和观点,具体而言就是准确把握和牢固树立"六观",坚持"六个有机统一",切实做到"四个必须",推动人民检察事业的全面进步。

(一)准确把握、牢固树立"六观"

一要牢固树立忠诚、为民、公正、廉洁的核心价值观,忠于党、忠于国家、忠于人民、忠于宪法和法律,坚持执法为民,维护公平正义,保持清正廉洁。这是检察人员共同的根本宗旨、职业操守和行为准则,是社会主义核心价值体系和检察文化对检察人员的本质要求,也是全体检察人员团结奋斗的精神力量。二要牢固树立推动科学发展、促进社会和谐的大局观,更加自觉地把检察工作摆到经济社会发展全局中来谋划和推进,做到执法时想到稳定、办案时考虑发展。三要牢固树立理性、平和、文明、规范的执法观,更新执法理念,改进执法方式,规范执法行为,加强执法管理,使人民群众通过检察机关的执法办案,既感受到法律的尊严、权威,又感受到人民检察官的关爱和温暖。四要牢固树立办案数量、质量、效率、效果、安全相统一的业绩观,坚持以数量为基础、质量为生命线、效率为保障、效果为根本、安全为前提,做到五者协调统一、相辅相成。五要牢固树立监督者更要自觉接受监督的权力观,始终把强化自身监督放在与强化法律监督同等重要的位置,坚持职权法定,有权必有责,用权受监督,滥用必追究。六要牢固树立统筹兼顾、全面协调可持续的发展观,正确处理检察工作中的一系列重大关系,加强对各项检察工作的统筹协调,推动检察工作科学发展。

(二)准确把握、自觉坚持"六个有机统一"

一要高举中国特色社会主义伟大旗帜,努力实现检察工作政治性、人民性和法律性的有机统一。要坚持党对检察工作的领导,坚持人民代表大会制度,坚持立检为公、执法为民,坚持依法独立公正行使检察权,坚定不移做中国特色社会主义事业的建设者、捍卫者。二要坚持以科学发展观为统领,努力实现检察工作服务科学发展与自身科学发展的有机统一。深化对科学发展主题的认识,既要增强大局意识、服务意识,保障和促进经济社会科学发展,又要在检察工作中自觉贯彻落实科学发展观,着力解决自身发展中不符合、不适应、不协调的突出问题。三要坚持围绕"四个维护、两个促进"的根本目标,努力实现打击、预防、监督、教育、保护职能的有机统一。适应经济社会发展的要求,在依法打击犯罪、加强法律监督的同时,更加注重犯罪预防,更加注重司法保护,更加注重教育引导公民自觉守法,坚持全面正确有效发挥检察职能,维护人民合法权益,维护社会公平正义,维护社会和谐稳定,维护社会主义法制统一、尊严和权威,促进反腐倡廉建设,促进经济社会发展。四要坚持贯彻检察工作总要求,努力实现强化法律监督、强化自身监督、强化队伍建设的有机统一。坚持以强化法律监督为立身之本,做到敢于监督、善于监督、依法监督、规范监督;坚持以强化自身监督为发展之基,严以律己,切实保障检察权依法正确行使;坚持以队伍建设为根本保证,做到信仰坚定、思想成熟、素质过硬、品德高尚、作风务实、一身正气。五要坚持以执法办案为中心,努力实现法律效果、政治效果和社会效果的有机统一。执法办案是法律监督的基本手段,是检察机关的中心工作。要坚持以事实为根据、以法律为准绳,确保所办案件事实清楚、证据确实充分、程序合法、定性准确、宽严相济、客观公正,确保良好法律效果;必须增强政治敏锐性和鉴别力,坚持从有利于维护党的执政地位、维护国家安全、维护社会大局稳定出发处理案件,确保良好政治效果;必须注意把握办案时机,改进方式方法,注重化解社会矛盾,推进社会管理创新,争取积极社会评价，确保良好社会效果。六要坚持解放思想、实事求是、与时俱进，努力实现继承、创新、发展的有机统一。中国特色社会主义检察制度必须随着实践的发展和时代的进步而发展。要坚持解放思想，继续更新不合时宜的发展理念和执法理念；坚持实事求是，一切从实际出发，勇于坚持真理、修正错误；坚持与时俱进，既保持工作的稳定性、连续性，又及时研究新情况、解决新问题、总结新经验，永不僵化，永不停滞。

（三）准确把握、切实做到"四个必须"

第一，检察权必须严格依法行使。任何公权力都有边界，检察权的行使始终以宪法和法律的规定为界限。检察机关的法律监督必须由法律专门授权，应当在法律规定的范围内，运用法律规定的手段，并依照法定程序进行监督。第二，检察权必须受到监督制约。任何公权力的行使都必须受到监督制约，检察权也不例外。检察机关作为法律监督机关，更要加强自身监督，勇于接受监督，避免和防止权力滥用。第三，检察职能的发挥必须与经济社会发展相适应，特别是要适应人民群众日益增长的司法需求以及执法环境、执法能力、执法保障方面的新变化新要求，努力形成重点突出、布局合理的法律监督工作格局。第四，检察机关的法律监督必须遵循法治原则和司法规律，符合诉讼原理。对诉讼活动的监督，应与违法情形的性质、程度及诉讼阶段相适应，遵循诉讼经济、分工制约等原则，保证诉讼活动有序高效运行。

"六观"、"六个有机统一"和"四个必须"相辅相成、不可分割。这些发展理念和执法理念，是全国检察机关广大检察人员在深入贯彻落实科学发展观、践行社会主义法治理念、建设中国特色社会主义检察制度的长期实践中，形成的一系列重要正确思想和观点的集中概括和总结，是科学发展观和社会主义法治理念与检察工作实践有机结合的产物。随着经济社会全面发展和依法治国深入推进，检察机关发展理念和执法理念需要不断发展和完善。要始终秉持与时俱进、开拓创新的精神，注意总结经验，加强理性思考，不断融入新的时代特征和发展要求，使发展理念和执法理念始终体现时代性、把握规律性、富于创造性，为在新的历史起点上全面推进中国特色社会主义检察事业提供强大动力。